AF593005

BESTSELLER

Larry Bossidy es presidente y exdirector general de Honeywell International, una de las 100 empresas más importantes del mundo según la revista *Fortune*, y líder en el campo de la tecnologia y las manufacturas. Anteriormente fue presidente y director general de Allied Signal, director de operaciones de General Electric Credit (ahora GE Capital Corporation), vicepresidente ejecutivo y presidente del Sector de Materiales y Servicios de GE y vicepresidente de GE.

Ram Charan es un prestigiado asesor de directores generales y altos ejecutivos de compañías como GE, DuPont, EDS y Colgate-Palmolive. Es autor de *What the CEO Wants You to Know*, *Boards at Work*, *Leaders at All Levels* y *The Attacker's Advantage*, así como coautor de *Every Business Is a Growth Bussiness.* El doctor Charan ha sido catedrático en la Harvard Business School y en la Kellogg School of Management de la Northwestern University.

LARRY BOSSIDY Y RAM CHARAN

El arte de la ejecución en los negocios

Traducción de
Fernando Álvarez del Castillo

DEBOLS!LLO

El arte de la ejecución en los negocios

Título original: *The Discipline of Getting Things Done*

ISBN: 979-889-098-716-7

Impresión digital bajo demanda

156016905

A los cientos de personas que han tenido relación con nuestras carreras en los negocios y que han influido las ideas formuladas en este libro. Un reconocimiento especial a Jack Welch, quien en nuestra época fue el practicante por excelencia del "hacer que las cosas se hagan".

Larry Bossidy
Ram Charan

Índice

Introducción

Larry*: Actualmente mi trabajo en Honeywell International consiste en restablecer la disciplina de ejecución a una compañía que la ha perdido. Muchas personas consideran que la ejecución es un trabajo detallista que está por debajo de la dignidad de un líder de negocios. Esa idea está equivocada. Por el contrario, es el trabajo más importante de un líder.

Esta aventura particular comenzó en 1991 cuando, tras 34 años de carrera en General Electric (GE), fui designado director ejecutivo de AlliedSignal. Yo estaba acostumbrado a una organización que hacía cosas, donde las personas cumplían sus compromisos. Daba por sentada la ejecución. De manera que fue impactante cuando llegué a AlliedSignal. Desde luego que sabía que la empresa estaba en mal estado, pero yo no estaba preparado para el deterioro que descubrí. La compañía tenía muchas personas trabajadoras y brillantes, pero no eran efectivas, y no le conferían importancia a *hacer las cosas*.

* A lo largo de este libro, los coautores Larry Bossidy y Ram Charan formularán sus ideas en primera persona. Larry habla principalmente con base en su experiencia como alto ejecutivo de General Electric, AlliedSignal y Honeywell International. Ram habla con base en sus 35 años de experiencia como asesor de líderes de negocios y de consejos de administración de empresas de todo el mundo.

Vista desde afuera, AlliedSignal realizaba los mismos procesos básicos que GE o la mayoría de las demás compañías: tenía un proceso para el personal, uno para la estrategia y uno para el presupuesto o las operaciones. Pero a diferencia de los procesos de GE, los de AlliedSignal no estaban rindiendo resultados. Cuando manejas esos procesos a profundidad, obtienes resultados importantes. Obtienes respuestas a preguntas cruciales: ¿están nuestros productos ubicados de manera óptima en el mercado? ¿Podemos identificar la manera en que vamos a convertir un plan en resultados específicos para el crecimiento y la productividad? ¿Contamos con el personal adecuado para ejecutar el plan? De lo contrario, ¿qué vamos a hacer al respecto? ¿Cómo nos aseguramos de que el plan operativo tiene programas lo suficientemente específicos para rendir los resultados a que nos hemos comprometido?

En AlliedSignal ni siquiera nos estábamos formulando esas preguntas. Los procesos eran rituales vacíos, casi abstracciones. La gente trabajaba mucho en ellos, pero sólo una pequeña parte era útil. Los planes estratégicos de las unidades de negocio, por ejemplo, eran libros de seis pulgadas de grosor que contenían información sobre los productos, pero esa información tenía poco que ver con la estrategia. El plan operativo era estrictamente un ejercicio de números, y se prestaba poca atención a los planes de acción para el crecimiento, los mercados, la productividad o la calidad. La gente se mantenía en los mismos empleos por demasiado tiempo, y muchas plantas eran dirigidas por contadores en vez de personas especializadas en la producción.

AlliedSignal no tenía una cultura de la productividad. Medía el costo de las horas-hombre en sus plantas pero no tenía una medida que abarcara a toda la compañía respecto al verdadero incremento de la productividad. Carecía de métodos de aprendizaje o educación. Se permitía que los negocios individuales tuvieran su propia identidad en vez de estar reunidos bajo el nombre de AlliedSignal. Me dijeron: "tenemos una cultura de la división química, una cultura de la división automotriz y una cultura de la división aeroespacial, y no se gustan entre sí." Yo respondí: "tenemos sólo una acción bursátil que los inversionistas compran; necesitamos una sola marca."

Lo más importante era que los tres procesos básicos estaban desconectados de las realidades cotidianas de los negocios, y entre sí. Dirigir un negocio consiste en realidad en liderar esos procesos. El líder debe creer e involucrarse activamente en ellos. Sin embargo, el anterior director ejecutivo no se había involucrado a fondo en los procesos. Él consideraba que su trabajo era un negocio de comprar y vender.

Nuestro equipo condujo los procesos con rigor e intensidad. Para el momento en que me retiré —después de la fusión con Honeywell en 1999— habíamos triplicado nuestros márgenes de operación hasta casi 15 por ciento, incrementado la retribución sobre capital de apenas sobre 10 por ciento hasta 28 por ciento, y entregado ganancias casi nueve veces superiores a los accionistas. ¿Cómo lo hicimos? Creamos una disciplina de ejecución.

Crear un ambiente de ejecución es difícil, pero perder dicho ambiente es fácil. Menos de dos años después, la perspectiva había cambiado nuevamente. La compañía no obtuvo los resultados que los inversionistas esperaban, y el precio de la acción bursátil disminuyó. Después de que la propuesta fusión con GE fracasó, el consejo de administración de Honeywell me pidió que pasara un año enderezando la compañía.

Estaba claro que la distracción e incertidumbre del esfuerzo de fusión había tenido un costo. Algunos buenos empleados se habían marchado o estaban marchándose. La disciplina de ejecución se había relajado; la eficacia de los procesos básicos se había desvanecido. Honeywell no estaba logrando *que se hicieran las cosas*.

Antes de que yo dejara la compañía, por ejemplo, habíamos desarrollado un producto turbogenerador que consideré representaba un ingreso promisorio en el mercado de la energía de respaldo. Sería perfecto para negocios pequeños, como las tiendas 7-Eleven. Al regresar descubrí que el producto había sido construido de manera incorrecta; era demasiado pequeño para el mercado y sólo funcionaba con gas natural, a pesar de que necesitábamos ofrecer ambas alternativas, tanto petróleo como gas. Las ventas eran patéticas. La gente esperaba que yo encontrara alguna manera de salvar al producto; después de todo, yo fui quien autorizó su desarrollo. Pero cuando analicé la situación, me di cuenta de que era demasiado tarde. Era mejor gastar el dinero en otra cosa, de manera que cancelamos la producción.

Cuando una compañía ejecuta las cosas de la manera correcta, sus empleados no se convierten en víctimas de errores como ese. Si Honeywell hubiera tenido una cultura de la ejecución, el turbogenerador hubiera sido construido correctamente desde el principio, o hubiera sido arreglado lo suficientemente pronto como para que tuviera éxito.

Y cuando una compañía ejecuta las cosas correctamente, su personal no termina de rodillas cuando ocurren cambios en el ambiente de negocios. Después de los trágicos acontecimientos del 11 de septiembre, tuvimos que cancelar el plan operativo del sector aeroespacial para 2001. Sin embargo, diseñamos uno nuevo en los siguientes 10 días.

Identificamos lo mejor que pudimos los factores que reducían las utilidades, y decidimos lo que teníamos que hacer para incrementarlas mediante recorte de costos. También integramos un equipo que coordinara e impulsara todos nuestros productos relacionados con seguridad, y le prestamos más apoyo a nuestros empleados encargados de la mercadotecnia en el sector de la defensa.

Ram: No existen muchas compañías cuyos líderes sean capaces de elaborar un nuevo plan operativo para una parte importante de la empresa en 10 días. Lo más frecuente es que se hable mucho y tengan lugar conferencias extramuros, pero no que se actúe. Ésa es una diferencia entre las compañías que ejecutan y aquellas que no lo hacen.

Muchos líderes se engañan a sí mismos pensando que sus compañías están bien dirigidas. Son como los padres de familia en el ficticio Lake Wobegon de Garrison Keillor; todos consideran que sus hijos están por encima del promedio. A continuación, los mejores alumnos de la escuela preparatoria de Lake Wobegon ingresan a la Universidad de Minnesota o Colgate o Princeton, y descubren que son alumnos promedio, o que están por debajo del promedio. De la misma forma, cuando los líderes corporativos comienzan a entender la manera en que empresas como GE y Emerson Electrics son dirigidas —la manera soberbia en que logran *que se hagan las cosas*— descubren cuánto les falta para convertirse en líderes de clase mundial en ejecución.

En el pasado las compañías podían darse el lujo de tener una mala ejecución al pedir que se les tuviera paciencia. "El ambiente de negocios es muy duro en este momento" es una excusa típica. O también: "nuestra estrategia necesita tiempo para producir resultados." Sin embargo, el ambiente de negocios siempre es duro y el éxito ya no se mide a lo largo de los años. Una compañía puede ganar o perder una gran parte de su participación en el mercado antes de darse cuenta de qué le ha afectado. Johnson & Johnson, por ejemplo, fue pionera en la producción de un tubillo que es insertado quirúrgicamente para dar apoyo a las arterias obstruidas. En 1997 y 1998 perdió 95 por ciento del mercado de US$700 millones que había creado, ante competidores que ofrecieron mejor tecnología y precios más bajos. Sólo recientemente ha comenzado a recuperarse, al ofrecer versiones nuevas con claras ventajas de desempeño.

Actualmente se somete a prueba la ejecución de manera trimestral, y no sólo por los números. Los analistas bursátiles tratan de averiguar si una compañía muestra progreso para alcanzar sus metas trimestrales. Si consideran que no es así, las reclasifican en categorías más bajas que pueden hacer que desaparezcan miles de millones de dólares en capitalización de mercado.

Hoy en día es frecuente que la diferencia entre una compañía y su competencia consista en su capacidad para ejecutar. Si tus competidores están ejecutando mejor que tú, te están derrotando aquí y ahora, y los mercados financieros no van a esperar para ver si tu elaborada estrategia funciona o no. De manera que los líderes que no pueden ejecutar no tienen futuro ya. La ejecución es el gran tema sin discutir en el mundo de los negocios actualmente. Su carencia es el obstáculo más importante para el éxito y la causa de muchas desilusiones que son atribuidas equivocadamente a otros factores.

En mi calidad de asesor de importantes directivos de compañías grandes y pequeñas, frecuentemente colaboro con un cliente por 10 o más años de manera consecutiva.

Tengo la oportunidad de observar la dinámica corporativa a lo largo del tiempo y de participar directamente en ella. Comencé a identificar el problema de la ejecución hace más de tres décadas, al observar que los planes estratégicos frecuentemente no funcionaban en la práctica. Al organizar reuniones en los niveles directivos y de las divisiones, analicé y estudié, y me di cuenta de que los líderes hacen demasiado énfasis en lo que se denomina estrategia de alto nivel, el aspecto intelectual y filosófico, pero que no hacen suficiente énfasis en la implementación. Las personas se ponían de acuerdo en un proyecto o iniciativa, pero no daba resultado. Por naturaleza suelo dar seguimiento, de manera que cuando eso ocurría yo levantaba el teléfono, llamaba a la persona a cargo y le preguntaba: "¿qué pasó?" Con el tiempo descubrí un patrón que se repetía y me di cuenta de que la ejecución era un tema de importancia.

He aquí el problema fundamental: la gente piensa que la ejecución es el aspecto táctico del negocio, algo que los líderes delegan mientras enfocan su atención en lo que se considera como "aspectos más importantes". Esta idea está completamente equivocada. La ejecución no es solamente táctica; es una disciplina y un sistema. Debe ser construida como parte de la estrategia de la compañía, de sus metas y su cultura. Y el líder de la organización debe estar profundamente comprometido con ella. No puede delegar su esencia. Muchos líderes de negocios pasan gran cantidad de tiempo aprendiendo y difundiendo las técnicas más avanzadas de administración. Sin embargo, su fracaso para comprender y practicar la ejecución contrarresta el valor de casi todo lo que aprenden y difunden. Dichos líderes están construyendo casas sin cimientos.

***

La ejecución no sólo es el tema más importante que enfrentan los negocios hoy en día; es además algo que nadie ha explicado de manera satisfactoria. Otras disciplinas no padecen escasez de conocimientos acumulados y de literatura. ¿La estrategia? Se ha pensado tanto en la estrategia que ya no constituye un reto intelectual. Puedes obtener la estrategia que quieras de un despacho de consultoría. ¿Desarrollo de liderazgo? La literatura sobre el tema es interminable. ¿Innovación? Lo mismo. Tampoco existe escasez de herramientas y técnicas que pueden ayudar a que los líderes logren que las cosas se hagan: opiniones sobre estructura organizacional y sistemas de incentivos, diseños de procesos de negocio, metodologías para otorgar ascensos a los empleados, guías sobre cambio cultural.

Hablamos con muchos líderes que han sido víctimas de la diferencia entre las promesas que han formulado y los resultados obtenidos por sus organizaciones. Frecuentemente nos dicen que tienen un problema con la rendición de cuentas: los empleados no están haciendo lo que se supone que deben hacer para implementar un plan. Desean desesperadamente realizar cambios de algún tipo, pero, ¿qué necesitan cambiar? No lo saben.

De manera que percibimos que existe una gran necesidad de este libro. La ejecución es un conjunto específico de comportamientos y técnicas que las compañías necesitan dominar para lograr una ventaja competitiva. *Es una disciplina en sí misma.* Tanto en las compañías grandes como en las pequeñas, es una disciplina fundamental para obtener el éxito actualmente.

La ejecución te ayudará, como líder de negocio, a escoger una estrategia más poderosa. De hecho, no puedes diseñar una estrategia que valga la pena si al mismo tiempo no te aseguras de que tu organización tiene o puede obtener lo que necesita para ejecutarla, incluyendo los recursos adecuados y las personas indicadas. En una cultura de ejecución, los líderes diseñan estrategias que constituyen mapas de caminos, en vez de senderos rígidos contenidos en gruesos libros de planificación. De esa manera pueden responder rápidamente cuando ocurre lo inesperado. Sus estrategias han sido diseñadas para ser ejecutadas.

La ejecución marca el paso de todo lo demás. Te permite analizar lo que está ocurriendo en tu industria. Es el mejor medio para lograr los cambios y la transición; mejor que la cultura, mejor que la filosofía. Las compañías orientadas a la ejecución cambian más rápidamente que las demás porque están más cerca de la situación.

Si tu negocio tiene que sobrevivir tiempos difíciles, si tiene que hacer modificaciones importantes como respuesta al cambio —y en estos días casi todos los negocios deben hacerlo—, es mucho más probable que tenga éxito si está ejecutando correctamente.

La mejoría de la ejecución no es una ciencia complicada; se trata de algo directo y sencillo. El principal requisito es que tú, en tu calidad de líder, debes estar comprometido profunda y apasionadamente con tu organización y ser honesto sobre su realidad contigo mismo y con los demás.

Esto es verdadero, independientemente de que estés dirigiendo toda la compañía o tu primer centro de utilidades. Cualquier líder de los negocios, en cualquier compañía o en cualquier nivel, necesita dominar la disciplina de la ejecución. Ésa es la manera en que puedes forjar tu credibilidad como líder. Para el momento en que hayas terminado de leer este libro comprenderás la manera de hacerlo. Tu *know-how* de la disciplina de la ejecución será una ventaja competitiva. Si a continuación procedes a ponerla en práctica en tu negocio, sabemos que generarás mejores resultados.

***

En la primera parte, en los capítulos 1 y 2 explicamos la disciplina de la ejecución, por qué es tan importante hoy en día y la manera en que puede diferenciarte respecto de tus competidores. En la segunda parte, los capítulos 3 a 5 muestran que la ejecución no ocurre sola. Es necesario reunir sus elementos constitutivos e identificar y describir el más importante: las prioridades personales del líder, el aspecto social del cambio cultural, y el trabajo más importante del líder: seleccionar y evaluar a las personas.

La tercera parte es la sección del libro que consiste en el "cómo" hacer las cosas. Los capítulos 6 al 9 analizan los tres procesos básicos del personal, la estrategia y las operaciones. En esos apartados nos referimos a lo que los hacen efectivos, y la manera en que la práctica de cada proceso está vinculada e integrada a los otros dos.

El capítulo 6 se refiere al proceso del personal, que es el más importante de los tres. Si se realiza bien, tiene como resultado un acervo de liderazgo que puede concebir y dar forma a estrategias ejecutables, y convertirlas en planes operativos y en puntos específicos de rendición de cuentas.

Los capítulos 7 y 8 cubren el proceso de la estrategia. Mostramos la manera en que la planificación estratégica efectiva puede hacerte descender del pensamiento conceptual a 20,000 metros de altura, a poner los pies en la tierra: este proceso desarrolla una estrategia "ladrillo por ladrillo", poniendo a prueba su ejecutabilidad. También se vincula con el proceso relacionado con el personal. Si la estrategia propuesta y la lógica que la respalda están sincronizadas claramente con las realidades del mercado, la economía y la competencia, entonces el proceso del personal ha funcionado. Las personas adecuadas están haciendo los trabajos correctos. El problema con muchas de las llamadas estrategias es que son demasiado abstractas y huecas, o de otra manera son en realidad planes operativos y no estrategias. El liderazgo y sus aptitudes pueden estar desfasados: por ejemplo, un líder puede tener grandes habilidades en una función de negocios como la mercadotecnia o las finanzas, pero puede no ser un estratega.

En el capítulo 9 señalamos que ninguna estrategia rinde sus frutos a menos que sea convertida en acciones específicas. El proceso de operaciones muestra cómo construir, paso a paso, un plan operativo que ponga en práctica la estrategia. Tanto la estrategia como el plan operativo se vinculan con el proceso del personal para poner a prueba la correspondencia entre las capacidades organizacionales y lo que se requiere para ejecutar el plan operativo.

Primera parte

¿Por qué es necesaria la ejecución?

Capítulo 1
La diferencia que nadie conoce

El director ejecutivo estaba sentado en su oficina, tarde en la noche, y tenía aspecto de estar agotado. Trataba de explicar a un visitante por qué había fallado su gran iniciativa estratégica, pero no podía entender qué cosa había salido mal.

"Me siento tan frustrado", dijo. "Reuní al grupo hace un año; personas procedentes de todas las divisiones. Tuvimos dos reuniones extramuros, establecimos puntos de referencia, obtuvimos los estudios econométricos. McKinsey nos ayudó. Todos estuvieron de acuerdo con el plan. Era un buen plan y el mercado estaba bien."

"Éste es el equipo de trabajo más brillante de la industria, sin lugar a dudas. Asigné metas modestas. Les delegué facultades; les di libertad para que hicieran lo que necesitaran hacer. Todos sabían lo que tenían que hacer. Nuestro sistema de incentivos es claro, de manera que conocían qué recompensas y castigos tendrían. Trabajamos juntos con mucha energía. ¿Cómo pudimos fracasar?"

"Sin embargo, el año ha llegado a su final y no logramos las metas. Me han decepcionado; no lograron los resultados previstos. He disminuido las estimaciones de utilidades cuatro veces en los últimos nueve meses. Hemos perdido nuestra credibilidad en Wall Street. Yo probablemente he perdido mi credibilidad ante el consejo de administración. No sé qué hacer, y no sé qué tan bajo caeremos. Francamente, creo que el consejo va a despedirme."

Efectivamente, el consejo lo despidió varias semanas después.

Esta historia —que es verdadera— es arquetípica de la diferencia que nadie conoce. Es sintomática del problema más grande que enfrentan las corporaciones hoy en día. Escuchamos muchas historias similares cuando hablamos con líderes de negocios. Han aparecido casi diariamente en la prensa, cuando informa de compañías que deberían estar teniendo éxito pero que no lo tienen: Aetna, AT&T, British Airways, Campbell Soup, Compaq, Gillete, Hewlett-Packard, Kodak, Lucent Technologies, Motorola, Xerox y muchas otras.

Se trata de buenas compañías. Tienen directores ejecutivos inteligentes y personal talentoso, poseen visiones inspiradoras y cuentan con el apoyo de los mejores asesores. Sin embargo, esas compañías, al igual que muchas otras, fracasan regularmente en su objetivo de lograr los resultados prometidos. A continuación, cuando anuncian que no han alcanzado sus metas, los inversionistas venden sus acciones en la bolsa y se pierde un gran valor de mercado. Los gerentes y empleados están desmoralizados. Y cada vez con mayor frecuencia los consejos de administración se ven obligados a despedir a sus directores ejecutivos.

Los líderes de todas las compañías mencionadas anteriormente eran muy apreciados cuando fueron designados para sus puestos; parecían tener todas las calificaciones necesarias. Sin embargo, todos ellos perdieron sus empleos porque no pudieron producir los resultados que anunciaron inicialmente. Tan sólo en el año 2000, cuarenta directores ejecutivos de las 200 compañías más importantes de la lista de las 500 compañías de la revista *Fortune* tuvieron que abandonar sus puestos; no pasaron a retiro, sino que fueron despedidos u obligados a renunciar. Cuando 20 por ciento de los líderes de negocios más poderosos de los Estados Unidos pierden sus empleos, está claro que algo anda mal. Esta tendencia continuó en 2001 y 2002.

En esos casos no sólo es el director ejecutivo quien sufre; también los empleados, los socios, los accionistas, e incluso los clientes. Y no sólo son las limitaciones de los directores ejecutivos las que causan el problema, aunque desde luego él o ella es el responsable en última instancia.

¿Cuál es el problema? ¿Se trata de un duro ambiente de negocios? Sí. Independientemente de que la economía sea fuerte o débil, la competencia es más fuerte que nunca. El cambio se produce más rápidamente que nunca. Los inversionistas —quienes tenían una actitud pasiva en la época en que los actuales líderes comenzaron sus carreras— se han vuelto reacios a perdonar. Sin embargo, este factor por sí mismo no explica lo que casi es una epidemia de fracasos. A pesar de lo anterior, hay compañías que cumplen sus compromisos año tras año; compañías como GE, Wal-Mart, Emerson, Southwest Airlines y Colgate-Palmolive.

Cuando las compañías no cumplen sus promesas, la explicación más frecuente es que la estrategia del director ejecutivo era incorrecta. Sin embargo, la estrategia en sí misma no es frecuentemente la causa. Las estrategias fracasan más frecuentemente debido a que no son bien ejecutadas. Las cosas que se supone que deben ocurrir no ocurren. Ya sea que las organizaciones no son capaces de hacer que ocurran, o los líderes de negocios subestiman los retos que sus compañías encaran en el ambiente de negocios, o ambas cosas.

El ex director ejecutivo de Compaq, Eckhard Pfeiffer, tenía una estrategia ambiciosa y casi logró ponerla en práctica. Antes que ninguno de sus competidores, se dio cuenta de que la llamada "arquitectura Wintel" —la combinación del sistema operativo Windows y la constante innovación de Intel— serviría para todo, desde los organizadores electrónicos del tipo *palm* hasta una red de servidores vinculados, capaz de competir con las computadoras del tipo *mainframe*.

Emulando a IBM, Pfeiffer amplió su base para prestar servicio a todas las necesidades de computación de las empresas que eran sus clientes. Pfeiffer adquirió Tandem, fabricante de computadoras de alta velocidad del tipo *mainframe* a prueba de errores, y la empresa Digital Equipment Company (DEC), para hacer que Compaq entrara al segmento de servicios. Pfeiffer se movilizó a velocidad vertiginosa en pos de su atrevida visión estratégica y transformó a Compaq de una empresa ubicada en el nicho de la fabricación de costosas computadoras personales para oficina, hasta convertirla en la segunda compañía de computación más grande (después de IBM), en tan sólo seis años. Hacia 1998 estaba a punto de dominar la industria.

Sin embargo, actualmente la estrategia parece un sueño de opio. La integración de las adquisiciones y el cumplimiento de las promesas requería una mejor ejecución de la que Compaq era capaz de lograr. Fundamentalmente, ni Pfeiffer ni su sucesor, Michael Capellas, trataron de implementar la clase de ejecución que era necesaria para ganar dinero conforme las computadoras personales se convirtieron cada vez más en un negocio genérico.

Michael Dell comprendió esa clase de ejecución. Su sistema de ventas directas y fabricación bajo pedido no sólo fue una táctica de mercadotecnia para eliminar la participación de los comerciantes intermediarios; en realidad fue el núcleo de su estrategia de negocio. La ejecución es la razón por la que Dell superó el valor de mercado de Compaq hace algunos años, a pesar de que Compaq era más grande y abarcaba más áreas, y es la razón por la que Dell superó a Compaq en 2001 como el fabricante más grande de computadoras personales del mundo. En noviembre de 2001 Dell apuntaba a duplicar su participación de mercado, de cerca de 20 a 40 por ciento.

Cualquier compañía que vende sus productos directamente goza de ciertas ventajas: controla la fijación de los precios, elimina el margen de ganancia del intermediario y dispone de una fuerza de ventas dedicada a sus propios productos. Sin embargo, ése no fue el secreto de Dell. Después de todo, Gateway también vende sus productos de manera directa, pero últimamente no ha obtenido mejores resultados que otros rivales de Dell. La opinión de Dell fue que la fabricación bajo pedido, la soberbia ejecución y el hecho de mantener los costos bajo control le darían una ventaja insuperable.

En el proceso de fabricación convencional, un negocio establece el volumen de producción con base en la demanda que pronostica tener durante los meses siguientes. Si los componentes son fabricados fuera de la compañía y sólo son ensamblados en la planta, como en el caso de un fabricante de computadoras, éste le anuncia a sus proveedores qué volúmenes espera tener y negocia los precios. Si las ventas no alcanzan las proyecciones, todos quedan con productos sin vender en el inventario. Si las ventas son más altas, todos se afanan ineficientemente para satisfacer la demanda.

En contraste, la fabricación bajo pedido significa producir una unidad después de que la orden del cliente ha sido transmitida a la fábrica. Los proveedores de componentes, que también fabrican bajo pedido, obtienen la información cuando los clientes de Dell hacen sus pedidos. Los proveedores entregan los componentes a Dell, que inmediatamente los incluye en la producción, y los encargados del flete se llevan las máquinas apenas unas horas después de que han sido empacadas. El sistema ahorra tiempo a lo largo de todo el ciclo, desde el pedido hasta la entrega; Dell puede entregar una computadora en una semana o menos a partir del momento en que recibe un pedido. Este sistema reduce los inventarios en ambos extremos de la línea de producción, tanto a la entrada como a la salida. También permite que los clientes de Dell reciban los adelantos tecnológicos más recientes, de manera más frecuente que los clientes de sus rivales.

El sistema de fabricación bajo pedido mejora el manejo de inventarios, lo que incrementa la velocidad de rotación de los activos, una de las partes menos apreciadas del proceso de obtener ganancias. La velocidad es la proporción del monto de ventas en relación con los activos netos del negocio, que en la definición más común incluyen la planta y el equipo, los inventarios y las cuentas por cobrar, menos las cuentas por pagar. Al aumentar la velocidad mejora la productividad y se reduce el capital de trabajo. También mejora el flujo de efectivo, que constituye la sangre de cualquier negocio, y puede ayudar a mejorar los márgenes de utilidad, así como los ingresos y la participación del mercado.

La renovación de inventarios es especialmente importante para los fabricantes de computadoras personales, toda vez que los inventarios constituyen la porción más grande de sus activos netos. Cuando las ventas caen debajo de lo pronosticado, las compañías que siguen procesos tradicionales de fabricación, como Compaq, quedan con inventario sin vender. Por otra parte, los componentes de las computadoras, como los microprocesadores, se vuelven obsoletos debido a la rápidez de los avances de desempeño, a menudo acompañados por la disminución de precios. Cuando estos fabricantes de computadoras personales tienen que eliminar el inventario excesivo u obsoleto, sus márgenes de utilidad se encogen hasta el punto en que desaparecen.

Dell renueva su inventario cerca de 80 veces al año, en comparación con alrededor de entre 10 y 20 veces que lo hacen sus competidores, y su capital de trabajo es negativo. Como resultado de lo anterior, Dell genera una enorme cantidad de efectivo. En el cuarto trimestre del año fiscal 2002, con ingresos por US$8 100 millones y un margen de operación de 7.4 por ciento, Dell tuvo un flujo de efectivo de US$1 000 millones como producto de sus operaciones. Su retribución sobre capital invertido durante el año fiscal 2001 fue de 355 por ciento —una tasa increíble para una compañía con ese volumen de ventas. La rapidez con que renueva su inventario también le permite ofrecer a sus clientes los adelantos tecnológicos más recientes antes que los otros fabricantes, y aprovechar la reducción de costos de los componentes, ya sea para mejorar sus márgenes de operación o para bajar sus precios.

Ésas son las razones por las que la estrategia de Dell fue mortal para sus competidores una vez que el crecimiento del mercado de las computadoras personales se desaceleró. Dell aprovechó sus desventajas y redujo sus precios para ganar participación de mercado, incrementando la distancia entre su compañía y el resto de la industria. Debido a su rápida rotación de inventarios, Dell puede mostrar una alta retribución sobre capital y un flujo de efectivo positivo, incluso con la reducción en los márgenes de utilidad. Sus competidores no pueden.

El sistema funciona sólo debido a que Dell ejecuta meticulosamente cada etapa. Los vínculos electrónicos entre el fabricante y sus proveedores dan lugar a una empresa extendida de manera armónica. Un ejecutivo de producción que conocemos y que trabajó durante algún tiempo en Dell considera que su sistema "es la mejor operación de fabricación que he visto".

A la fecha de publicación de este libro, la fusión entre Compaq y Hewlett-Packard, propuesta a mediados de 2001, todavía está en el aire. No importa: separadas o combinadas, nada de lo que hagan esas compañías les permitirá competir con Dell a menos que diseñen un modelo de producción bajo pedido igual o mejor al de Dell.

Las empresas de bajo desempeño crónico que hemos mencionado hasta ahora no son las únicas. Existe un número incalculable de compañías que son menos de lo que podrían ser, debido a la mala ejecución. La diferencia entre las promesas y los resultados es clara y se ha generalizado. La diferencia que nadie conoce es la que existe entre lo que los líderes de una compañía quieren lograr y la capacidad de su organización para lograrlo.

Todo mundo habla acerca del cambio. En años recientes una pequeña industria de "gurús del cambio" ha difundido los conceptos de revolución, reinvención, cambio cuántico, pensamiento innovador, metas ambiciosas, organizaciones en aprendizaje, y otros similares. No necesariamente estamos oponiéndonos a todo esto. Sin embargo, a menos que conviertas las grandes ideas en pasos concretos para la acción, no tienen sentido. Sin la ejecución, el pensamiento innovador se desorienta, el aprendizaje no agrega valor, la gente no alcanza sus metas precisas y la revolución fracasa en su inicio. Lo que obtienes es un cambio para empeorar, porque el fracaso agota la energía de tu organización. La repetición del fracaso la destruye.

En estos días escuchamos una frase más práctica en los labios de los líderes de negocios. Están hablando de llevar a sus organizaciones "al siguiente nivel", lo que hace aterrizar la retórica. El director ejecutivo de GE, Jeff Immelt, por ejemplo, está preguntándole a sus empleados cómo pueden usar la tecnología para encontrar un camino diferente hacia el siguiente nivel y lograr mejores precios y márgenes de utilidad, así como el crecimiento de los ingresos.

Ésta es una aproximación al cambio con base en la ejecución. Está basada en la realidad: las personas pueden percibir y discutir las cosas específicas que necesitan hacer. Además reconoce que el cambio significativo sólo se produce mediante la ejecución.

Ninguna compañía puede cumplir sus compromisos o adaptarse bien al cambio a menos que todos sus líderes practiquen la disciplina de la ejecución en todos los niveles. La ejecución tiene que ser parte de la estrategia y las metas de la compañía. Es el eslabón faltante entre las aspiraciones y los resultados. En ese sentido, es una tarea importante —de hecho, la más importante— de un líder de negocios. Si no sabes cómo ejecutar, todo tu esfuerzo como líder siempre será menos que la suma de sus partes.

La ejecución alcanza la mayoría de edad

Los líderes de negocios están comenzando a entender la conexión entre la ejecución y los resultados. Después de que el consejo de administración de Compaq despidió a

Pfeiffer, el presidente y director Ben Rosen se esforzó por decir que la estrategia de la compañía era la correcta. El cambio, dijo, sería "en la ejecución... nuestros planes consisten en acelerar el proceso de toma de decisiones y hacer más eficiente a la compañía". Cuando el consejo de Lucent despidió al director ejecutivo Richard McGinn en octubre de 2000, su sustituto, Henry Schacht, explicó: "nuestros problemas son de enfoque y ejecución".

Los clientes de las agencias de colocación de alto nivel llaman para decir: "encuéntrenme una persona que pueda ejecutar". Al escribir una nota para el informe anual del año 2000 de IBM, Louis V. Gerstner dijo de Samuel Palmisano, el hombre que lo sucedería en su cargo: "su verdadera pericia consiste en asegurarse de que ejecutemos bien". A principios de 2001 la Asociación Nacional de Directores Corporativos de EE.UU. añadió "ejecución" a la lista de temas en que los directores necesitaban enfocarse al evaluar su propio desempeño. Los directores, dice la asociación, tienen que preguntarse a sí mismos qué tan bien está ejecutando la compañía y a qué se debe cualquier diferencia entre las expectativas y el desempeño de la administración. Muy pocos consejos de administración hacen esas preguntas actualmente, señaló el grupo.

Pero a pesar de todo lo que se habla acerca de la ejecución, casi nadie sabe lo que es. Cuando estamos ofreciendo un curso sobre ejecución, primero le pedimos a los asistentes que la definan. Ellos piensan que saben cómo definir el término y generalmente empiezan bien. "Es acerca de lograr que las cosas se hagan", nos dicen. "Es acerca de dirigir a la compañía, en contraposición a la concepción y la planificación. Es lograr nuestras metas." Entonces les preguntamos *cómo* hacer que las cosas se hagan, y el diálogo rápidamente se viene abajo. Ya sea que se trate de estudiantes o de altos ejecutivos, pronto queda claro —tanto para ellos como para nosotros— que no tienen la más remota idea de lo que significa ejecutar.

Lo mismo ocurre cuando la ejecución es mencionada en libros, periódicos o revistas. Obtienes la impresión (implícita) de que se trata de hacer las cosas de manera más efectiva, más cuidadosa, con más atención en los detalles. Pero nadie puede definir realmente lo que eso significa.

Incluso las personas que señalan a la ejecución como la causa del fracaso tienden a pensar en ella en términos de atención al detalle. Ben Rosen utilizó la palabra correcta en sus señalamientos, por ejemplo, pero si él comprendió lo que la ejecución realmente requiere, los líderes de Compaq nunca entendieron el mensaje.

Para comprender la ejecución, es preciso que tengas en mente tres aspectos:

- *La ejecución es una disciplina y es integral a la estrategia.*
- *La ejecución es la principal tarea de un líder de negocios.*
- *La ejecución debe ser el elemento fundamental de la cultura de una organización.*

La ejecución es una disciplina

La gente piensa que la ejecución es el aspecto táctico del negocio. Ése es el primer gran error. La táctica es importante para la ejecución, pero la ejecución no es táctica. La ejecución es fundamental para la estrategia y le da forma. Ninguna estrategia que valga la pena puede ser planificada sin tomar en cuenta la capacidad de la organización para ejecutarla. Si te refieres a los detalles pequeños y específicos para lograr que las cosas se hagan, puedes llamar a ese proceso "implementación", o "cuidar los detalles", o lo que quieras. Pero no confundas la ejecución con la táctica.

La ejecución es el proceso sistemático de discutir rigurosamente los *cómo* y los *qué*, cuestionar, dar seguimiento con tenacidad y asegurar la rendición de cuentas. Incluye hacer suposiciones sobre el ambiente de negocios, evaluar la capacidad de la organización, vincular la estrategia a las operaciones y a las personas que van a implementar la estrategia, sincronizar a esas personas y sus diversas disciplinas y vincular las recompensas a los resultados. También incluye mecanismos para cambiar las suposiciones conforme cambia el ambiente de negocios y ampliar la capacidad de la compañía para superar los retos de una estrategia ambiciosa.

En su sentido más fundamental, la ejecución es una manera sistemática de exponer la realidad y actuar en ella. La mayoría de las compañías no encara muy bien la realidad. Mucho se ha escrito sobre el estilo de administración de Jack Welch; especialmente su dureza y su franqueza, a la que algunas personas se refieren como "descarnada". Nosotros diríamos que el núcleo de su legado administrativo es que impuso el realismo a todos los procesos de administración de GE, y la convirtió en un modelo de la cultura de ejecución.

El corazón de la ejecución consiste en tres procesos: el proceso del personal, el proceso de la estrategia y el proceso de las operaciones. Cada negocio y compañía utiliza esos procesos de una forma o de otra. Pero muy frecuentemente esos procesos son considerados de manera separada, como si fueran silos. Las personas los realizan tan rápidamente como es posible, con el fin de volver a lo que perciben como su trabajo. Normalmente, el director ejecutivo y su equipo de líderes de alto nivel dedican menos de medio día al año para revisar los planes: personal, estrategia y operaciones. Normalmente las revisiones no son especialmente interactivas. La gente se sienta de manera pasiva a mirar presentaciones elaboradas con el programa PowerPoint. No formulan preguntas.

No debaten y, como resultado, no obtienen muchos beneficios tangibles. La gente se marcha sin tener compromisos con los planes de acción que han ayudado a crear. Ésta es la fórmula para el fracaso. Necesitas un diálogo robusto para que salgan a flote las realidades del negocio. Necesitas establecer rendición de cuentas respecto de los resultados —discutidos abiertamente y acordados por quienes son responsables— para lograr que las cosas se hagan y recompensar a los que tengan mejor desempeño. Necesitas dar seguimiento para asegurarte de que los planes marchan conforme a lo previsto.

Es en estos procesos donde es necesario decidir las cosas que importan para la ejecución. Los negocios que ejecutan, como veremos más adelante, los realizan con rigor, intensidad y profundidad. ¿Qué personas harán el trabajo y cómo serán juzgados y rendirán cuentas? ¿Qué recursos humanos, técnicos, financieros y de producción son necesarios para ejecutar la estrategia? ¿Tendrá la organización los recursos que necesita dentro de dos años, cuando la estrategia pase al siguiente nivel? ¿Puede la estrategia producir las ganancias necesarias para tener éxito? ¿Puede ser dividida en iniciativas factibles? Las personas que participan en los procesos discuten estas preguntas, buscan conocer la realidad y alcanzan conclusiones específicas y prácticas. Todos acuerdan cuáles son sus responsabilidades para lograr que las cosas se hagan y todos se comprometen con esas responsabilidades.

Los procesos también están vinculados estrechamente uno al otro, y no divididos en equipos diferentes. La estrategia toma en cuenta las realidades del personal y las operaciones. Las personas son elegidas y promovidas a la luz de los planes estratégicos y operativos. Las operaciones están vinculadas a las metas estratégicas y a la capacidad humana.

Más importante aún, el líder del negocio y su equipo están involucrados profundamente en los tres procesos. *Ellos* son los dueños de los procesos, no los equipos de planificadores estratégicos, de recursos humanos o de finanzas.

La ejecución es el trabajo del líder del negocio

A muchos líderes de negocios les gusta pensar que el jefe de mayor jerarquía está exento de los detalles relacionados con dirigir realmente las cosas. Es una manera muy placentera de ver el liderazgo: estás parado en la cima de la montaña, pensando en términos estratégicos y tratando de inspirar a tu gente con visiones, mientras los gerentes hacen el trabajo difícil. Naturalmente, esa idea crea muchas aspiraciones para el liderazgo. ¿A quién no le gustaría tener toda la diversión y la gloria al mismo tiempo que mantiene sus manos limpias? De la misma forma, ¿a quién le gustaría decir en una fiesta "mi meta es convertirme en gerente", en una era en que el término se ha vuelto casi peyorativo?

Esta manera de pensar es una falacia y provoca un daño inmenso.

Una organización sólo puede ejecutar si el corazón y el alma del líder está inmersa en la compañía. El liderazgo consiste en más que sólo pensar en grande o codearse con inversionistas y legisladores, aunque esas cosas son parte del trabajo. El líder tiene que estar involucrado personal y profundamente en el negocio. La ejecución requiere una comprensión amplia del negocio, su gente y su ambiente. El líder es la única persona en posición de lograr esa comprensión. Y sólo el líder puede hacer que la ejecución tenga lugar, por medio de su involucramiento personal y profundo con la sustancia e incluso con los detalles de la ejecución.

El líder debe estar a cargo de lograr que las cosas se hagan al dirigir los tres procesos básicos; al escoger a otros líderes, establecer la dirección estratégica y conducir las operaciones. Esas acciones son la sustancia de la ejecución, y los líderes no pueden delegarlas sin importar el tamaño de la organización.

¿Qué tan bueno sería un equipo deportivo si el entrenador pasara todo su tiempo en la oficina celebrando tratos para conseguir nuevos jugadores, delegando las funciones reales de dirección a un asistente? El entrenador es efectivo porque está observando de manera constante a los jugadores individual y colectivamente en el campo y en los vestidores. Ésa es la manera en que logra conocer a sus jugadores y sus capacidades, y la forma en que ellos se benefician de primera mano de su experiencia, sabiduría y retroalimentación de experto.

No es diferente en el caso de un líder de negocios. Sólo un líder puede hacer las preguntas difíciles que todos necesitan responder, y a continuación realizar el proceso de debatir la información y tomar las decisiones correctas. Y sólo el líder que está involucrado íntimamente en el negocio puede saber lo suficiente para tener una visión amplia y formular las preguntas difíciles.

Sólo el líder puede establecer el tono del diálogo en la organización. El diálogo es el núcleo de la cultura y la unidad básica del trabajo. La manera en que las personas se comunican entre sí determina qué tan bien funcionará la organización. ¿Es el diálogo ceremonioso, fragmentado o está diseñado para el encubrimiento? ¿O se trata de un diálogo sincero y basado en la realidad, en que se formulan las preguntas correctas, se debaten y se encuentran soluciones realistas? Si se trata del primero —como ocurre en demasiadas compañías— la realidad nunca llega a la superficie. Si se trata del último, el líder tiene que estar en el campo de juego con su equipo de administración, practicándolo de manera consistente y obligatoria.

De manera específica, el líder debe dirigir los tres procesos básicos, y debe hacerlo con intensidad y rigor.

Larry: Cuando designo a una nueva gerente, le llamo a mi oficina para discutir tres temas. Primero, debe comportarse con la más alta integridad. Éste es un tema en el que no hay segundas oportunidades: si violas la regla estás despedida. Segundo, ella debe saber que el cliente está primero. Y finalmente le digo: "tienes que entender los tres procesos, el de personal, el de estrategia y el de las operaciones, y debes administrar los tres procesos. Mientras más intensidad y enfoque pongas en ellos, mejor será este lugar. Si no comprendes esto, no tienes oportunidad de tener éxito aquí."

A las compañías que realmente realizan estos procesos les va mucho mejor que a aquellas que sólo *piensan* que lo hacen. Si tu compañía no los realiza a profundidad, no estás obteniendo lo que mereces de ellos. Dedicas mucho tiempo y esfuerzo y no obtienes resultados útiles.

Por ejemplo, a todos les gusta decir que las personas son el ingrediente más importante de su éxito. Pero a menudo delegan en el equipo de recursos humanos el trabajo de evaluar y recompensar al personal y luego simplemente firman las recomendaciones de sus revisiones. Muchos líderes evitan debatir abiertamente acerca de las personas en situaciones de grupo. No es una forma correcta de dirigir. Sólo los líderes que conocen al personal pueden formarse juicios correctos. Los juicios correctos provienen de la práctica y la experiencia.

Cuando las cosas están marchando bien, dedico 20 por ciento de mi tiempo al proceso relacionado con el personal. Cuando estoy reconstruyendo una organización, dedico 40 por ciento. No me refiero a realizar entrevistas formales o seleccionar al equipo de trabajo; estoy hablando de realmente llegar a conocer a las personas. Cuando voy a visitar una planta, me siento a conversar la primera media hora con el gerente. Sostengo una plática con él acerca de la capacidad de su personal, analizando quién está teniendo un buen desempeño y quién necesita ayuda. Acudo a una reunión con todo el equipo y escucho lo que tienen que decir. A continuación me siento después de la reunión y hablo acerca de mis impresiones sobre la gente y escribo una carta confirmando los acuerdos celebrados durante la reunión. Evalúo el desempeño de las personas no sólo durante nuestras revisiones formales, sino dos o tres veces al año.

Cuando estábamos implementando estos procesos en AlliedSignal, un tipo —un buen tipo— me dijo durante una reunión: "¿Sabe? Yo tengo que pasar por este ritual sobre el personal otra vez este año." Le respondí: "ése es el comentario más tonto que he escuchado jamás, porque con él le dices al mundo lo poco que sabes acerca de tu trabajo. Si realmente te sientes de esa manera, debes dedicarte a alguna otra cosa, porque si no vas a ser bueno en esto, no podrás tener éxito". No lo dije en frente de los demás, pero pensé: "eso precisamente me dice que quizá tengo a la persona equivocada".

Pero él no volvió a hacerlo otra vez. No creo que él haya llegado a amar el proceso relacionado con el personal, pero lo realizó y obtuvo algo a cambio. Llegó a conocer a su equipo de trabajo y a mejorarlo.

***

Los líderes a menudo se quejan cuando afirman que tienen que dirigir los tres procesos básicos por sí mismos. "Me estás diciendo que microadministre a mi personal, y yo no lo hago", es una respuesta común. O bien: "Ése no es mi estilo. Yo soy un líder que delega en sus colaboradores. Delego y otorgo facultades."

Estamos totalmente de acuerdo que la "microadministración" es un gran error. Disminuye la confianza que la gente tiene en sí misma, coarta su iniciativa y afecta su capacidad para pensar por sí mismos. También es la receta para echar a perder las cosas; los microadministradores rara vez saben tanto sobre lo que es necesario hacer como las personas a quienes molestan y que son quienes realmente lo hacen.

Pero existe una enorme diferencia entre dirigir una organización y presidirla. El líder que se jacta de su estilo basado en delegar o en transferir sus atribuciones no está al tanto de los temas del día. No está encarando a las personas responsables del mal desempeño, ni está buscando los problemas que debe resolver y asegurándose de que son resueltos. Está presidiendo; sólo realiza la mitad de su trabajo.

Dirigir a una organización en pos de la ejecución no se trata de la microadministración, o de no delegar en los colaboradores, o restarles facultades. En vez de ello, es acerca de una participación activa, haciendo las cosas que los líderes deberían estar haciendo en primer lugar. Conforme avances en la lectura verás cómo los líderes que alcanzan la excelencia en la ejecución se involucran en la sustancia de la ejecución e incluso en algunos de los detalles más importantes. Esos líderes utilizan su conocimiento del negocio para evaluar constantemente y formular preguntas. Sacan a la luz las debilidades y obtienen el apoyo del personal para corregirlas.

El líder que ejecuta elabora una arquitectura de la ejecución. Implementa una cultura y un proceso encaminado a la ejecución, promoviendo a las personas que logran que las cosas se hagan más rápidamente y otorgándoles recompensas más grandes. Su participación personal en esa arquitectura consiste en asignar las tareas y darles seguimiento. Esto significa asegurarse de que las personas comprenden las prioridades, que están basadas en su amplia comprensión del negocio, y formular preguntas incisivas. El líder que ejecuta a menudo no tiene siquiera que decirle a las personas lo que deben hacer; formula preguntas de manera que ellas mismas se den cuenta de lo que necesitan hacer. De esa manera, transmite su experiencia de líder y las educa para que piensen de maneras que nunca antes habían pensado. En vez de coartar a las personas, este tipo de liderazgo les ayuda a ampliar sus propias capacidades de liderazgo.

Jack Welch, Sam Walton y Herb Kelleher de Southwest Airlines tenían presencias poderosas en sus organizaciones. Casi todos les conocían, sabían qué valores representaban y qué esperaban de sus empleados. ¿Se debía eso a sus personalidades poderosas? Sí, pero una personalidad poderosa no significa nada en sí misma. A "el serrucho" Dunlop, el celebrado y extrovertido campeón de la causa de los salvajes recortes de costo, tenía una personalidad poderosa y sin embargo destruyó las compañías que supuestamente estaba salvando.

¿Son buenos comunicadores los líderes como Jack, Sam y Herb? Nuevamente, sí *pero...* La comunicación puede ser inútil o puede tener un significado. Lo que cuenta es la sustancia de la comunicación y la naturaleza de la persona que se comunica, incluyendo su habilidad para escuchar así como para hablar.

Es posible que personas como las mencionadas sean buenos líderes porque practican "la administración itinerante". Todos hemos leído historias sobre cómo Herb o Sam se dejaban ver en las líneas del frente, para conversar con los estibadores de equipaje o los empleados del almacén. Desde luego, esas rondas son útiles e importantes, pero sólo si el líder que las realiza sabe qué decir y qué buscar en lo que escucha.

Los líderes de esta clase tienen presencias poderosas e influyentes porque *ellos son* sus negocios. Están involucrados de manera íntima e intensa con su personal y sus operaciones. Logran comunicarse porque conocen las realidades del negocio y hablan sobre ellas. Están al tanto de los detalles. Encuentran excitante lo que están haciendo. Les apasiona obtener resultados. Ésa no es una "inspiración" por medio del exhorto y los discursos. Estos líderes transmiten energía a los demás al poner el ejemplo.

En su último año como director ejecutivo de GE, Jack Welch pasó una semana de jornadas de 10 horas revisando los planes operativos de las diversas unidades de la compañía, como había hecho durante los 20 años que tuvo ese cargo. Welch participó íntimamente en los vaivenes del diálogo. Incluso al final de su carrera, Jack no estaba presidiendo. Estaba dirigiendo al participar activamente.

La ejecución tiene que estar presente en la cultura

Debe estar claro al llegar a este punto que la ejecución no es sólo un programa que tú puedes implementar en tu organización. Un líder que dice: "muy bien, ahora vamos a ejecutar, para hacer un cambio", está en realidad lanzando otra moda mensual, sin poder de permanencia. De la misma forma en que es necesario que el líder participe personalmente en la ejecución, todos los demás en la organización deben comprender y practicar la disciplina.

La ejecución tiene que estar imbuída en el sistema de recompensas y en las normas de conducta que todos ponen en práctica. De hecho, como mostraremos en el capítulo 4, el enfoque en la ejecución no sólo es una parte esencial de la cultura del negocio, sino que es el único camino seguro para realizar un cambio cultural significativo.

Una manera de implementar la ejecución consiste en pensar que es algo similar a los seis procesos "sigma" para el mejoramiento continuo. Las personas que practican esta metodología buscan desviaciones en relación con las tolerancias deseadas. Cuando las encuentran, actúan rápidamente para corregir el problema. Utilizan los procesos para elevar constantemente el nivel mínimo, mejorar la calidad y el seguimiento. Los utilizan en forma colaborativa en diferentes unidades para mejorar el funcionamiento de los procesos a lo largo de la organización. Se trata de una búsqueda incansable de la realidad, acompañada de procesos para el mejoramiento continuo. Y es un enorme cambio en la conducta; en realidad, un cambio en la cultura.

Los líderes que ejecutan, buscan desviaciones en relación con las tolerancias administrativas deseadas;

la diferencia entre el resultado deseado y el obtenido en todos los aspectos, desde los márgenes de utilidad hasta la selección de las personas que recibirán un ascenso. A continuación actúan para corregir la diferencia y elevar el nivel mínimo en toda la organización. Al igual que los seis procesos "sigma", la disciplina de ejecución no funciona a menos que las personas la conozcan y la practiquen constantemente; no funciona si sólo algunas personas la practican en el sistema. La ejecución tiene que formar parte de la cultura de la organización e influir en la conducta de todos los líderes en todos los niveles.

La ejecución debe comenzar con los líderes de nivel más alto, pero si tú no eres uno de ellos, de cualquier manera puedes ponerla en práctica en tu propia organización. Tú forjas y demuestras tus propias habilidades. Los resultados impulsarán tu carrera y pueden convencer a que otros en el negocio hagan lo mismo.

Por qué la gente no lo entiende

Si la ejecución es tan importante, ¿por qué no se le presta atención? En realidad los hombres de negocios no le son totalmente indiferentes. Sin embargo, de lo que están más conscientes es de su ausencia. Ellos saben, muy en el fondo, que algo falta cuando las decisiones no se toman o no se les da seguimiento, o cuando no se cumple con los compromisos. Buscan y se esfuerzan por obtener las respuestas; se trata de compañías prestigiadas, conocidas por cumplir sus compromisos, que buscan las respuestas en la estructura organizacional, o los procesos, o la cultura. Sin embargo, rara vez comprenden la lección fundamental debido a que la ejecución no ha sido aún reconocida o enseñada como una disciplina. Esas personas literalmente no saben qué es lo que están buscando.

El verdadero problema es que la *ejecución* no suena muy *sexy*. Es algo que un líder delega. ¿Alcanzan su gloria los grandes directores ejecutivos y los ganadores del Premio Nobel por medio de la ejecución? Bueno, sí, de hecho, y en eso precisamente reside la gran falacia.

La visión común del reto intelectual sólo es verdadera a medias. Lo que la mayoría de la gente no comprende hoy en día es que el reto intelectual también incluye el trabajo riguroso y tenaz de desarrollar y poner a prueba las ideas. Quizás es el resultado de la crianza de la generación de la televisión, que cree que las ideas se convierten instantáneamente en resultados completos.

Existen diferentes tipos de retos intelectuales. Concebir una gran idea o mirar la perspectiva más amplia es generalmente algo intuitivo. Enmarcar esa perspectiva en un conjunto de acciones ejecutables es una tarea analítica, y se trata de un enorme desafío intelectual, emocional y creativo.

Los ganadores del Premio Nobel tienen éxito porque ejecutan los detalles de una prueba que otras personas pueden replicar, verificar, o hacer algo con ella. Ponen a prueba y descubren patrones, conexiones y vínculos que nadie ha visto antes. A Albert Einstein le tomó más de una década el desarrollo de una prueba detallada que explicaba la teoría de la relatividad. Ésa fue la ejecución: los detalles de la prueba en cálculos matemáticos. El teorema no hubiera sido válido sin la prueba. Einstein no hubiera podido delegar su ejecución. Era un reto intelectual que nadie más podía enfrentar.

El desafío intelectual de la ejecución consiste en llegar al corazón de un problema por medio de examen cuidadoso, persistente y constructivo. Digamos que un gerente de la división X planifica un incremento de ocho por ciento en las ventas en el año venidero, a pesar de que el mercado está deprimido. En sus revisiones de presupuesto, muchos líderes aceptarían esa cifra sin debate o discusión. Pero en una revisión operativa de una compañía enfocada a la ejecución, el líder querrá saber si esa meta es realista. "De acuerdo", le dirá al gerente, "¿pero de dónde vendrá ese incremento? ¿Qué productos generarán ese crecimiento? ¿Quién los comprará, y qué atractivo vamos a desarrollar para esos clientes? ¿Cuál será la reacción de nuestro competidor? ¿Cuáles serán las etapas de nuestro plan?" Si una etapa no ha sido alcanzada al finalizar el primer trimestre, se enciende una luz de alerta: algo no está saliendo como fue planificado y algo necesita ser cambiado.

Si el líder tiene dudas sobre la capacidad de la organización para ejecutar, es posible que deba ir más a fondo. "¿Están las personas adecuadas a cargo de lograr que se haga?", puede preguntar. "¿Es claro el mecanismo de rendición de cuentas? ¿De quién se requerirá la colaboración y cómo se les motivará para que colaboren? ¿Les motivará el sistema de recompensas para lograr un objetivo común?" En otras palabras, el líder no sólo aprueba un plan. Desea una explicación y debe ir a fondo hasta que las respuestas sean claras. Sus habilidades de liderazgo son tales que todos los presentes participen en el diálogo, mostrando a la luz pública el punto de vista de cada uno, y evaluando el grado y la naturaleza del compromiso que cada uno asume. No se trata solamente de una oportunidad para que sus gerentes aprendan del líder y para que este último aprenda de ellos; es una manera de difundir el conocimiento para todos los que participan en el plan.

Supongamos que el tema es cómo incrementar la productividad. Se formularán otras preguntas: "tenemos cinco programas en el presupuesto y tú dices que vamos a ahorrar por lo menos un par de millones de dólares en cada uno. ¿Cuáles son los programas? ¿Dónde vamos a ahorrar el dinero? ¿En qué plazo? ¿Cuánto nos va a costar lograrlo? ¿Y quién será responsable de todo esto?"

***

Las organizaciones no ejecutan a menos que las personas correctas, tanto de manera individual como colectiva, se enfoquen en los detalles pertinentes en el momento apropiado. Llevar ese concepto hasta los detalles más importantes es una tarea engorrosa para ti, en tu carácter de líder. Tienes que pasar revista a una amplia variedad de hechos e ideas, cuyas permutaciones y combinaciones pueden ser casi infinitas. Tienes que discutir los riesgos que hay que correr, y dónde correrlos. Tienes que involucrarte con todos esos detalles y seleccionar aquellos que realmente importan. Tienes que asignarlos a las personas pertinentes y asegurarte cuáles, entre las más importantes, deben sincronizar su trabajo.

Ese proceso de toma de decisiones requiere conocimiento del negocio y del ambiente externo. Requiere la capacidad de formular juicios adecuados acerca de las personas, de sus capacidades, su responsabilidad, sus fortalezas y sus debilidades. Requiere un enfoque intenso y un pensamiento incisivo. Requiere soberbias habilidades para conducir un diálogo sincero y realista. Este trabajo constituye en sí mismo un desafío intelectual como ningún otro.

El liderazgo que carece de la disciplina de ejecución está incompleto y no es efectivo. Sin la capacidad para ejecutar, todos los demás atributos del liderazgo se tornan huecos. En el capítulo 2 demostraremos, por medio de las historias de cuatro negocios y sus líderes, por qué la ejecución constituye la diferencia más importante.

Capítulo 2
La diferencia de la ejecución

Todo gran líder tiene un instinto para la ejecución. En efecto, ese tipo de líder dice: "a menos que yo pueda hacer que este plan *ocurra*, no tendrá importancia". Sin embargo, la selección, entrenamiento y desarrollo de líderes no se enfoca en esa realidad. A juzgar por nuestras observaciones, una alta proporción de quienes realmente alcanzan la cima de las organizaciones de negocios han dejado huella —su huella personal— como pensadores de alto nivel. Son la clase de personas que quedan atrapadas en la excitación intelectual de cada gran idea que se da a conocer y la adoptan con entusiasmo. Son conceptualizadores articulados, muy buenos para comprender y explicar estrategias. Ellos saben que eso es lo que necesitan para seguir adelante. No están interesados en "la manera" en que las cosas se hacen; eso le corresponde pensarlo a alguien más.

Juzgar la inteligencia de una persona es fácil para la gente que da empleo y ascensos a otros; pero es más difícil comprender el historial de una persona y medir su capacidad para lograr que las cosas se hagan, especialmente cuando el desempeño es el resultado de muchas personas que trabajan juntas. Pero los conceptualizadores inteligentes y articulados no necesariamente comprenden cómo ejecutar.

Muchos no se dan cuenta de qué es necesario hacer para convertir una visión en tareas específicas, debido a que su pensamiento de alto nivel es demasiado amplio. Ellos no dan seguimiento ni logran que las cosas se hagan; los detalles les aburren. No cristalizan su pensamiento ni preveen los obstáculos. No saben cómo escoger al personal que puede ejecutar para sus organizaciones. Su falta de involucramiento les priva de un juicio sólido sobre la gente que sólo puede obtenerse por medio de la práctica.

El problema con Joe

Joe, el director ejecutivo cuya caída describimos en el capítulo 1, es un típico líder que no sabía cómo ejecutar. Veamos su historia con más detenimiento, así como las de dos prominentes directores ejecutivos cuyas compañías no pudieron ejecutar las grandes visiones de sus líderes.

Recordarás que Joe no podía entender por qué su gente no había cumplido con los resultados que había anticipado. Joe contrató a una importante compañía consultora para diseñar una nueva estrategia. Realizó varias adquisiciones y gozaba de una buena relación con Wall Street. Con base en sus habilidades para cerrar tratos y lograr adquisiciones, la relación entre precio e ingresos de la compañía mejoró en menos de dos años. La fortaleza de Joe residía en la mercadotecnia y los contactos con los clientes, pero también tenía una estrecha y buena relación con su director financiero. Joe fijó metas rígidas; el director financiero transmitió las cifras a las personas encargadas de las operaciones. Como Joe no era un microadministrador, dejó los detalles de la implementación a sus colaboradores inmediatos, incluyendo al vicepresidente ejecutivo de la unidad de negocios de Norteamérica y a su director de producción. Sin embargo, Joe se mantuvo atento a las cifras trimestrales. Si las cifras eran menores a lo esperado, se ponía al teléfono inmediatamente con las personas a cargo, diciéndoles en los términos más fuertes posibles que necesitaban ponerse al corriente. Las revisiones trimestrales no eran muy gratas.

De acuerdo con los estándares del análisis administrativo convencional, Joe hizo todas las cosas correctas. De acuerdo con los estándares de la ejecución, casi no hizo nada bien. La diferencia entre las metas y los resultados reflejaron la discordancia entre las ambiciones de Joe y las realidades de la organización. De hecho, las metas que fijó habían sido irreales desde el primer día.

Un problema importante consistía en que la planta de la compañía no podía elaborar suficientes productos debido a que sus gerentes tenían un retraso de 12 meses en la implementación de un plan para el mejoramiento del proceso. Joe no sabía eso. Aunque se enfrentó a sus ejecutivos cuando éstos no alcanzaron las metas, Joe nunca preguntó *por qué* no lo habían logrado. Un líder experto en la ejecución hubiera preguntado eso inmediatamente. A continuación se hubiera enfocado en la causa; después de todo, no puedes arreglar un problema tan sólo al considerar su resultado. ¿Estaba la implementación del proceso al corriente de acuerdo con lo programado? ¿Sabían el vicepresidente ejecutivo y el director operativo las razones, y qué estaban haciendo al respecto?

Como muchos directores ejecutivos, Joe creía que formular esas preguntas era una tarea que correspondía al director de producción, y que el trabajo del vicepresidente ejecutivo era asegurarse de que eran formuladas. Sin embargo (nuevamente, como muchos directores ejecutivos),

Joe no había seleccionado a las personas correctas para los trabajos correctos. Ninguno de ellos era bueno en lo relacionado con ejecución. El vicepresidente ejecutivo era un burócrata que cambiaba casi cada tres años de un trabajo a otro. El director de producción era un tipo muy bueno para las finanzas, que provenía de un despacho de consultoría y era considerado un candidato potencial con grandes posibilidades de suceder al director ejecutivo en su cargo al cabo de cinco años. Sin embargo, no comprendía las operaciones del todo y tenía una personalidad difícil. Los gerentes de planta que le reportaban no lo respetaban.

Si los líderes hubieran tenido un diálogo abierto con las personas encargadas de la fabricación, hubieran aprendido acerca del obstáculo en la manufactura, pero eso no estaba en sus planes. Se limitaron a transmitir las cifras. Por otra parte, aunque las metas rígidas pueden ser útiles para obligar a que las personas rompan con las viejas reglas y hagan las cosas mejor, son menos que inútiles si no toman en cuenta la realidad, o si las personas que deben cumplir esas metas no reciben la oportunidad de discutirlas de antemano y hacerlas suyas.

¿Qué hubiera hecho Joe de manera diferente si hubiera tenido el conocimiento necesario sobre la ejecución? En primer lugar hubiera involucrado a todas las personas responsables de los resultados del plan estratégico, incluyendo a las personas clave en el área de producción, para que elaboraran el plan. Ellos hubieran fijado metas basadas en la capacidad de la organización para obtener resultados. La capacidad organizacional incluye tener a las personas correctas desempeñando los trabajos correctos. Si el vicepresidente ejecutivo no sabía cómo lograr que se hicieran las cosas, Joe le hubiera dirigido desde mucho antes acerca de lo que necesitaba hacer y le hubiera ayudado a aprender cómo ejecutar. Si aún así no hubiera tenido progreso, la única opción que hubiera quedado habría sido reemplazarlo (como lo hizo el nuevo director ejecutivo que reemplazó a Joe). En segundo lugar, Joe también hubiera preguntado a su personal acerca de los *cómo* de la ejecución: ¿cómo específicamente iban a lograr su demanda proyectada con base en el tiempo, su rotación de inventario, y sus metas de costos y calidad? Cualquier persona que careciera de las respuestas tendría que obtenerlas antes de lanzar el plan.

En tercer lugar, Joe debió fijar las etapas para el progreso del plan, con un sistema de rendición de cuentas para las personas a cargo. Si estaban implementando un nuevo proceso para mejorar la producción, por ejemplo, Joe hubiera celebrado un acuerdo con ellos en el que el proyecto tendría un avance de X por ciento para la fecha Y, y que Z por ciento del personal sería entrenado en el proceso. Si los gerentes no podían cumplir con esas etapas, se lo hubieran hecho saber y él les hubiera ayudado a realizar las acciones correctivas. En cuarto lugar, Joe habría establecido planes de contingencia para manejar lo inesperado: por ejemplo, un cambio en el mercado, o la escasez de algún componente, o algún otro cambio en el ambiente externo.

Joe era muy brillante pero no sabía cómo ejecutar. Las personas que lo contrataron no vieron nada en su récord que indicara que fallaría, porque no utilizaron la ejecución como un criterio de selección. Su reputación para cerrar tratos y realizar adquisiciones inteligentes le permitieron obtener el empleo.

Cuando el consejo de administración lo despidió, contrató un nuevo equipo de administradores que sabían cómo ejecutar. El nuevo director ejecutivo provenía del área de producción. Él y su equipo revisaron y discutieron los *cómo* con los gerentes de planta, fijaron las etapas y dieron seguimiento con disciplina y consistencia para realizar revisiones.

La diferencia de ejecución en Xerox

Las personas de Xerox que contrataron a Richard C. Thoman tampoco vieron razón alguna por la que podría fracasar. Entre quienes habían encabezado alguna gran compañía estadounidense durante los últimos años, Thoman destacaba como uno de los más inteligentes y era un estratega muy respetado. Cuando Xerox lo contrató como su director operativo en 1997, él era uno de los protegidos de Louis V. Gerstner en IBM, donde había sido director financiero. A Thoman lo contrataron para que trajera consigo el cambio. Durante la época en que fue director operativo lanzó muchas iniciativas para recortar costos, incluyendo despidos de personal y recortes en los bonos, los viáticos y los beneficios. También realizó el trabajo necesario para una nueva estrategia. Después de que el consejo de administración lo ascendió a director ejecutivo en abril de 1999, se avocó a transformar a Xerox de una compañía de productos y servicios a un proveedor de soluciones, combinando el *software*, el *hardware* y los servicios para ayudar a que sus clientes integraran sus documentos en papel y sus flujos de información electrónica, organizando sociedades con compañías como Microsoft y Compaq para construir los sistemas.

Aquella era una visión excitante para una compañía que realmente necesitaba de una. Durante la reunión anual de 1999, Thoman le dijo a los accionistas que la compañía estaba “llegando al umbral de otro periodo de grandes éxitos", y predijo que los ingresos de ese año crecerían entre 15 y 20 por ciento. Los inversionistas compartieron su optimismo, e impulsaron el precio de las acciones hasta niveles máximos.

Sin embargo, la visión no tenía conexión con la realidad. La ejecución había sido un problema durante décadas, y Thoman "se llevó a la boca más de lo que Xerox podía masticar". Por ejemplo, en una de las etapas iniciales de los esfuerzos de la compañía para cambiar su enfoque, Thoman lanzó dos iniciativas de gran importancia, ambas encaminadas a "apretar el cinturón". La primera estaba orientada a consolidar los noventa y tantos centros de administración de la compañía, que manejaban la contabilidad, la facturación y la programación de visitas de servicio a cliente, hasta dejar sólamente cuatro. La segunda reorganizaría la fuerza de ventas de Xerox, de cerca de 30,000 personas, para que cerca de la mitad asumiera un enfoque por región, en vez de por industria.

Ambos movimientos eran necesarios e importantes. La consolidación administrativa recortaría costos y mejoraría la eficiencia, y la reorganización de ventas pavimentaría el camino para un enfoque más intenso: proveer a los clientes con soluciones, no sólo con equipos, lo cual constituía el núcleo de la nueva estrategia. Sin embargo, al terminar el año Xerox estaba en una situación caótica.

Durante la transición administrativa las facturas no fueron cobradas, los pedidos se extraviaron y las solicitudes de servicio no fueron atendidas. Los representantes de ventas tuvieron que pasar la mayor parte de su tiempo arreglando el desorden, justo cuando estaban tratando de adaptarse a una nueva organización y a una nueva forma de vender. También tuvieron que forjar nuevas relaciones con sus clientes, toda vez que muchos de ellos fueron reasignados, lo cual por su parte alejó a muchos clientes que habían sido leales durante años.

La moral se desplomó. El flujo de efectivo de las operaciones se tornó negativo; los inversionistas comenzaron a preocuparse por la viabilidad financiera de Xerox. El precio de la acción cayó en la bolsa, del nivel de 64 dólares, hasta 7 dólares. La compañía fue obligada a vender algunos de sus negocios para cumplir con sus necesidades de liquidez. En mayo de 2000 Thoman fue llamado a la oficina del presidente Paul Allaire, quien le informó que estaba despedido.

¿Qué salió mal? Aunque el lanzamiento de dos iniciativas tan grandes al mismo tiempo fue un error de ejecución —cualquiera de ellas por separado hubiera ejercido una gran presión sobre la organización— el problema era más profundo. Los críticos de Thoman señalaron que estaba demasiado aislado como para comunicarse con las personas que debían ejecutar los cambios. Sin embargo, la cultura cerrada de Xerox no aceptó amablemente a un extraño, y como dijo Thoman, él no tenía autoridad para nombrar a un nuevo equipo de líderes. Especialmente cuando un negocio realiza cambios de importancia, las personas correctas deben desempeñar los empleos más importantes, y los procesos centrales deben ser lo suficientemente fuertes para asegurarse de que vencerán la resistencia y que los planes serán ejecutados. Estos dos elementos no estaban presentes.

Fuera de contacto en Lucent

Las esperanzas eran muy grandes cuando Lucent Technologies designó a Richard McGinn como director ejecutivo en 1996. Experto en mercadotecnia, McGinn tenía buena presencia y disposición para explicar las brillantes perspectivas de la compañía a la comunidad inversionista. McGinn prometió a los inversionistas un impresionante crecimiento en los ingresos y las ganancias. Dado el clima de negocios que imperaba en esa época, y vistas desde 50 000 pies de altura, las promesas parecían creíbles para el consejo de administración y los inversionistas. Lucent fue resultado de la combinación de Western Electric y Bell Labs (que formó parte de AT&T), y en 1997 se concentraría en el próspero mercado de los equipos de telecomunicaciones, desde los teléfonos hasta los conmutadores de red y el material para transmisión. Al contar con Bell Labs, Lucent tenía recursos de investigación y desarrollo que nadie más podía igualar.

Sin embargo, McGinn tuvo dificultades para lograr que se hicieran las cosas al interior de la compañía. "Nos extralimitamos en nuestra capacidad para ejecutar", dijo Henry Schacht, quien regresó del retiro para reemplazar a McGinn después de que este fue despedido en octubre de 2000. El colapso de la "burbuja" de las telecomunicaciones eventualmente afectó a todos los participantes en el mercado, pero el declive de Lucent comenzó antes de que eso ocurriera. La compañía cayó antes, más fuerte y más lejos que sus competidores.

En un mercado tecnológico que cambia a la velocidad de internet, McGinn no modificó la cultura lenta y burocrática de Western Electric. La estructura de Lucent era inapropiada y su sistema de control finaciero era muy inadecuado. Por ejemplo, los ejecutivos no podían obtener información sobre las utilidades por cliente, línea de producto o canal de distribución, por lo que no tenían manera de tomar decisiones correctas sobre el destino de los recursos. El personal de McGinn le pidió en vano que corrigiera esa situación. McGinn no se enfrentó a ejecutivos de bajo rendimiento ni los reemplazó por personas capaces de actuar tan decididamente como sus contrapartes y competidores en Cisco y Nortel.

Como resultado de lo anterior, Lucent consistentemente incumplió con las etapas técnicas para el desarrollo de nuevos productos, y dejó escapar las mejores oportunidades que surgían en el mercado. La compañía gastó una enorme cantidad de dinero en la instalación del SAP, una aplicación electrónica que conecta todas las partes de la compañía en una plataforma estándar; sin embargo, el dinero fue malgastado porque la compañía no cambió los procesos de trabajo para aprovechar el sistema.

Lucent alcanzó sus metas financieras durante los primeros dos años, gracias a la oleada de inversión en bienes de capital de sus clientes. Sin embargo, ese incremento en las ganancias provino en gran medida del antiguo negocio de red de voz de Lucent; un negocio con perspectivas de crecimiento insostenibles. Incluso antes de que esa oleada llegara a su final, la compañía estaba teniendo problemas para cumplir los compromisos de McGinn.

Un líder que tuviera una comprensión más amplia de la organización no hubiera fijado metas tan poco realistas. La demanda más importante era por productos que Lucent no tenía, incluyendo los "ruteadores" (*routers*) que guían el tráfico en internet y el equipo óptico con alta capacidad y banda ancha. Bell Labs estaba trabajando en ambos productos, pero fue muy lenta en su desarrollo e introducción al mercado.

Las oportunidades perdidas en los "ruteadores" y el equipo óptico fueron percibidas ampliamente como errores estratégicos. De hecho, demostraron cómo la ejecución y la estrategia están relacionadas entre sí. En 1998 Lucent entró en pláticas con Juniper Networks para adquirir esa empresa, pero después decidió desarrollar por sí misma los "ruteadores". No obstante, una parte de la ejecución consiste en conocer tu propia capacidad. Lucent no tenía la capacidad para hacer llegar sus productos al mercado lo suficientemente rápido. Por lo menos la buena ejecución hubiera evitado que las proyecciones de crecimiento salieran de control cuando la compañía no tenía presencia en uno de los mercados en crecimiento más importantes.

De la misma forma, el error estratégico en el equipo óptico se originó en la mala ejecución, es decir, el fracaso para comprender los cambios en el ambiente exterior. Desde 1997, los ingenieros de Lucent pidieron a los altos ejecutivos que les permitieran desarrollar productos de fibra óptica. Sin embargo, los líderes de la compañía estaban acostumbrados a escuchar a sus clientes más grandes —AT&T, su antigua compañía matriz, y las compañías denominadas "Baby Bells"— y esos clientes no tenían interés en equipos ópticos. Éste es un caso clásico del llamado "dilema del innovador": las compañías cuya mayor fortaleza estriba en una tecnología que ha alcanzado la madurez tienden a ser menos exitosas en lo que se refiere a dominar las nuevas tecnologías. Sin embargo, el dilema del innovador tiene una solución basada en la ejecución que no ha sido reconocida en general. Si en realidad estás ejecutando, y tienes los recursos, debes prestar atención a tus clientes de mañana al igual que a los del presente y planificar para satisfacer sus necesidades. Nortel estaba escuchando los mismos argumentos de sus clientes más importantes, pero percibió las necesidades emergentes y se organizó para satisfacer la demanda.

En segundo lugar, en la prisa por hacer crecer los ingresos, Lucent se dirigió en demasiadas direcciones al mismo tiempo. Agregó una gran cantidad de líneas de producto no redituables y adquirió negocios que no podía integrar, o incluso dirigir, especialmente en los muchos casos donde los líderes de las compañías que fueron adquiridas abandonaron sus puestos porque no pudieron con la cultura burocrática. Los costos se dispararon. Las tres docenas de adquisiciones, junto con un incremento aproximado de 50 por ciento en la fuerza de trabajo hasta alrededor de 160 000 empleados, ocasionó redundancias, costos excesivos y menor visibilidad.

El desenlace llegó mucho antes de que el mercado de las telecomunicaciones hiciera implosión. Bajo la presión de cumplir con proyecciones de crecimiento que no eran realistas, los empleados que quedaron a sus propias expensas hicieron lo que pudieron. Los vendedores ofrecieron cantidades extraordinarias de financiamiento, crédito y descuentos a sus clientes. Prometieron aceptar la devolución de los equipos que sus clientes no pudieran vender después. Algunos productos fueron registrados como "vendidos" tan pronto como habían sido enviados a los distribuidores. El resultado se reflejó en los estados financieros. En 1999, por ejemplo, mientras los ingresos crecieron 20 por ciento, las cuentas por pagar crecieron dos veces más rápido, hasta alcanzar US$10 mil millones. La compañía también acumuló una enorme deuda, en gran parte para financiar las adquisiciones que realizó, que la puso al borde de la bancarrota. La deuda obligó a que Lucent vendiera algunos de sus negocios a precios muy bajos. La situación se tornó tan grave que la compañía consideró la idea de perder su independencia por medio de su relación con la compañía francesa Alcatel.

Durante el *boom* de la tecnología, ni la gente de la industria, ni los inversionistas imaginaron que el negocio podría desplomarse tan bruscamente. Un líder competente para la ejecución hubiera analizado su organización para obtener una evaluación realista de sus riesgos de mercado. De acuerdo con los testimonios publicados, McGinn no lo hizo. Y durante su último año en el cargo, McGinn estaba claramente alejado de la realidad. En varias ocasiones tuvo que ajustar sus estimaciones financieras para reducirlas. Hasta el último fin de semana en que el consejo de administración lo despidió, McGinn insistió en que Lucent estaba enfrentado sus problemas.

En un artículo publicado después del despido, el *Wall Street Journal* informó:

> Las personas cercanas a la compañía afirman que varios ejecutivos le dijeron a McGinn hace un año que la compañía necesitaba reducir drásticamente sus proyecciones financieras porque sus productos más recientes no estaban listos aún y las ventas de los antiguos iban a declinar.
>
> 'Él rechazó tajantemente el consejo' afirma una persona que supo de la discusión. 'Dijo que el mercado estaba creciendo y que no existía razón alguna por la que no podríamos crecer. Estaba en un estado de negación total.'
>
> En efecto, en una entrevista reciente, el Sr. McGinn afirmó que durante la época en que Lucent tuvo un ascenso espectacular al estrellato, en los años posteriores a su separación de AT&T, nunca dedicó tiempo a pensar en cómo o en si la compañía podría caer de la gracia.

La ejecución en EDS

Analicemos ahora una compañía que anteriormente estuvo en problemas, cuyo director ejecutivo implementó la disciplina de ejecución. EDS tenía mucho en común con Xerox cuando Dick Brown tomó el timón de la compañía en enero de 1999. EDS creó su campo, los servicios externos de computación, y fue exitosa durante varias décadas. A continuación el mercado de la tecnología informática cambió y EDS no lo hizo. Los competidores como IBM aprovecharon el crecimiento. Los ingresos se redujeron, las utilidades disminuyeron y el precio de las acciones de la compañías se hundió.

Al igual que Thomas, Brown venía de otra industria; en su caso, de las telecomunicaciones. Brown había reorganizado previamente a Cable & Wireless, el gigante británico de las telecomunicaciones. En EDS, Brown encaró una cultura profundamente enraizada que necesitaba un cambio fundamental, caracterizada por la indecisión y la falta de rendición de cuentas, así como una estructura organizacional que ya no satisfacía las necesidades del mercado. Existen dos semejanzas adicionales: poco después de su llegada, Brown fijó metas de ingresos y de crecimiento de ganancias tan ambiciosos que la mayor parte del personal de la compañía las consideró imposibles de cumplir. Y sometió a la compañía a una reorganización general.

Ahí terminan las similitudes. Brown es una persona muy orientada a la ejecución y nunca hubo duda alguna sobre quién estaba al mando. Aunque Brown señala que la transformación de EDS todavía está en marcha, ha logrado cambiar exitosamente los aspectos fundamentales de la compañía en el curso de dos años. Le infundió la energía y el enfoque que no había tenido desde sus primeros tiempos y alcanzó sus metas de crecimiento y de utilidades.

La visión de Brown era que EDS podía crecer de manera poderosa y redituable si satisfacía las nuevas necesidades de servicios de tecnología de la información que crecían rápidamente. Esos servicios abarcaban desde la digitalización al interior de las compañías hasta la venta al menudeo virtual y la integración electrónica, en virtud de la cual las compañías trabajan con sus proveedores, clientes y otros proveedores de servicios como si se tratara de un solo negocio integrado. Mantenerse al corriente de los cambios constituía un gran desafío, incluso para el mejor departamento corporativo de tecnología de la información, y un serio problema para compañías que disponían de recursos limitados.

Brown advirtió que EDS poseía la capacidad básica para atender esos mercados. Dichos recursos abarcaban desde la pericia para proveer los servicios operativos más rutinarios a bajo costo, hasta proporcionar asesoría estratégica en los niveles más altos por medio de su despacho de consultoría, A. T. Kearney, adquirido en 1995. La variedad y profundidad de la capacidad técnica y la experiencia de su personal para resolver los problemas de sus clientes constituía una gran reserva de capital intelectual. Un aspecto positivo de la cultura de EDS era su arraigado espíritu de "poder hacer las cosas". Aquello que uno de los ejecutivos denominó como "la convicción de que podemos hacer cosas por los clientes que parecían imposibles" fue el legado de su fundador, Ross Perot.

Sin embargo, EDS estaba atrapada en su antigua cultura y estructura. Sus unidades de negocios estratégicos, de más de 40 años de antigüedad, estaban organizados de acuerdo con sectores industriales, como las comunicaciones, los bienes de consumo, o la atención estatal de la salud. Esas unidades habían dividido a la compañía en una confederación de cacicazgos, cada uno de los cuales tenía sus propios líderes, sus intereses, sus equipos, y en ocasiones sus propias políticas. Estos cacicazgos rara vez trabajaban juntos y las oportunidades del nuevo mercado estaban cayendo por los resquicios que existían entre ellos. ¿Cómo podía Brown aplicar el capital intelecutal de la compañía al nuevo ambiente? EDS necesitaría una nueva estructura organizacional, pero antes de ello Brown tenía que cambiar la cultura de la compañía, para implementar una consistente en la colaboración y la rendición de cuentas.

Brown se avocó a la tarea. En primer lugar, logró conocer íntimamente a la compañía viajando alrededor del mundo durante tres meses, entrevistando a empleados de todos los niveles, tanto formal como informalmente, para hablar con ellos y escucharlos. Por medio de correos electrónicos enviados semanalmente a toda la organización, no sólo le dijo a los empleados lo que pensaba, sino que además les pidió que respondieran y formularan sugerencias.

Sus mensajes honestos y realistas no eran simplemente un medio de comunicación; eran además una herramienta para cambiar la actitud de las personas. Por ese medio hizo que las metas de la compañía, los problemas y el nuevo estilo de liderazgo quedaran claros para los empleados en todas partes. Y ejercieron presión desde abajo a los gerentes para que explicaran las prioridades e iniciaran sus propios diálogos.

Brown también incrementó la calidad y el flujo de información de otras maneras. Por ejemplo, las cifras de ventas, que anteriormente habían sido recolectadas trimestralmente, eran ahora informadas diariamente, y por primera vez los cerca de 150 ejecutivos más importantes recibieron información vital de la compañía, desde márgenes de utilidad hasta ganancias por acción.

Comenzando por los niveles más altos, Brown creó nuevas formas para propiciar la colaboración y la rendición de cuentas. En su "llamada sobre desempeño", por ejemplo, él, su director operativo y su director financiero comenzaron a dirigir conferencias telefónicas los lunes por la mañana, dirigidas a los aproximadamente 150 ejecutivos más importantes. Estas conferencias eran esencialmente una revisión de las operaciones en marcha, en que se comparaba el desempeño de la compañía en el mes previo y el año anterior, con los compromisos que el personal había asumido. Dichas conferencias proporcionaron una alerta temprana sobre los problemas e infundieron un sentido de urgencia. Las personas que no cumplían con sus metas tenían que explicar las razones y señalar qué iban a hacer al respecto.

En los primeros días, cuando Brown estaba construyendo la nueva cultura de ejecución, las conferencias también sirvieron para reforzar los nuevos estándares de rendición de cuentas. "El mensaje que traté de transmitir es que cuando te comprometes a lo que solía ser un aspecto del presupuesto, estás asumiendo el compromiso en nombre de tu equipo y de todos los demás", afirma. "Los demás dependen de ti. Eso añadió un elemento de peso y responsabilidad que no existía anteriormente."

Las conferencias introdujeron una nueva realidad a las discusiones sobre las operaciones de EDS. El diálogo fue franco, incluso rudo, diseñado para conocer la verdad y lograr que el personal observe la conducta que Brown espera de sus gerentes. "Honestidad intensa", le llama Brown, "un equilibrio entre optimismo y motivación con realismo. Obtenemos lo positivo y lo negativo". Las conferencias pueden ser incómodas para aquellos que integran el grupo que obtiene resultados negativos. Frente a sus pares, los ejecutivos tienen que explicar por qué han fallado y qué están haciendo para recuperar el camino. "Si tus resultados son lo suficientemente negativos", agrega Brown, "hablaremos después de clase". Esas conversaciones se relacionan con las preguntas y sugerencias sobre las acciones que el ejecutivo piensa realizar para volver a obtener un desempeño de acuerdo a lo planeado.

Sin embargo, ni las conferencias ni las conversaciones "después de clase" tienen el objetivo de "quemar" a los gerentes. Como señala un alto ejecutivo (que ha estado con EDS desde el principio), "se realizan de manera positiva y constructiva, no para avergonzar a alguien; pero tan solo por el hecho de que ocurre, la naturaleza humana indica que tú quieres ser uno de los que tienen buen desempeño".

La conversación no siempre es acerca de cifras. En una de sus primeras reuniones, según recuerda Brown, "uno de los ejecutivos afirmó que estaba preocupado acerca de la creciente ansiedad e inquietud en su organización, y sobre el cambio drástico y rápido. Su personal le preguntaba '¿Nos estamos moviendo demasiado rápido, estamos en el umbral del descuido? Quizá debemos desacelerar, tomar las cosas con calma, reflexionar un poco'".

Brown replanteó el tema, y a propósito del mismo dio una poderosa lección de dirección. "No dejé pasar el comentario. 'Ésta es una prueba de liderazgo' les dije. 'Quiero que cualquiera de los participantes en esta conferencia que esté realmente preocupado sobre adónde vamos y sobre el hecho de que probablemente fracasemos, que lo diga ahora mismo. No tengan miedo de decir que lo están. Si consideran que estamos cometiendo un gran error y que nos dirigimos al precipicio, díganlo ahora'.

"Ninguno lo hizo. De manera que dije: 'Si no están preocupados, ¿de dónde viene esa inquietud? Yo no estoy preocupado y ustedes no están preocupados. Aquí está el origen: algunos de ustedes dicen una cosa y su lenguaje corporal dice otra. Muéstrenme una organización que está frotándose las manos, escuchando los rumores, y ansiosa sobre el futuro, y yo les mostraré líderes que se comportan de la misma forma. La gente imita a sus líderes. Si su organización está preocupada, entonces ustedes tienen un problema, porque ustedes afirman no estar preocupados'.

"Y a continuación regresé al punto anterior. 'He aquí su prueba de liderazgo; ahora calmen a su organización, proporcionen información a su personal; aborden el núcleo de sus preocupaciones. Yo no puedo creer que su preocupación está basada en hechos. Considero que su preocupación esté basada en la ignorancia. Y si ése es el caso, entonces es culpa de ustedes."

Brown organizó una serie de reuniones de dos días de duración para los 150 ejecutivos de mayor jerarquía, y les dio a conocer por primera vez los detalles de los planes de la compañía, asuntos de importancia crítica y de finanzas. "Quiero que vean el negocio desde mi nivel", les dijo en la primera de esas reuniones. "Eso les permitirá participar en lo que estamos haciendo. Les permitirá enfocarse en los aspectos más importantes que estamos enfrentando. "Las reuniones también permitieron que diferentes personas practicaran trabajar juntas, no sólo en las reuniones sino a lo largo del año. "Conózcanse mutuamente, de manera que cuando colaboremos y trabajemos juntos podamos asociar un rostro a un memo, o a un correo electrónico, o a un nombre", les dijo. "Formamos parte del mismo equipo y sólo podremos lograrlo si trabajamos juntos."

La selección de personal recibió gran atención. Brown removió a muchos ejecutivos de bajo rendimiento. Bajo un nuevo liderazgo, el departamento de recursos humanos (rebautizado como "Gerencia de Liderazgo y Cambio") desarrolló un sistema de compensaciones que vinculó las recompensas al desempeño, y creó un grupo de herramientas de evaluación basadas en internet para ayudar a los ejecutivos a perfeccionar su evaluación del personal respectivo. También se incorporaron cursos intensivos de capacitación en todos los niveles, dirigidos a satisfacer necesidades organizacionales específicas. Los líderes que no podían manejar todos los cambios recibieron apoyo de la dirección o fueron removidos.

Brown mismo ordenó que se realizara un análisis del desempeño del equipo de ventas y descubrió, entre otras cosas, que 20 por ciento de los vendedores no habían vendido nada en los seis meses previos. Brown le dijo a sus ejecutivos de ventas: "¿qué van a hacer con esa gente y con sus supervisores?" Ese 20 por ciento fue reemplazado.

En lo que se refiere al efecto total en la compañía, la reorganización de Brown fue mucho más grande y compleja que la que puso de rodillas a Xerox. Brown puso a EDS de cabeza. Las unidades de negocios estratégicos fueron incorporadas a una nueva organización con cuatro líneas de negocios, enfocadas en amplios segmentos del mercado. E Solutions ofrecería una gama completa de servicios para la "empresa extendida", vinculada electrónicamente con proveedores y clientes, desde las redes de cadenas de provisión hasta la seguridad de internet. Administración de Procesos de Negocio proporcionaría servicios de procesamiento administrativo y financiero a negocios y gobiernos, así como manejo de la relación con clientes. Soluciones Informáticas vendería servicios de tecnología de la información y comunicaciones, almacenaje administrado y manejo de sistemas de computación. A.T. Kearney se especializaría en servicios de consultoría de alto nivel, así como en servicios de búsqueda de ejecutivos. (EDS ha añadido desde entonces una quinta línea de negocio, PLM Solutions, que ofrece administración digitalizada de ciclo de vida de productos, desde el desarrollo hasta la colaboración con proveedores, para compañías fabricantes.)

La nueva estructura era más que una manera de dividir los negocios de acuerdo con los mercados. Fue diseñada de manera que EDS pudiera aprovechar integralmente su capital intelectual por primera vez, de manera que el personal de todas las áreas de la compañía proporcionaran soluciones para los clientes. La colaboración entre las líneas de negocio permitiría que EDS ofreciera a cada cliente una propuesta de valor basada en su capacidad "de un extremo a otro", desde consultoría de estrategia de negocios hasta rediseño y administración de procesos y almacenamiento de sitios de internet. Esa estructura no funcionaría a menos que las personas provenientes de las antiguas unidades de negocio aprendieran no sólo sus nuevas tareas sino nuevas formas de trabajar juntas. Al mismo tiempo, el personal tenía la orden de incrementar la productividad a una tasa anual de 4 a 6 por ciento, lo que permitiría disponer de US$ mil millones al año para reinversión o como ganancia. Adicionalmente, la velocidad en la introducción y entrega de nuevos productos no podía disminuir.

La reorganización radical tuvo éxito porque Brown puso el diseño en manos de la gente que estaría encargada de hacerla funcionar. Se integró un equipo de siete ejecutivos de diferentes disciplinas y regiones para que elaborarían el nuevo modelo. Ese equipo se reunió regularmente con Brown, con su director operativo y el director financiero, y crearon el modelo, luego de un esfuerzo de 10 semanas en que trabajaron siete días a la semana.

La nueva organización no hubiera podido ser más diferente que la antigua, simplemente en lo que se refiere a las exigencias que planteó a los líderes de EDS. En el pasado, los encargados de las unidades de negocio se enfocaban únicamente en el éxito de su parte de la compañía. Sin embargo, el nuevo modelo fue diseñado para maximizar los resultados de la compañía en su conjunto, lo que requería de la estrecha colaboración entre todos los negocios. Para la mayoría de los ejecutivos, aquélla fue su primera experiencia de trabajo en equipo. No siempre fue fácil. He aquí lo que un miembro del equipo dijo acerca del proceso:

> Nosotros eramos siete personas con diferentes antecedentes, visiones y opiniones. Algunos estaban más orientados a las ventas, otros a la entrega, otros tenían un enfoque más internacional, y otros tenían un gran conocimiento de la industria. Y habíamos acordado desde el principio que el modelo que elaboraríamos sería uno con el que todos estaríamos conformes.
>
> Lograr ese objetivo fue realmente difícil. Puedo decirte que tuvimos muchas peleas entre nosotros. Algunos días nos fuimos del edificio y no nos gustábamos unos a otros. Me es difícil asumir el compromiso. Soy una persona de temperamento fuerte. En muchas ocasiones me sentí realmente frustrado. Y hubo días en que abandoné nuestras reuniones, me subía a mi automóvil y pensé literalmente: 'Estamos destruyendo esta compañía.' Tengo 20 años en la compañía; es como si fuera mi familia, y me gusta estar aquí. No podía soportar la idea de que estábamos destruyéndola.
>
> Creo que es necesario un procesamiento emocional y mental para realizar un cambio tan radical, para comprender que 'lo que hemos hecho antes no siempre tiene que ser la manera en que lo hagamos en el futuro, y simplemente hay que estar abierto al cambio'. Al final desarrollamos amistades personales estrechas porque tuvimos que resolver todos los aspectos juntos. De manera que verdaderamente fue una buena experiencia de desarrollo.

Mientras todo esto ocurría, Brown ajustó el enfoque de la compañía en la calidad del servicio que ofrecía a sus clientes, que se había deteriorado con el paso de los años. La "excelencia en el servicio" se convirtió no sólo en un mantra, sino en un objetivo que figuraba en las recompensas de desempeño de todos los ejecutivos de servicio al cliente y en los presidentes de las líneas de negocio. Actualmente, 91 por ciento de los clientes de EDS califican su servicio como "bueno" o "excelente".

Los resultados son evidentes en el desempeño de EDS. Al final de 2001, la compañía había alcanzado ingresos récord y sólidas ganancias en la participación del mercado, y había acumulado 11 trimestres consecutivos de crecimiento de doble dígito en los márgenes de operación y en las ganancias por acción. El precio de las acciones había subido 65 por ciento en comparación con el momento en que Brown asumió el puesto de director ejecutivo. Después de la sesión ejecutiva de la reunión del consejo de administración, en diciembre de 2001, todos los miembros del consejo se acercaron a Brown, y uno por uno le dijeron que no habían esperado que tuviera éxito en transformar la cultura de la compañía en menos de tres años, y al mismo tiempo lograr un desempeño estelar en los resultados financieros que había alcanzado.

***

Cada una de las tres compañías a que nos hemos referido fue alguna vez emblemática de los negocios de EE.UU. Xerox, Lucent (como Western Electric y Bell Labs) y EDS crearon sus industrias, las encabezaron durante años, y en alguna época fueron compañías contra las que se trataban de comparar sus competidores. Actualmente dos de ellas están luchando por recuperar una pequeña fracción de su anterior gloria, mientras que la tercera ha recuperado su esplendor y tiene el objetivo de encabezar a su industria nuevamente. ¿Cuál es la diferencia? La ejecución.

La disciplina de ejecución se basa en un conjunto de elementos que cada líder debe utilizar para diseñar, implementar y operar efectivamente los tres procesos básicos de manera rigurosa y consistente. Los capítulos 3 a 5 contienen nuestros comentarios sobre esos elementos: las conductas esenciales de un líder, una definición operativa del contexto para el cambio cultural, y la selección de las personas correctas para realizar los trabajos adecuados.

Segunda parte

Los elementos de la ejecución

Capítulo 3
Primer elemento: las siete conductas esenciales de un líder

¿Qué es exactamente lo que hace un líder a cargo de la ejecución? ¿Cómo evita la microadministración y quedar atrapado en los detalles de la dirección de un negocio? Existen siete conductas esenciales que conforman el primer elemento integrante de la ejecución:

- *Conoce a tu personal y a tu negocio.*
- *Insiste en ser realista.*
- *Fija metas y prioridades claras.*
- *Da seguimiento a las metas.*
- *Recompensa a quienes hacen las cosas.*
- *Amplía la capacidad de las personas.*
- *Conócete a ti mismo.*

Conoce a tu personal y a tu negocio

Los líderes tienen que *vivir* sus negocios. En las compañías que no ejecutan, los líderes se encuentran generalmente fuera de contacto con las realidades cotidianas. Dichos líderes obtienen mucha información, pero la misma ha sido filtrada; presentada en reportes directos que contienen sus propias percepciones, limitaciones u objetivos, o recolectada por un equipo que tiene sus propias perspectivas. Los líderes no están en el sitio donde la acción tiene lugar. No están involucrados con el negocio, por lo que no conocen ampliamente sus organizaciones, y su personal no les conoce realmente.

Larry: Supongamos que un líder va a una planta o a las oficinas de un negocio y habla con las personas que trabajan allí. El líder es sociable y cortés. Muestra un interés superficial en los hijos de sus subordinados; qué tan bien van en la escuela, qué les parece la comunidad, etc. O bien habla con ellos sobre la Serie Mundial de Beisbol, el Super Tazón o el equipo local de baloncesto. El líder puede formular algunas preguntas superficiales sobre el negocio, como: "¿cuál es tu nivel de ganancias?" Ese líder no está involucrado en su negocio.

Cuando la visita concluye, algunos gerentes pueden experimentar una sensación de alivio, porque todo parece haber transcurrido bien y de manera placentera. Sin embargo, los buenos gerentes se sentirán decepcionados. Se preguntarán: "¿de qué sirvió?" Se habían preparado para responder preguntas duras; a los buenos empleados les gusta ser interrogados, porque saben más acerca del negocio que el líder. Se sentirán frustrados y sin energía. No tuvieron la oportunidad de crear una buena impresión en el líder; y el líder ciertamente no les dejó una buena impresión.

Y desde luego, el líder no ha aprendido nada. La próxima vez que elabore pronósticos sobre la compañía, la prensa o los analistas de valores pueden quedar impresionados, pero el personal que trabaja en el negocio sabe la verdad. Se preguntarán entre sí: "¿cómo es posible que diga esas cosas con tanta confianza, si no tiene idea de lo que está ocurriendo aquí abajo?" Esa situación es similar a la de los políticos estadounidenses que solían visitar Vietnam, mirar alrededor, hablar con los militares de alto rango, revisar algunas estadísticas, y después proclamar que se estaba ganando la guerra y que podían ver la luz al final del túnel. ¡Seguro!

Cuando visito una planta, lo hago porque he escuchado algunas cosas sobre la gerente, y necesito confirmar lo que he escuchado de ella. Si he escuchado que es una gerente efectiva, voy a intentar reforzar su capacidad. Sostendré con ella una conversación a profundidad. Sé que ella hará algunas cosas buenas, pero puedo dejarle un par de ideas que ella no tenía. Si he escuchado que no es efectiva, iré para tomar la decisión de si puede o no desempeñar el trabajo. Y quiero ver qué clase de equipo tiene, por lo que posiblemente formularé algunas preguntas con el fin de obtener una impresión más clara e informada.

A continuación me reúno con tantas personas de la planta como me es posible. Paso media hora haciendo una presentación sobre la situación de la compañía. Después respondo sus preguntas durante una hora. Puedo darme cuenta, con base en las preguntas y el diálogo, de qué tan bien se comunica normalmente la gerente con su personal. Si nadie me hace preguntas, me doy cuenta de que no se trata de una comunidad abierta. Si la gente tiene miedo de hacer una pregunta dura como: "¿a cuanto ascenderá su bono este año?", sé que no será un intercambio libre.

El líder del sindicato también está presente. Escucha mi historia y me pregunta si habrá más despidos. Mi respuesta es: "No hemos decidido acerca de eso. Los clientes ayudan a decidir si una planta permanece abierta o no. En este caso tenemos que ser competitivos en lo que se refiere a los costos, y tenemos que serlo rápidamente. Eso significa que la productividad de la planta debe mejorar drásticamente." El hecho es que cuando haces esto, aprendes cosas y tu personal aprende cosas. Todos salen ganando con el diálogo. Y le das dignidad a los líderes que están al nivel de las plantas al permitirles conocer en detalle el negocio.

He aquí un ejemplo típico de un viaje como ése. Pocos meses después de que regresé a Honeywell, visité una planta ubicada en Freeport, Illinois, que fabrica sensores. Se trataba de un antiguo negocio de Honeywell que no estaba al día con las prácticas contemporáneas, pero que poseía un sistema de seis procesos "sigma" muy productivo y un sistema de digitalización muy productivo. Nadie le había pedido a los líderes que implementaran esas cosas. Sencillamente, ellos mismos decidieron que era lo correcto. El gerente que dirigía la planta era muy inteligente.

"Tu organización parece estar bien", le dije, pero también había problemas. Conversamos a profundidad sobre su equipo. "¿Cuánto tiempo ha pasado esta gente aquí, o en el mismo empleo?" le pregunté. Muchos empleados habían estado allí por demasiado tiempo. "Son buenos empleados", le dije, "pero vamos a transferirlos, a promoverlos, de manera que puedas incorporar nuevos empleados de vez en cuando para obtener nuevas perspectivas. Debes traer algunas personas nuevas ocasionalmente para obtener ideas frescas. En otras palabras, has escuchado todas las ideas de las personas que trabajan aquí, y te estás perdiendo de la perspectiva fresca de los recién llegados".

A continuación le pregunté por qué el personal de control de calidad estaba bajo el mando del departamento de producción. "Es como poner al zorro a cargo del gallinero", le dije. "Quiero que control de calidad supervise a producción." En seguida le pregunté: "¿Por qué no está presente el encargado de desarrollo de negocios? Tú quieres realizar algunas adquisiciones y él está haciendo alguna otra cosa el día de hoy, pero debería estar aquí hablando conmigo." Me dio una respuesta poco convincente. Entonces me dio a conocer los productos que la planta elabora, e hizo un buen trabajo.

Sin embargo, no había cumplido con su pronóstico. "No advertimos la cercanía de la depresión del mercado", me señaló. Cuando le pregunté por qué él no estaba seguro, me dijo que usó un sistema basado en el índice de producción industrial, que tiene 74 por ciento de correlación con su negocio. Examiné la cuestión y descubrí que se trataba de 74 por ciento de explicación, no de predicción. Hablamos sobre eso brevemente y aceptó que trataría de encontrar algo que fuera más útil. Sin embargo, yo no tenía tanto interés en el índice mismo, sino en la manera en que él *pensó* que podía pronosticar las ganancias en su negocio.

En seguida hablé con su equipo de trabajo y con él. Cuando me reuní con él, después de esa reunión, le dije: "Tienes nueve plantas en un negocio de US$ 600 millones. Debes tener menos." Él lo sabía, pero ahora necesitábamos decidir cuáles debían cerrar. Además, las plantas hacían todo lo necesario para elaborar los productos. "Tienes que adquirir algunas de esas cosas a otras compañías que puedan hacerlo de manera más efectiva en relación con los costos", le dije. "Y por cierto, decide cuáles de esas cosas vas a adquirir de proveedores externos antes de decidir qué plantas vas a cerrar, porque queremos saber cómo será el proceso final."

Las personas que asistieron a la reunión me dijeron que habían logrado algunos avances tecnológicos. Sin embargo, no tenían un abogado especializado en patentes, por lo que les pregunté que quién protegía la propiedad intelectual. Les pregunté sobre remates electrónicos, y le dije al gerente que debería adquirir algunas cosas por ese medio actualmente, porque es menos caro. Él admitió que estaban retrasados al respecto. Finalmente, la compañía tenía una mezcla de sistemas (un problema común, por cierto). Le señalé que debía lograr que dichos sistemas se comunicaran entre sí sin gastar una fortuna. Me dijo que buscaría la forma de lograrlo.

He aquí las buenas noticias. Intenté revivir el programa de seis procesos "sigma" de la compañía, que había sido abandonado durante mi ausencia. Sin embargo, el programa de seis procesos "sigma" de este gerente estaba al corriente. Necesitaba un poco de trabajo, pero tenía muchas personas "cinta-negra", gente con la más alta calificación en la disciplina. Su personal estaba trabajando en los proyectos correctos y habían realizado las mediciones correctas en relación con sus clientes. Su iniciativa de digitalización también era la correcta. Y nuevamente, él hizo todo sin recibir influencia de las oficinas centrales. Eso era impresionante.

A continuación, refiero lo que ambos discernimos sobre la manera de mejorar el negocio. Él debía tener cierta mezcla en el personal, de manera que no se agotaran hablando entre sí. No podía tener tantas plantas. Debía adquirir parte de sus insumos de proveedores externos para lograr la competitividad en los costos. Debía proteger la propiedad intelectual; en eso estriba nuestra ventaja competitiva. Necesitaba comenzar a utilizar los remates electrónicos para realizar compras de manera más inteligente.

Y debía encontrar una solución sobre la manera de integrar mejor sus sistemas.

Le dejé con algunos desafíos importantes, pero él era un tipo muy impresionante, en un mal año. Él estaba haciendo las cosas correctas, y sabía qué hacer respecto a lo que no había hecho antes.

***

¿Qué se logró con esa visita?

Ram: En primer lugar, ambas partes alcanzaron un acuerdo claro acerca de lo que el gerente necesitaba hacer con el fin de mejorar el negocio. En segundo término, fue un gran ejercicio de dirección. Las duras preguntas que formuló Larry tuvieron la virtud de lograr que el gerente percibiera la realidad de su negocio de manera más clara y las relacionara con el ambiente externo. El gerente y su personal conocieron la perspectiva a nivel del director ejecutivo de la ventaja competitiva. Y el diálogo los enseñó cómo pensar acerca del negocio de manera más rigurosa y analítica. En tercer lugar, Larry alentó y motivó al equipo de la planta, transmitiéndoles energía. Ése es el *modus operandi* de un proceso consistente que permite que una compañía sea más competitiva.

La palabra clave es "consistente". Los líderes que están conectados han reducido los desafíos que enfrentan las unidades de negocio que visitan hasta que quedan media docena de temas fundamentales, o menos. Esos desafíos no cambian mucho a lo largo de breves períodos de tiempo, y la manera en que los líderes como Larry dominan a la compañía total es por medio de una pequeña lista que es aplicable a múltiples unidades de negocio.

Estar presente te permite, en tu carácter de líder, conectar personalmente con tu gente, y las conexiones personales te ayudan a crear un sentimiento intuitivo del negocio, así como de las personas que lo dirigen. También te ayuda a personalizar la misión que le pides a la gente que desarrolle. Las conexiones personales de Dick Brown en todos los niveles de la organización en EDS fomentaron un grado de compromiso y pasión que sencillamente no hubieran existido de otra manera. No sabemos de grandes líderes —ya sea en los negocios, la política, el ejército, la religión, o en cualquier otro campo— que no hayan tenido esas conexiones personales.

Larry: Como líder, tienes que dejarte ver. Debes conducir revisiones de negocios. No puedes separarte y mantenerte alejado y ausente. Cuando vas a visitar un sitio de operaciones y diriges una revisión de los negocios, es posible que a las personas no les guste lo que les dices, pero dirán: "al menos le importa mi negocio lo suficiente como para venir hoy y hacer una revisión del mismo con nosotros. Permaneció aquí durante cuatro horas. Nos sometió a un interrogatorio muy duro." Los buenos empleados quieren eso. Es una forma de elevar su dignidad. Es una manera de expresar aprecio y de recompensarlos por su amplia preparación.

También es una manera de fomentar el diálogo honesto, del tipo que algunas veces puede dejar gente que se siente lastimada si lo toman personalmente. Sin embargo, el diálogo no debe ser malintencionado. Supongamos que tienes un debate acalorado con alguien. Tú no estás de acuerdo con lo que él hace, pero a continuación ambos resuelven la diferencia de una manera u otra. Puedes escribir una nota para ese hombre y decirle: "gran discusión la de ayer sobre el plan de crecimiento para tu grupo. Te agradezco que hayas manifestado tus opiniones, tu honestidad y tu insistencia de que enfrentemos la realidad." De esa forma no te irás a casa molesto, y no quieres que él se vaya a casa molesto. Estás tratando de impulsar la capacidad para debatir intelectualmente asuntos importantes. No importa quién gana o pierde. El hecho de que el debate haya ocurrido y se haya resuelto es bueno en sí mismo.

En Honeywell, después de hacer una revisión de negocios, le escribo al líder una carta formal resumiendo las cosas que él acordó hacer. Pero a continuación también le escribo una nota personal al líder y le digo: "Gary, buen trabajo ayer. La productividad no está al nivel de los estándares y necesitas trabajar en eso. Por lo demás, las cosas marchan bien." Es sólo una nota, y toma cinco minutos. Pero esas tarjetas están en todas partes de la compañía; los empleados las muestran y las conservan.

Si un gerente está teniendo problemas, no quieres amenazarlo con despedirlo; deseas ayudarlo con su problema. La conexión personal también facilita eso. De manera que tú debes trabajar en tus conexiones personales en todas las formas que puedas. Y cuando él llame un día y te diga: "Tengo una oferta para irme a trabajar a otra compañía", tú le conoces y él te conoce. Y tú le dices: "bien, Sam, ¿Por qué quieres marcharte? Estás haciendo bien las cosas aquí. Tienes un buen futuro", etcétera. La mayoría de las veces puedes retenerlos. Si careces de esa conexión personal, tú eres solamente un nombre.

Forjar una conexión personal no se relaciona con el estilo. No necesitas ser carismático, ni ser un vendedor. No importa qué personalidad tengas. Sin embargo, necesitas presentarte con la mente abierta y una actitud positiva. Sé informal y demuestra tu sentido del humor. Una revisión de negocios debe tomar la forma de un diálogo socrático, no la de un interrogatorio. Todo lo que tienes que demostrar es que te importan las personas que trabajan para ti, independientemente de las personalidades de cada uno. En eso consiste la conexión personal.

***

La conexión personal es especialmente importante cuando un líder comienza algo nuevo. El mundo de los negocios está lleno de iniciativas fracasadas. Las ideas buenas e importantes son puestas en práctica con mucha fanfarria, pero seis meses o un año después han fracasado y son abandonadas por ser impracticables. ¿Por qué? En los niveles bajos de la organización, los gerentes consideran que lo último que necesitan es otro proyecto más que consuma tiempo y que tenga procedencia y resultado inciertos, por lo que lo hacen fracasar. "Esto también pasará", dicen, "igual que la brillante idea del mes pasado." El resultado es que la compañía gasta tiempo, dinero y energía, y el líder pierde credibilidad, generalmente sin darse cuenta de que el fracaso repercute en su perjuicio personal.

La participación personal, la comprensión y el compromiso del líder son necesarios para superar esa resistencia pasiva (o en muchos casos activa). No sólo debe anunciar la iniciativa, sino que debe definirla claramente y definir su importancia para la organización. No puede lograr lo anterior a menos que comprenda la manera en que funciona y lo que realmente significa en términos de beneficio. Entonces debe dar seguimiento para asegurarse de que todos toman la iniciativa con seriedad. Nuevamente, el líder no puede lograr esto si es incapaz de comprender los problemas que acompañan a la implementación, hablar sobre los mismos con las personas encargadas de implementar la iniciativa, y dejar claro —una y otra vez— que espera que la ejecuten.

Ram: A mediados de la década de los noventa, un amigo le dijo a Jack Welch sobre una metodología para lograr un incremento cuántico en la rotación de inventarios en las operaciones de manufactura. Un número relativamente bajo de líderes comprendieron entonces cuán poderosa podía ser como herramienta la rotación de inventarios para generar dinero e incrementar las ganancias sobre la inversión. GE, le dijo ese amigo, podría generar efectivo si pudiera incrementar su rotación de inventarios en toda la compañía. Le dio a Welch el nombre de un practicante destacado de esa metodología, Emmanuel Kampouris, director ejecutivo de American Standard. En aquella época —a mediados de los noventa— American Standard había logrado alcanzar hasta cuarenta turnos de inventario, en comparación con el promedio de cuatro de la mayoría de las compañías.

Welch estaba entusiasmado con esa idea, pero no se contentó con obtener sólo el concepto; él quería comprender su funcionamiento personalmente. En vez de enviar a algunos de sus empleados de manufactura para que lo investigaran, le pagó una visita a Kampouris y pasó varias horas con él.

A continuación, Welch aprendió la manera en que funcionaba hasta en el nivel básico. Aceptó una invitación para hablar ante American Standard. Durante la cena que siguió a su conferencia, se sentó entre dos gerentes de planta de Kampouris, uno procedente de Brasil y el otro del Reino

Unido, cuyas plantas habían logrado una rotación de inventario de 33 y 40, respectivamente. Welch pasó toda la velada formulándoles preguntas muy precisas sobre los detalles; las herramientas, la arquitectura social y la manera en que superaron la resistencia a la nueva metodología.

¿No tenía nada mejor que hacer con su tiempo el presidente del consejo de administración de GE? ¡Desde luego que no! Al involucrarse personal y profundamente en el tema, Welch aprendió qué sería necesario para ejecutar una iniciativa como ésa en GE. Aprendió qué habilidades y actitudes se requeriría del personal, y qué recursos serían necesarios. Por lo tanto fue capaz de realizar los cambios necesarios lo suficientemente rápido en toda su enorme compañía. Para el momento en que Welch se retiró, en 2001, la rotación de inventario se había duplicado hasta alcanzar 8.5.

Insiste en ser realista

El realismo es el corazón de la ejecución, pero muchas organizaciones están llenas de gente que trata de evitar o de disimular la realidad. ¿Por qué? Porque hace que la vida sea incómoda. Las personas no quieren abrir la caja de Pandora. Desean ocultar los errores, o ganar tiempo para encontrar una solución en vez de admitir que no tienen una respuesta por el momento. Quieren evitar las confrontaciones. Nadie quere ser el mensajero que porta malas noticias o el empleado problemático que desafía la autoridad de sus superiores.

En ocasiones, los líderes simplemente se encuentran en estado de negación. Cuando le pedimos a los líderes que describan las fortalezas y debilidades de su organización, generalmente señalan bien las fortalezas, pero no son muy buenos para identificar las debilidades. Y cuando les preguntamos qué van a *hacer* acerca de esas debilidades, la respuesta rara vez es clara o coherente. Dicen: "tenemos que hacer cuentas." Bien, desde luego que debes hacer cuentas; la cuestión es *cómo* vas a hacer esas cuentas.

¿Fue realista para AT&T la adquisición de un grupo de negocios de cable que no sabía cómo dirigir? Los registros demuestran que no lo fue. ¿Fue realista que Richard Thoman lanzara simultáneamente dos iniciativas de cambio profundo en Xerox sin ser capaz de instalar a los líderes más importantes? Está claro que no lo fue.

¿Cómo puedes lograr que el realismo sea una prioridad? Debes comenzar por ser realista contigo mismo. En seguida debes asegurarte de que el realismo sea la meta en todos los diálogos que tengan lugar en la organización.

Larry: Adoptar el realismo significa asumir siempre una perspectiva realista de tu compañía y compararla con otras compañías. Debes estar siempre al pendiente de lo que ocurre con otras compañías alrededor del mundo, y debes medir tu propio progreso no de manera interna, sino externa. No debes sólo preguntar: "¿he logrado un progreso este año, en comparación con el año pasado?" Debes preguntar también: "¿qué tal me estoy desempeñando en comparación con otras compañías? ¿Han logrado progresar mucho?" Ésa es la manera realista de analizar tu compañía.

Es impactante ver cuánta gente no desea enfrentarse a los problemas de manera realista. No se sienten cómodos al hacerlo. Cuando me hice cargo de AlliedSignal, por ejemplo, obtuve dos imágenes diferentes de nuestros empleados y nuestros clientes. Mientras nuestra gente decía que teníamos una tasa de entrega de pedidos de 98 por ciento, nuestros clientes pensaban que era de 60 por ciento. Lo irónico es que en vez de atender las quejas de los clientes, parecíamos pensar que debíamos demostrar que estábamos en lo correcto y que ellos estaban equivocados.

En las mesas redondas que sostengo cuando voy a visitar las instalaciones, les pregunto a los empleados: "¿qué estamos haciendo bien en este negocio, y qué estamos haciendo mal?" A continuación les pregunto: "¿qué les gusta de Honeywell y qué les disgusta?" Algunas personas sólo tienen quejas de poca importancia, pero otros me atacan personalmente. Sin embargo, la mayoría tienen buena información y opiniones. Tomo notas y las analizo posteriormente con el gerente.

Cuando visito las clases de gerencia en el centro de capacitación, hablo durante 10 minutos, respondo preguntas durante alrededor de media hora, y a continuación voy a estrechar las manos de todos y a hacer las mismas preguntas que formulo en las mesas redondas. De esa manera los empleados se quedan con la idea de que el realismo es importante. Regresan y le dicen a sus jefes: "bien, ¿sabes?, vi a Bossidy. Le dije lo que estaba mal." Y sus jefes sabrán que yo sé.

El aprendizaje tiene lugar para ambas partes. Yo puedo aprender, por ejemplo, que la falta de colaboración entre dos negocios impide que se generen ganancias de los clientes. O que una iniciativa importante no está recibiendo suficiente prioridad en algunas unidades de negocio. Por otra parte, ellos aprenden de la compañía como un todo, en qué áreas percibo un progreso real y en cuáles estoy insatisfecho.

Fija metas y prioridades claras

Los líderes que ejecutan se enfocan en un número pequeño de prioridades claras que todos pueden comprender. ¿Por qué sólo unas cuantas? En primer lugar, cualquiera que piensa con la lógica de negocio comprenderá que al enfocarnos en tres o cuatro prioridades produciremos los mejores resultados con los recursos de que disponemos. En segundo término, las personas que trabajan en las organizaciones contemporáneas necesitan un número pequeño de prioridades claras para ejecutar bien. En una compañía jerarquizada de la manera antigua, eso no constituía un problema; la gente generalmente sabía qué hacer, porque las órdenes se recibían por medio de la cadena de mando. Pero cuando la toma de decisiones está descentralizada o muy fragmentada, como ocurre en una organización matriz, las personas de muchos niveles deben tomar un número incalculable de decisiones. Existe competencia por los recursos, y ambigüedad sobre los derechos para tomar decisiones y sobre las relaciones de trabajo. Si se carece de prioridades claras y cuidadosamente diseñadas, las personas pueden enfrascarse en una auténtica guerra sobre quién obtiene qué y por qué.

Un líder que afirma: "tengo 10 prioridades", no sabe de lo que está hablando; él mismo no conoce qué cosas son las más importantes. Debes tener ese número reducido de metas y prioridades claras y realistas, que influirán en el desempeño general de la compañía.

Por ejemplo, la meta principal de Lucent en 2002 consiste en sobrevivir hasta que se reactive la demanda de sus productos. Su deuda es tan alta que su calificación crediticia ha sido reducida, y ha estado muy cerca de violar los pactos con los prestamistas. De manera que la primera prioridad de Lucent es conservar el dinero. Esto se traduce en mantener las cuentas por cobrar y los inventarios en niveles mínimos, vender activos que no son realmente necesarios, hacer la fabricación con proveedores externos y reducir costos. Su segunda prioridad es enfocarse en sus clientes de manera que pueda construir una base de ganancias durable. Esa prioridad está en la mente de todos y ejerce una gran influencia en su conducta cotidiana.

Además de tener metas claras, debes esforzarte por lograr la sencillez en general. Una cosa que puedes advertir acerca de los líderes que ejecutan es que hablan de manera sencilla y directa. Hablan de manera franca y abierta acerca de lo que piensan. Saben la manera de simplificar las cosas con el fin de que otros puedan entenderlas, evaluarlas y actuar en relación con ellas, de manera que lo que dicen se basa en el sentido común.

En ocasiones se requiere de la opinión de otra persona para aclarar las prioridades. En agosto de 2000, la cadena de tiendas al menudeo más grande del mundo en su categoría designó a un nuevo director ejecutivo. La cadena estaba perdiendo terreno frente a sus competidores. Atrapada en el entusiasmo generado por las ambiciones "revolucionarias", había tratado de establecer su comercio electrónico y otras formas de venta fuera de las tiendas, y había perdido el enfoque en la ejecución de su negocio básico. El precio de las acciones de la compañía se había desplomado en dos tercios de su valor durante el año anterior.

El equipo de gerentes de alto nivel le pidió al nuevo director ejecutivo que hiciera crecer el negocio mediante la construcción de nuevas tiendas. Sin embargo, el director ejecutivo, que había ascendido en la compañía como una persona orientada a la ejecución, sentía que la compañía tenía ya demasiadas posibilidades abiertas. El director ejecutivo estableció como su prioridad más alta mejorar el desempeño de las tiendas existentes, y enfocó a su personal en elevar los márgenes brutos y las ventas comparativas (mejorar las ventas de las mismas tiendas año tras año).

El director ejecutivo estableció tres pasos para convertir esas metas en acciones. Primero se sentó con las 10 personas que le reportaban directamente para explicar las metas y discutir su implementación; es decir, la manera en que se alcanzarían dichas metas, qué obstáculos habría que superar, y qué cambios debían hacerse al sistema de incentivos. A continuación, se reunió con alrededor de 100 ejecutivos de mercadotecnia y tiendas para una sesión de dos días. Les enseñó la anatomía del negocio y les explicó de manera simple y directa cosas como qué había ocurrido con el crecimiento de las ventas y por qué; los factores, como el flujo logístico, que estaban afectando la estructura de costos; cómo faltaba armonía entre el personal de mercadotecnia y el de las tiendas, y cuáles eran las consecuencias. Estableció objetivos claros para los siguientes cuatro trimestres y analizó con ellos la manera de lograr dichos objetivos. Antes de que los ejecutivos se marcharan, cada uno tenía un plan de acción de 90 días y un acuerdo claro para ponerlo en práctica. Finalmente, condujo una sesión similar de dos días de duración para varios centenares de gerentes de mercadotecnia y de las tiendas.

Para diciembre de 2001, los márgenes brutos de la cadena de tiendas habían mejorado sustancialmente y el precio de las acciones de la compañía se había duplicado.

Da seguimiento a las metas

Contar con metas claras y sencillas carece de significado si nadie las toma en serio. El fracaso para ponerlas en práctica es generalizado en el mundo de los negocios, y una causa principal de la mala ejecución. ¿A cuántas reuniones has asistido en que la gente se marcha sin tener conclusiones firmes sobre quién debe hacer qué y cuándo? Todos pueden haber estado de acuerdo con que la idea era buena, pero dado que nadie fue designado responsable de los resultados, no se pone en práctica. Se presentan otras cosas que parecen más importantes, o las personas deciden que después de todo, aquélla no era una idea tan buena. (Es posible que incluso lo hayan pensado durante la reunión, pero no lo dijeron.)

Por ejemplo, una compañía de alta tecnología fue golpeada duramente por la recesión de 2001, y sufrió una disminución de 20 por ciento en sus ingresos. El director ejecutivo estaba revisando el plan operativo de una de sus divisiones más importantes. Felicitó al presidente de la división por lo bien que él y su equipo habían reducido la estructura de costos, pero advirtió que el negocio todavía no lograba alcanzar su objetivo de ganancias sobre la inversión. Y ofreció una solución posible. Él había aprendido recientemente sobre la importancia de la velocidad, y sugirió que la división podría obtener ganancias reales si trabajaba con sus proveedores para incrementar su rotación de inventarios. "¿Qué piensas que puedes hacer al respecto?", le preguntó al gerente. Éste respondió que con alguna ayuda de ingeniería, pensaba que podría lograr una mejoría sustancial. "Necesitaría 20 ingenieros", añadió el gerente.

El director ejecutivo se dirigió al vicepresidente de ingeniería y le preguntó si podía asignar a los ingenieros para la tarea. El vicepresidente carraspeó y titubeó durante medio minuto. A continuación dijo, con actitud gélida: "los ingenieros no quieren trabajar para el departamento de compras." El director ejecutivo miró al vicepresidente durante unos momentos. Finalmente dijo: "Estoy *seguro* de que transferirás a 20 ingenieros al departamento de compras para el lunes." A continuación caminó hacia la puerta, se dio la vuelta y le dijo al ejecutivo de compras: "quiero sostener una videoconferencia mensual contigo, con ingeniería, con el director financiero y con el gerente de producción para revisar el progreso de este importante esfuerzo."

¿Qué hizo en este punto el director ejecutivo? En primer lugar detectó un conflicto que se oponía a la obtención de los resultados. En segundo término, al crear un mecanismo de seguimiento, se aseguró de que todos harían realmente lo que se supone que deberían hacer. Eso incluyó al presidente de la división, que se había mantenido pasivo hasta que el director ejecutivo presentó su ultimátum. Y la acción del director ejecutivo envió una señal al resto de la compañía de que otros también podrían esperar acciones de seguimiento.

Recompensa a quienes hacen las cosas

Si deseas que las personas produzcan resultados específicos, debes recompensarlas de la misma forma. Este hecho parece tan obvio que no debería ser necesario mencionarlo. Sin embargo, muchas corporaciones realizan tan mal la tarea de vincular las recompensas al desempeño, que existe poca correlación entre ambos. No distinguen entre quienes logran los resultados y quienes no lo hacen, ya sea en el sueldo base o en los bonos y las opciones de compra de acciones de la compañía.

Larry: Cuando analizo compañías que no ejecutan, existen buenas posibilidades de que no midan el desempeño, no recompensen y no promuevan a las personas que saben que logran que las cosas se hagan. Los incrementos de salario en términos de porcentaje son demasiado cercanos entre los de mejor desempeño y los que no lo tienen. No existe suficiente diferencia en los bonos, en las opciones de compra de acciones o en el otorgamiento de acciones de la compañía. Los líderes necesitan tener la confianza para explicar a alguien que les reporta directamente por qué obtuvo una recompensa menor a la que esperaba.

Un buen líder se asegura de que la organización haga esas diferencias y que se conviertan en una forma de vida en toda la organización. De otra manera, las personas piensan que están involucradas en una forma de socialismo. Eso no es lo que quieres cuando te esfuerzas por implementar una cultura de ejecución. Tienes que dejar claro ante todos que las recompensas y el respeto se basan en el desempeño.

En el capítulo 4 explicaremos por qué tantas compañías no recompensan a quienes hacen las cosas, y cómo lo hacen las compañías basadas en la ejecución.

Amplia la capacidad de las personas por medio de la dirección

Como líder, has adquirido mucho conocimiento y experiencia —incluso sabiduría— a lo largo de tu camino. Una de las partes más importantes de tu trabajo consiste en transmitirlo a la siguiente generación de líderes. Ésa es la manera en que amplías la capacidad de todos los demás en tu organización, individual y colectivamente. Es la manera en que obtendrás los resultados hoy mismo y dejarás un legado del que puedas enorgullecerte cuando te marches.

La dirección es el elemento más importante para ampliar la capacidad de los demás. Seguramente has escuchado el dicho: "dale un pescado a un hombre y lo alimentarás por un día; enséñale cómo pescar y lo alimentarás para toda la vida." Eso es la dirección. Es la diferencia entre impartir órdenes y enseñar a las personas cómo lograr que las cosas se hagan. Los buenos líderes consideran cada encuentro como una oportunidad para dirigir.

Ram: La forma más efectiva de dirigir consiste en observar a una persona en acción y proporcionarle una retroalimentación específica y útil. Dicha retroalimentación debe destacar ejemplos de conducta y desempeño que son buenos o que necesitan ser modificados.

Cuando el líder discute temas de negocios y organizacionales en un ambiente de grupo, todos aprenden. Enfrentarse colectivamente a los temas que constituyen un desafío, explorar los pros y contras y las alternativas, y decidir cuáles tienen sentido, son algunas maneras de incrementar la capacidad de las personas tanto individual como colectivamente, si se realiza con honestidad y confianza.

La habilidad para dirigir es el arte de hacer preguntas. La formulación de preguntas incisivas obliga a que las personas piensen, descubran y busquen. He aquí un ejemplo que observé en una reunión de planificación en una gran compañía multinacional estadounidense. El encargado de una de las más grandes unidades de negocios estaba explicando su estrategia para lograr que su división pasara del tercer lugar al primero en el mercado europeo. Se trataba de un plan ambicioso, y dependía de lograr ganancias rápidas e importantes en la participación de mercado en Alemania. "Ésa fue una presentación motivadora", dijo el director ejecutivo una vez que hubo terminado. Sin embargo, advirtió, Alemania era la sede del competidor más poderoso a nivel global de la unidad, que tenía cuatro veces su tamaño. "¿Cómo vas a lograr esas ganancias?", le preguntó. "¿Qué clientes vas a obtener? ¿Qué productos y qué clase de ventajas competitivas necesitas para derrotar al competidor alemán y obtener y sostener la participación de mercado?"

El encargado de la división no tenía las respuestas para esas preguntas de negocio. Entonces el director ejecutivo comenzó a evaluar la capacidad organizacional. "¿Cuántos vendedores tienes?", le preguntó. "Diez", respondió el líder. "¿Cuántos tiene tu principal competidor?" La respuesta —yo apenas podía escuchar al hombre, toda vez que hablaba con voz muy baja— fue: "doscientos." La última pregunta del director ejecutivo fue más bien una afirmación. "¿Quién se encarga de dirigir tus operaciones en Alemania? ¿No estaba él en otra división hasta hace unos meses? ¿Cuántos niveles existen entre tú y la persona encargada en Alemania?"

Por medio de unas pocas preguntas sencillas pero importantes, el director ejecutivo había expuesto las debilidades de la estrategia que hubieran provocado un fracaso seguro en la ejecución.

Muchos directores ejecutivos hubieran concluido el diálogo al llegar a ese punto y hubieran dejado que el líder de negocios se sintiera escarmentado y miserable. Y al hacerlo de esa forma hubieran dejado escapar una importante oportunidad para enseñar algo a los líderes que asistieron a la reunión, ayudándoles tanto en su crecimiento personal como en lo referente al crecimiento de la compañía. Sin embargo, el objetivo de este director ejecutivo era educar a su equipo a planear de manera realista.

"Debe existir alguna forma de hacer que este plan funcione", observó. "En vez de intentar un ataque amplio, ¿por qué no segmentar el mercado y buscar los puntos débiles del competidor, y ganarle en la velocidad para ejecutar? ¿Dónde están los huecos en su línea de productos? ¿Puedes innovar algo que llene esos huecos? ¿Puedes identificar y enfocarte en los clientes que tengan mayores posibilidades de adquirir dichos productos?"

Al final de la reunión, el líder —revitalizado por el desafío— acordó volver a pensar en el plan y regresar 90 días después con una alternativa más realista. Y todos aprendieron una importante lección acerca de la anatomía del proceso de estrategia.

***

Los mismos principios se aplican al dirigir a un individuo de manera particular. Cualquiera que sea tu estilo —ya sea gentil o brusco— tu objetivo estriba en formular las preguntas que hagan aparecer las realidades y proporcionar a las personas la ayuda que necesitan para corregir los problemas.

Larry: Supongamos que tienes a una persona trabajando en los números, realizando todos sus compromisos, pero su conducta es terrible. Charlie hace que su personal trabaje siete días a la semana, les grita, y se niega a contratar mujeres. Lo llamas y le dices: "te quiero, Charlie, pero las cosas que estás haciendo van a impedir que alcances las metas más adelante. La gente no va a soportar esta situación absurda por más tiempo. Tienes un par de opciones. Yo voy a dirigirte. Voy a hablarte personalmente. Y quiero que esta conducta cambie o no vas a seguir avanzando; de otra manera tendrás que marcharte."

Charlie puede argumentar que su conducta no es tan mala. Tú le proporcionas la evidencia: "Muy bien, tengo a 10 personas aquí que dicen que *es* mala. ¿Están todos equivocados? ¿No los haces venir a trabajar los fines de semana? Tengo una bitácora con las fechas que dice que todo el personal estuvo aquí los sábados y los domingos. Les he dicho a todos aquí: 'No quiero que vengas cada domingo.' ¿Se trata de una mentira?" "No." "Bien, entonces tu conducta es mala, ¿verdad?" "Correcto." "Ahora bien, vamos a pensar en la manera en que vamos a arreglarla. Éste no es un desastre, pero tienes que arreglarlo."

Algunas veces las personas como Charlie la arreglan y en ocasiones no lo hacen. Si no lo hacen, tienes que deshacerte de ellas, porque en última instancia afectarán los resultados. De manera que no se trata solamente de los números; es la conducta.

La educación es un elemento importante para ampliar la capacidad de las personas, si se le maneja de manera correcta. Muchas compañías prácticamente abusan de ese elemento, al ofrecer gran cantidad de cursos genéricos en administración o liderazgo y asignar demasiadas personas a los mismos.

En una compañía que conozco, todos los gerentes elegibles para recibir bonos pasaron por un programa de desarrollo ejecutivo. Fue una absoluta pérdida de tiempo para 50 por ciento de ellos. Necesitas determinar quiénes tienen el potencial para obtener algo útil de un curso, y para qué cosas específicas estás utilizando la educación, con el fin de ampliar la capacidad de la organización.

En Honeywell, nuestra estrategia de aprendizaje está basada en la clase de capacidades organizacionales que las personas requieren. La gente debe dominar algunas de esas herramientas: los seis procesos sigma, la digitalización, la administración del flujo de materiales en una célula de trabajo por equipos autodirigidos. Otras son más amplias, y se relacionan con el desarrollo ejecutivo. En este campo, el mejor aprendizaje proviene de trabajar en los problemas de negocio reales. Le pedimos a las personas que busquen tres o cuatro problemas que encara la compañía, y los organizamos en equipos para que trabajen en esos temas.

Recuerda que 80 por ciento del aprendizaje tiene lugar fuera del salón de clases. Todos los líderes y supervisores necesitan ser maestros; el aprendizaje en el salón de clases debe consistir en proporcionarles las herramientas que necesitan.

Conócete a ti mismo

Todo mundo afirma sin convicción la idea de que para encabezar una organización se requiere fortaleza de carácter. En la ejecución ése es un elemento de la mayor importancia. Sin lo que llamamos fortaleza emocional, tú no puedes ser honesto contigo mismo, enfrentar con honestidad la realidad organizacional y de negocios, o proporcionar a la gente evaluaciones francas. No puedes tolerar la diversidad de puntos de vista, de arquitecturas mentales, y de antecedentes personales que las organizaciones necesitan tener en sus miembros con el fin de evitar el anquilosamiento. Si tú no puedes hacer esto, no puedes ejecutar.

Se requiere de fortaleza emocional para estar abierto a cualquier información que necesites, ya sea que se trate de lo que quieres escuchar o no. La fortaleza emocional te proporciona el valor para aceptar los puntos de vista que se oponen a los tuyos y para manejar el conflicto, así como la confianza para alentar a los demás y aceptar los desafíos en ambientes de grupo. Te permite aceptar y enfrentar tus propias debilidades, ser firme con las personas que no tienen buen desempeño y manejar la ambigüedad inherente a una organización compleja y en cambio continuo.

Ram: Seguramente has notado que el mejor líder no es a menudo la persona más brillante del equipo, ni aquella que sabe más sobre el negocio. ¿Qué le da a esa persona más confianza para ser un líder en comparación con otros que son palpablemente mejores en una dimensión o en otra?

He aquí una pista. Cierto ejecutivo carecía de una cualidad esencial que requería para ser un líder fuerte. Él era el director ejecutivo de una compañía con la que trabajé y tenía dos vicepresidentes ejecutivos que le reportaban directamente. Un vicepresidente, responsable de 60 por ciento de los negocios de la compañía, era un antiguo colega en quien confiaba, y que era completamente leal al director ejecutivo. Sin embargo, estaba fallando. El director ejecutivo tenía esa corazonada, pero no era capaz de tomar la dura decisión de despedirlo. (Aquélla no era la primera ocasión en que el director ejecutivo había enfrentado este tema y había quedado inmovilizado; en otra ocasión alguien más resolvió el problema.) Eventualmente, el consejo de administración le ordenó al director ejecutivo que se deshiciera del vicepresidente. Con eso, el poder pasó al consejo de administración y la consecuencia inevitable es que el mismo director ejecutivo fue despedido poco después.

Ese hombre era inteligente y grato para la gente; conocía el negocio. Sin embargo, carecía de la fortaleza emocional. Tenía un bloqueo emocional que le impedía enfrentar con franqueza la incapacidad de su vicepresidente ejecutivo. Los psicólogos saben que algunas personas son limitadas por bloqueos emocionales que les impiden hacer las cosas que el liderazgo requiere. Dichos bloqueos pueden conducirles a evitar situaciones desagradables al ignorar los conflictos, posponer las decisiones, o delegar en otras personas sin dar seguimiento. En su aspecto más funesto, dichas limitaciones pueden hacer que el líder humille a los demás, restándoles energía y sembrando la desconfianza.

***

La fortaleza emocional proviene del descubrimiento y del dominio de uno mismo. Se trata de la base de las habilidades de las personas. Los buenos líderes conocen sus fortalezas y debilidades personales, especialmente al tratar con otras personas, y a continuación construyen con base en sus fortalezas y corrigen sus debilidades. Se ganan su liderazgo cuando sus seguidores ven su fortaleza interior, su confianza personal y su capacidad para ayudar a que los miembros del equipo logren los resultados esperados, ampliando sus propias habilidades.

Un líder sólido y duradero tiene un marco de referencia ético que le proporciona el poder y la energía para llevar a cabo incluso los encargos más difíciles. Dicho líder nunca renuncia a lo que considera que es correcto. Esta característica trasciende a la honestidad o la integridad, y trasciende el hecho de tratar a las personas con dignidad. Es una ética de liderazgo en los negocios.

Los líderes en las organizaciones contemporáneas pueden ser capaces de ocultar su debilidad emocional durante un breve lapso, pero no pueden ocultarlo durante mucho tiempo. Los líderes encaran desafíos a su fortaleza emocional todo el tiempo. La incapacidad para enfrentar esos desafíos impide conseguir los resultados. Lograr que las cosas se hagan, depende en última instancia en desempeñar un conjunto específico de conductas. Sin la fortaleza emocional, es muy difícil desarrollar esas conductas, ya sea en nosotros mismos o en los demás. ¿Cómo puede tu organización encarar la realidad si las personas no hablan con honestidad, y si los líderes no tienen la confianza para destacar y resolver los conflictos, o para ofrecer y aceptar una crítica honesta? ¿Cómo puede un grupo corregir sus errores o mejorar si sus miembros no tienen la fortaleza emocional para admitir que no disponen de todas las respuestas?

Asignar a las personas correctas en los trabajos correctos es una tarea que demanda fortaleza emocional. El fracaso para manejar a las personas de bajo desempeño es un problema extremadamente común en las corporaciones y, generalmente, es el resultado de los bloqueos emocionales del líder. Por otra parte, sin fortaleza emocional tendrás dificultades para contratar a los mejores empleados, porque si tienes suerte esas personas serán mejor de lo que tú eres; aportarán nuevas ideas y entusiasmo a tu operación. Un gerente que es débil emocionalmente evitará contratar a esas personas por miedo a que minen su poder. Su tendencia será proteger su frágil autoridad. Se rodeará de personas que sabe que le son leales y excluirá a quienes le desafían con ideas nuevas. Eventualmente, dicha debilidad emocional destruirá tanto al líder como a la organización.

Durante los años que hemos pasado trabajando y observando a las organizaciones, hemos detectado cuatro cualidades básicas que constituyen la fortaleza emocional:

Autenticidad. Se trata de un término psicológico; la *autenticidad* significa lo que seguramente habrás pensado: que eres real y no un farsante. Tu "persona exterior" es igual a tu persona interior, y no una máscara que te pones. Tú eres lo mismo que lo que haces y lo que dices. Sólo la autenticidad puede forjar la confianza, porque tarde o temprano la gente detecta a los farsantes.

Cualquiera que sea la ética de liderazgo que postulas, la gente observará lo que haces. Si tú mismo violas esa ética, los mejores perderán fe en ti. Los peores seguirán tus pasos. El resto hará lo necesario para sobrevivir en un ambiente ético enrarecido. Esto se convierte en un obstáculo para lograr que las cosas se hagan.

Conocimiento propio. "Conócete a ti mismo" es un consejo tan viejo como los cerros y constituye la base de la autenticidad. Cuando te conoces a ti mismo, estás cómodo con tus fortalezas y no estás inmovilizado por tus limitaciones. Conoces los lados opacos de tu comportamiento y los bloqueos emocionales, y tienes un *modus operandi* para enfrentarlos; recurres a las personas que te rodean. El conocimiento propio te proporciona la capacidad para aprender de tus errores, así como de tus éxitos. Te permite seguir creciendo.

En ninguna parte es tan importante el conocimiento propio que en la cultura de ejecución, que depende de todos los elementos mentales y emocionales. Pocos líderes tienen la capacidad intelectual para ser buenos jueces de las personas, buenos estrategas y buenos líderes operativos, y al mismo tiempo hablar con los clientes y hacer todas las demás cosas que el trabajo demanda. Pero si sabes qué te hace falta, al menos puedes reforzar esas áreas y obtener alguna ayuda de tu unidad o negocio. Establece mecanismos para ayudarte a lograrlo. La persona que ni siquiera reconoce lo que le hace falta nunca lo logra.

Autocontrol. Cuando te conoces a ti mismo, puedes controlarte. Puedes mantener a raya a tu propio ego, asumir la responsabilidad por tu conducta, adaptarte al cambio, adoptar nuevas ideas y mantener tus estándares de integridad y honestidad sin importar las condiciones.

El autocontrol es la clave para la confianza en uno mismo. Nos referimos a la clase de autocontrol que es auténtico y positivo, en contraposición a la clase que oculta las debilidades o la inseguridad, es decir, la perversión de la confianza, o la arrogancia abierta.

Las personas que ejercen control de sí mismas son las que más aportan a los diálogos. Su seguridad interior les proporciona una metodología para manejar lo desconocido y para relacionarlo con las acciones que es necesario emprender. Esas personas saben que no lo saben todo; son curiosas, y alientan el debate para conocer los puntos de vista contrarios y establecer el ambiente social que les permite aprender de los demás. Pueden asumir riesgos y les gusta contratar a personas que son más inteligentes que ellos mismos. De manera que cuando encuentran un problema, no se lamentan ni buscan culpables, ni se sienten víctimas. Saben que son capaces de resolverlo.

Humildad. En la medida en que puedas controlar tu ego, serás más realista acerca de tus problemas. Aprendes a escuchar y admitir que no dispones de todas las respuestas. Demuestras una actitud por medio de la cual puedes aprender de cualquier persona en cualquier momento. Tu orgullo no se interpone en tu camino para reunir la información que necesitas con el fin de lograr los mejores resultados. El orgullo no te impide compartir el crédito que debe ser compartido. La humildad te permite reconocer tus errores. Es inevitable cometer errores, pero los buenos líderes los admiten y aprenden de ellos, y con el tiempo crean un proceso de toma de decisiones basado en la experiencia.

Larry: Nadie desempeña el trabajo de un líder sin falla, créeme. Es necesario que cometas errores y que aprendas de ellos. El manager del equipo de beisbol *Yanquis* de Nueva York, Joe Torre, fue despedido en tres ocasiones durante su carrera. Ahora es considerado como una figura emblemática del deporte. Él aprendió algunas cosas a lo largo de su carrera.

En su libro *Jack: Straight from the Gut* (*Jack: Directamente de las entrañas*), Jack Welch admite libremente que cometió muchos errores de contratación durante sus primeros años. Tomó muchas decisiones por instinto. Sin embargo, cuando se equivocó, dijo: "es mi error." Él se preguntó por qué había estado equivocado, escuchó a otras personas, obtuvo más información y se dio cuenta. Y de esa forma continuó mejorando más y más. También reconoció que no es útil atacar a otras personas cuando cometen errores. Por el contrario, ése es el momento para dirigirlas, alentarlas y ayudarles a volver a ganar confianza en sí mismas.

***

¿Cómo desarrollar esas cualidades? Existen, desde luego, libros sobre el tema, algunos de los cuales son útiles. Muchas compañías, incluyendo GE y Citicorp, incluyen herramientas de autoevaluación en sus programas de desarrollo de liderazgo.

Sin embargo, el verdadero aprendizaje proviene de prestar atención a la experiencia. Conforme las personas reflexionan sobre sus experiencias, o reciben consejos de dirección, sus bloqueos se derrumban y su fortaleza emocional se desarrolla. En ocasiones, el conocimiento también proviene de observar la conducta de los demás: tu capacidad para observar te hace darte cuenta de que también tienes un bloqueo que necesitas corregir. En cualquier caso, conforme ganas experiencia en la autoevaluación, tus opiniones se traducen en mejorías que amplían tu capacidad personal.

Dicho aprendizaje no es un ejercicio intelectual. Demanda tenacidad, persistencia y compromiso diario. Es necesario reflexionar y modificar la conducta personal. Sin embargo, de acuerdo con mi experiencia, una vez que un individuo está en el buen camino, su capacidad para crecer es casi ilimitada.

La conducta de un líder de negocios es, en última instancia, la conducta de la organización. En ese sentido, se trata de los cimientos de la cultura. En el siguiente capítulo presentamos un nuevo marco de referencia para cambiar la cultura de una organización.

Capítulo 4
Segundo elemento:
la creación de un marco de referencia para el cambio cultural

Cuando un negocio no marcha bien, sus líderes frecuentemente piensan en la manera de cambiar la cultura corporativa. Están en lo correcto al reconocer que la parte "suave" —las convicciones y conductas de la gente— es por lo menos tan importante como la parte "dura", como la estructura organizacional, si no es que más. La implementación de cambios en la estrategia o la estructura por sí misma sólo mejora relativamente a la compañía. El *hardware* de una computadora es inútil si no dispone de los programas correctos. De manera similar, el *hardware* de una organización (la estrategia y la estructura) es inerte si no dispone de los programas (las convicciones y conductas).

Muchos esfuerzos por lograr el cambio cultural fracasan debido a que no se relacionan con el mejoramiento de los resultados del negocio. Las ideas y herramientas de cambio cultural son poco claras y no están vinculadas de las realidades estratégica y operacional. Para cambiar la cultura de un negocio, necesitas una serie de procesos —mecanismos de operación social— que modificarán las ideas y conductas de las personas en formas directamente relacionadas con los resultados tangibles.

En este capítulo presentamos un nuevo marco de referencia basado en la realidad, encaminado al cambio cultural, que crea y refuerza la disciplina de ejecución. Esta perspectiva es práctica y se relaciona completamente con los resultados mensurables del negocio.

La premisa básica es sencilla: el cambio cultural se hace realidad cuando tu objetivo es la ejecución. No necesitas muchas teorías complejas o encuestas de empleados para utilizar este marco de referencia. Necesitas modificar la conducta de las personas para que produzcan resultados. En primer lugar debes decirle a la gente con claridad qué resultados estás buscando. En seguida debes analizar la manera de obtener dichos resultados, como un elemento clave del proceso de dirección. A continuación debes recompensar a la gente por la obtención de los resultados. Si no logran alcanzarlos, debes proporcionarles dirección adicional, retirar las recompensas, asignarlas a otros trabajos o despedirlas. Una vez que haces lo anterior, creas una cultura encaminada a lograr que las cosas se hagan.

Ram: Yo estaba observando una reunión en una división recientemente creada en una compañía de la lista de 20 compañías de la revista *Fortune*. La división, de cerca de 20 000 empleados, fue producto de la fusión que tuvo lugar en 2001 entre dos compañías de la misma industria. Contaba con un nuevo equipo de líderes, y aquella era apenas su segunda reunión. El tema central para el equipo de líderes era cómo crear una nueva cultura para mejorar un desempeño inaceptable. La retribución sobre capital era menor a 6 por ciento, y el valor de las acciones estaba siendo destruido. La nueva directora ejecutiva de la división y el equipo de líderes sabían que el ahorro en costos mediante el aprovechamiento de las sinergias no sería suficiente para hacer que la división lograra un desempeño destacado.

La práctica general en ambos negocios que se habían fusionado no había consistido en hacer que las personas fueran responsables por los compromisos que habían contraido individualmente. Bajo la rúbrica del llamado "trabajo en equipo", cada equipo de gerentes había tenido un mal desempeño. Por ejemplo, cada uno había perdido participación de mercado y sufrido una disminución en las ganancias sobre la inversión debido a que su personal no redujo costos en aspectos logísticos para superar a sus competidores. Esa tarea es una que se encuentra verdaderamente bajo el control de la gerencia, pero el líder a cargo de la logística recibió la misma recompensa que los otros miembros del equipo de gerentes.

El equipo había contratado a una firma consultora en conducta humana, especializada en diagnósticos culturales. Los consultores habían realizado un análisis cultural estándar, basado en encuestas en que preguntaron a los empleados cincuenta o sesenta preguntas sobre los valores de la división (integridad, honestidad, etc.), si la toma de decisiones era autocrática o colegiada, y cómo se había distribuido el poder. Los resultados fueron presentados de manera elegante, pero nada en la encuesta mostraba *la manera* en que la división podía trabajar de manera diferente respecto a sus creencias y conductas, de manera que pudiera alcanzar resultados de negocios destacados.

La discusión sostenida durante la reunión no iba a ninguna parte hasta que, en su característico estilo inquisitivo, la directora ejecutiva de la división tomó la palabra y comenzó a formular las preguntas correctas. "Si deseamos cambiar la cultura, ¿cuál debe ser nuestra siguiente pregunta?"

Un miembro del equipo preguntó, a manera de respuesta: "¿*Cómo* debe cambiar la cultura?" Un segundo miembro respondió: "Para mejorar." Entonces alguien más preguntó: "*¿Mejorar de qué a qué?*", y la discusión se aclaró.

La directora ejecutiva dividió al equipo en grupos de seis y le pidió a cada uno que encontrara diez pares de respuestas a "de qué a qué". Los grupos escribieron algunos conceptos importantes: "de la cultura del no-desempeño a la cultura del desempeño", "del estancamiento al mejoramiento continuo", "de la orientación doméstica a la orientación global". Pero hacía falta la especificidad.

La directora ejecutiva insistió y desafió a que los grupos elaboraran una lista más específica y a que encontraran un cambio "de qué a qué" que, de ser llevado a cabo, mejoraría drásticamente la conducta de las personas clave que influían en la conducta de todos los demás en la división. Dado que muchas personas tienen dificultades para ser específicas, la directora ejecutiva dio el siguiente paso: dividió al equipo de liderazgo en parejas y les pidió que cada pareja identificara una idea que definiera la cultura de ese momento y aquello en que debía convertirse.

Los equipos acordaron que mejorar la rendición de cuentas constituiría el cambio más importante. Entonces el líder preguntó: "¿en dónde comienza ese cambio?", y la respuesta fue: "en este equipo." El líder preguntó: "¿están dispuestos a asumir la responsabilidad de cada uno?" Se produjo un silencio impactante. "Pero si ustedes no practican la conducta correcta en este equipo, ¿lo hará alguien más en la organización?", preguntó. No era necesario responder.

La pregunta final fue: "Después de que cambiemos la conducta de nuestro grupo, ¿qué haremos a continuación?" El encargado de recursos humanos dijo: "Comunicarlo a

20 mil personas." El líder preguntó: "¿Cómo hará eso que todos cambien? Eso no funcionará por sí mismo. Lo que *sí funcionará* es la práctica de la rendición de cuentas, comenzando aquí mismo, con este equipo. Una vez que asumamos nuestra responsabilidad, la siguiente fase es que este equipo haga que los 300 gerentes de esta división rindan cuentas de su desempeño, sin lo cual 3 mil supervisores y 17 mil empleados no experimentarán la cultura y la disciplina de la ejecución." A continuación discutieron pasos específicos para implementar la rendición de cuentas en la cultura en los niveles más altos de la división, y en los 300 gerentes que reportaban a ese equipo de alto nivel. Le darían seguimiento, retroalimentación y vincularían las recompensas al desempeño y la conducta individuales. La conducta incluía que cada miembro del equipo de gerentes hiciera que las personas que les reportaran también tuvieran que rendir cuentas.

***

La cultura operacional

Existe un dicho que hemos escuchado recientemente: no pensamos hasta lograr una nueva forma de actuar, sino que actuamos hasta alcanzar una nueva forma de pensar.

Actuar hasta alcanzar una nueva forma de pensar comienza con la desmitificación de la palabra "cultura". Considerada en sus aspectos esenciales, la cultura de una organización es la suma de sus valores compartidos, sus creencias y sus normas de conducta. Las personas que se disponen a realizar un cambio de cultura a menudo se refieren primero a cambiar los valores. Ése es un enfoque equivocado. Es posible que sea necesario reforzar los valores —los principios y estándares fundamentales, como la integridad, el respeto por el cliente o, en el caso de GE, la actitud de no aceptar límites—, pero rara vez necesitan ser modificados. Cuando las personas, especialmente aquellas que ocupan los niveles más altos de la compañía, violan uno de los valores básicos de la misma, el líder debe dar la cara y condenar públicamente esas violaciones. La omisión será interpretada como una carencia de fortaleza emocional.

Es más probable que exista la necesidad de cambiar las creencias que influyen en conductas específicas. Dichas creencias están condicionadas por la capacitación, la experiencia, lo que la gente escucha dentro o fuera sobre el futuro de la compañía y las percepciones sobre lo que los líderes hacen y dicen. Las personas cambian sus creencias sólo cuando la evidencia reciente les demuestra de manera convincente que son falsas. Por ejemplo, si el personal de una organización cree que está en una industria madura sin perspectivas de crecimiento, no dedicará mucho tiempo y energía en buscar oportunidades de crecimiento. Si creen que otros que hacen menos que ellos obtienen las mismas recompensas, esa idea les restará energía.

Una de las primeras prioridades de Dick Brown en EDS consistió en cambiar la cultura al enfocarse en las creencias y conductas. En una reunión sostenida con el equipo de líderes de mayor jerarquía de EDS, en enero de 2000, Brown les pidió a los asistentes que identificaran las creencias más importantes que habían forjado la manera en que la compañía se veía a sí misma en los cinco años previos, y las creencias que eran más necesarias en ese momento para avanzar hacia el futuro. Después de trabajar en grupos, los ejecutivos le presentaron las siguientes listas.

Antiguas creencias en EDS

- *Estamos en un negocio de mercancías.* EDS participa en una industria madura de lento crecimiento —la prestación de servicios de computación—, tiene mucha competencia, poca diferencia entre competidores y, por lo tanto, existen márgenes de utilidad bajos.

- *No podemos crecer a las tasas del mercado.* Al ser el participante más grande en un negocio de mercancías, EDS tiene dificultades para encontrar áreas de crecimiento redituables.

- *Las utilidades siguen a los ingresos.* Si EDS puede obtener más negocios, eso hará que gane dinero de alguna manera. (Esta creencia es una fórmula para la asignación incorrecta de recursos.)

- *Cada líder posee todos los recursos; el control es la clave.* Cada división tiene total autonomía y protege su terreno. (Esta creencia hace que la colaboración entre unidades de negocio sea imposible.)

- *Mi par es mi competidor.* Al igual que la posesión de los recursos, esta creencia es un obstáculo importante para el éxito. La conducta competitiva interna es destructiva. El competidor está en el mercado, no en la unidad contigua. (El trabajo en equipo, compartir el conocimiento y la cooperación son absolutamente esenciales para ganar en el mercado.)

- *Las personas no son responsables ("No es mi culpa").*

- *Nosotros sabemos más que nuestros clientes.*

- *Nuestra gente le dirá al cliente qué solución necesita.* (Esta creencia impedía que el personal de EDS escuchara adecuadamente los problemas y necesidades de sus clientes.)

Nuevas creencias en EDS

- *Podemos crecer más rápidamente que el mercado, de manera redituable, y utilizando el capital de manera eficiente.*

- *Podemos incrementar la productividad año tras año.*

- *Estamos comprometidos con el éxito de nuestros clientes.*

- *Lograremos prestar un servicio de excelencia.*

- *La colaboración es la clave para nuestro éxito.*

- *Vamos a asumir la responsabilidad y el compromiso.*

- *Escucharemos con más atención a nuestros clientes.*

La segunda lista se convirtió en un programa para el cambio de actitud, no sólo entre los ejecutivos más altos sino para todos los líderes en EDS.

Las conductas son creencias convertidas en acción. Las conductas conducen a los resultados. Cuando hablamos de conducta, nos referimos no tanto a la conducta individual como a las normas que la rigen: las maneras aceptadas y esperadas en que grupos de personas se comportan en ambientes corporativos; las "reglas para el enfrentamiento", como les llaman algunas personas. Las normas se refieren a la manera en que las personas trabajan juntas. En ese sentido, son muy importantes para la capacidad de una compañía de crear una ventaja competitiva.

Vincular las respuestas al desempeño

La base para el cambio de conducta consiste en vincular las recompensas al desempeño y hacer que esos vínculos sean transparentes. La cultura de un negocio define qué cosa es apreciada, respetada y, en última instancia, recompensada. Le dice a las personas en la organización qué cosa tiene valor y reconocimiento; dichas personas, debido al interés que tienen en hacer que sus propias carreras sean más exitosas, se concentrarán en esas cosas. Si una compañía recompensa y promueve a la gente con base en la ejecución, su cultura cambiará.

Un número demasiado alto de compañías realizan mal la tarea de vincular las recompensas al desempeño. ¿Cuál es el problema?

Ram: Mientras algunos líderes en ciertas compañías realizan ese vínculo exitosamente, muchos otros se comportan como alfeñiques. Hemos visto una y otra vez que a las personas les gusta otorgar recompensas: aman ser amados. Sin embargo, no tienen la fortaleza emocional para proporcionar retroalimentación honesta y para retener una recompensa o penalizar a la gente. No se sienten cómodos recompensando el desempeño y la conducta. Posponen la decisión, endulzan las cosas y racionalizan. En ocasiones, incluso los líderes crean nuevos trabajos para los empleados que tienen mal desempeño. Como resultado, los niveles inferiores de la organización están totalmente confundidos.

En EDS, Dick Brown actuó rápidamente para asegurarse de que los empleados con buen desempeño obtuvieran mayores recompensas que los que tenían mal desempeño. La carencia de mecanismos de rendición de cuentas había sido un problema importante en la compañía, como comprendieron bien los líderes. "No existían consecuencias negativas para quienes tenían mal desempeño", recordó un ejecutivo. "No sólo no había consecuencias, sino que si formabas parte de la red de amigos, no existía responsabilidad por la conducta negativa hacia la compañía." Otro agregó: "eso era en realidad problema de alguien más."

Brown instituyó un sistema que clasificó a todos los ejecutivos en cinco categorías de acuerdo con su desempeño en comparación con el de sus pares, y los recompensó de acuerdo con el sistema. Se trata de algo similar a la "curva de la vitalidad" que Jack Welch implementó en GE para diferenciar a los ejecutivos "A", "B" y "C".

La clasificación del personal en esa forma genera controversia cuando los gerentes diseñan y ejecutan el sistema de manera descuidada; cuando lo utilizan, por ejemplo, para obligar arbitrariamente a que cierto porcentaje de personas abandonen la organización. Sin embargo, si se le acompaña con consejos de dirección que proporcionan a los de mal desempeño la oportunidad de mejorar, puede ayudar mucho a implementar una cultura orientada a los resultados. El proceso debe tener integridad: la información correcta debe ser recolectada y utilizada, con base en criterios de conducta y desempeño. Los líderes deben proporcionar retroalimentación honesta a su personal, especialmente a quienes terminan en las categorías más bajas.

Eso fue lo que hizo Brown. Por ejemplo, Brown afirma: "En el primer año una persona vino y me dijo: 'su sistema no funciona. El año pasado fui calificado realmente bien. Este año hice el mismo trabajo y obtuve el mismo nivel de desempeño, pero fui calificado muy bajo.' Le dije: 'Bien, déjame darte una respuesta. Se trata de una de estas dos razones, o de ambas. Número uno, existen buenas posibilidades de que no hayas tenido un desempeño tan bueno como piensas que tuviste el año pasado. Número dos, si tú *fueras tan bueno* e hiciste el mismo trabajo este año, obtuviste una calificación más baja porque no mejoraste en absoluto, y todos los demás lo hicieron. Tienes que darte cuenta de que EDS está mejorando y todos deben mejorar el trabajo que realizan; si tú mantienes el mismo desempeño, eso significa que te estás rezagando'."

EDS también toma en consideración la conducta individual en sus recompensas. La colaboración, por ejemplo, fue importante para el éxito del nuevo modelo de negocios, pero en el antiguo EDS existía muy poca conducta de colaboración. De manera que en la porción de la compensación que corresponde a incentivos, los líderes son actualmente evaluados y recompensados en parte de acuerdo con qué tan bien trabajan juntos. Supongamos que Bob, en una línea de negocios, desarrolla un cliente, y luego lo transfiere a Linda, en otra línea, debido a que la unidad de esta última puede proporcionar un mejor servicio al cliente. Su sacrificio será notado en su evaluación y el líder de su organización debe tomar eso en cuenta al fijar su bono. Los vendedores obtienen incentivos específicos por los negocios que transfieren a otras líneas de negocio.

Cualquiera que sea el criterio que utilizas para determinar las recompensas, la meta es la misma: el sistema de compensación debe tener beneficios rígidos. Debes recompensar no sólo los logros importantes en números, sino también las conductas deseables que la gente realmente adopta. Debes incrementar la población que compone la categoría "A", definida como aquellos que destacan tanto en conducta como en desempeño. Debes remover a los que tienen mal rendimiento. Con el paso del tiempo, tu personal será fortalecido y obtendrás mejores resultados financieros.

Larry: Tú obtienes de acuerdo con lo que mides, y se trata de un proceso directo. Al comenzar el año, le escribo una carta a cada líder de negocios de Honeywell y a los líderes del equipo de trabajo, y les digo: "éstas son las que acordamos que serán tus metas." El primer componente es el de metas financieras; crecimiento de las ganancias, ingreso, flujo de efectivo, productividad u otras variables, dependiendo de la naturaleza del negocio y de lo que tratamos de lograr en ese momento particular. Las metas serán ponderadas de acuerdo con la naturaleza del negocio. Por ejemplo, si el negocio necesita desarrollar cuatro nuevos productos, puedo reducir la meta de crecimiento de ventas y productividad y elevar la meta de productos introducidos al mercado.

El segundo componente serán otras metas, con enfoque en lo que estamos haciendo tanto este año como en el largo plazo. Esas metas pueden ser cualquier cosa, desde crear una infraestructura de seis procesos sigma hasta la irrupción en un mercado específico. Evaluamos formalmente el desempeño y el potencial dos veces al año en nuestras revisiones de recursos administrativos. Y entonces vinculamos los resultados de la evaluación con la compensación.

El gerente general de cada negocio proporciona metas específicas a cada una de las personas que le reportan directamente. Es posible que todos tengan las mismas metas financieras, pero cada uno tendrá diferentes metas no financieras, como construir una organización más fuerte, trabajar en un ambiente de diversidad o cualquiera que sea el tema clave del momento.

Tú deseas lograr la diferenciación entre las opciones, entre los bonos y entre los incrementos de salario. La diferenciación es la savia que nutre la cultura del desempeño. Para los 250 ejecutivos más importantes utilizo opciones de compra de acciones de la compañía. Nos mantenemos a nivel competitivo en los salarios base, pero quienquiera que desee ganar mucho dinero en Honeywell tiene que lograrlo con las opciones de compra. Tampoco en este caso se trata de algo uniforme. Por ejemplo, tengo en mi equipo un profesional maduro, que realiza bien su trabajo pero que no muestra tener más potencial de desarrollo. Voy a pagarle una buena cantidad de dinero como bono, pero le daré una menor cantidad de opciones de compra de acciones de la compañía, y probablemente no le otorgue directamente acciones. Por otra parte, alguien más parece tener mucho potencial, pero si no está haciendo bien su trabajo durante el año como me gustaría, voy a darle menos dinero en el bono, pero voy a continuar motivándola con las opciones porque considero que esa persona es un activo para el futuro de la compañía.

Hacemos todo lo que podemos para recompensar a las personas por hacer su mejor esfuerzo. Ésa es la manera en que hemos logrado una cultura del desempeño. He aquí un ejemplo: en 2002 muchas compañías habrán otorgado bonos pequeños o no habrán dado bono alguno, debido al estado en que se encuentra la economía. Nuestra división aeroespacial sufrió un impacto mayor que otras partes de la compañía debido al ataque terrorista del 11 de septiembre de 2001, y muy pocos de sus negocios obtendrán resultados iguales a los del año previo. Sin embargo, estamos midiendo a la gente de acuerdo con qué tan bien se desempeñan en contra de la competencia en este tipo de ambiente. Si lo hacen mejor, recibirán bonos.

***

La vinculación de las recompensas al desempeño es necesaria para crear una cultura de la ejecución, pero no es suficiente en sí misma. Con demasiada frecuencia un nuevo líder duro, que se esfuerza por implementar una cultura del desempeño, fijará estándares de desempeño rigurosos y a continuación se limitará a observar cómo funcionan. "Nada o húndete", es el mensaje. Muchas personas se hunden y la organización también puede hundirse, como ocurrió en Sunbeam con Al Dunlap.

Otros líderes diseñan recompensas para las nuevas conductas de ejecución pero las implementan brutalmente. No toman en cuenta el paso importante que consiste en ayudar a las personas a dominar las nuevas conductas que se requieren. No dirigen. No enseñan a la gente a dividir un concepto mayor en pequeñas tareas importantes que pueden ser ejecutadas en el corto plazo, lo cual es difícil para algunas personas. No conducen los diálogos que sacan a la superficie las realidades, ni enseñan a la gente cómo pensar, ni llevan los asuntos a su conclusión.

***

La parte faltante de la ecuación reside en lo que llamamos el *software* social de la ejecución.

El software social de la ejecución

Ram: ¿A cuántas reuniones has asistido en que todos parecen estar de acuerdo al final sobre las acciones que deben realizarse, sin que realmente ocurra mucho como resultado? Ésas son las reuniones en que no existe un debate intenso, y por lo tanto nadie expresa sus dudas. En vez de ello, simplemente dejan que el proyecto que no les gusta se muera lenta y silenciosamente con el paso del tiempo.

A lo largo de mi carrera como asesor de grandes organizaciones y de sus líderes, he sido testigo de muchas ocasiones, incluso en los niveles más altos, en que el silencio y la falta de conclusión conduce a decisiones falsas. Esas decisiones son "falsas" porque eventualmente son inefectivas por los factores que no se mencionan durante la reunión y por la falta de acción. Dichas instancias de indecisión se parecen entre sí; son un intento fallido de interacciones personales que se supone que deben producir resultados. Las personas encargadas de tomar una decisión y de ponerla en práctica no logran conectarse e interactuar. Intimidados por la dinámica de grupo de la jerarquía, y limitados por la formalidad y la falta de confianza, expresan sus comentarios de manera rígida y sin convicción. Al carecer de compromiso emocional, las personas que deben llevar a cabo el plan no actúan de manera decisiva.

Estas interacciones fallidas rara vez tienen lugar de manera aislada. Es más frecuente que sean típicas de la manera en que las decisiones grandes y pequeñas son tomadas —o no son tomadas— en toda la compañía. La incapacidad para actuar de manera decisiva —que se traduce en la incapacidad para ejecutar— está enraizada en la cultura corporativa y a los empleados les parece insensible el cambio.

La palabra clave es "parece", porque, de hecho, los líderes crean una cultura de la indecisión y los líderes pueden romper con ella. El instrumento principal a su disposición es el *software* social de la organización.

Al igual que una computadora, una corporación tiene un "equipo físico" (*hardware*) y un "programa" (*software*). Nos referimos al *software* de la corporación como "el *software* social" debido a que cualquier organización de dos o más seres humanos es un sistema social.

El *hardware* incluye cosas como la estructura organizacional, el diseño de las recompensas, compensaciones y sanciones, el diseño de los reportes financieros y su flujo. Los sistemas de comunicación son parte del *hardware*. También lo es la distribución jerárquica del poder, en que cosas como la asignación de tareas y la aprobación del presupuesto son visibles y formales. El *software* social incluye los valores, creencias y normas de comportamiento, así como todo aquello que no sea *hardware*. Al igual que el *software* de la computadora, se trata de lo que hace que el *hardware* corporativo cobre vida como un sistema en funcionamiento.

La estructura divide a una organización en unidades diseñadas para desempeñar ciertos trabajos. El diseño de la estructura es obviamente importante, pero es el *software* lo que integra a la organización en un todo unificado y sincronizado. La combinación de *hardware* y *software* crean las relaciones sociales, las normas de comportamiento, las relaciones de poder, los flujos de información y los flujos de decisiones.

Por ejemplo, los sistemas básicos de recompensas son *hardware* porque son cuantitativos. Tú haces las cuentas, el sistema te recompensa de acuerdo con una fórmula, y felicidades, he aquí el cheque. Pero si tú deseas recompensar otras conductas —como tus resultados con los seis procesos "sigma" o el mejoramiento de la diversidad de tu equipo de liderazgo, o tu colaboración con los compañeros— el *software* entra en funcionamiento, porque define las normas de conducta que serán recompensadas. Los líderes que crean premios desproporcionados para las personas de alto desempeño y alto potencial están creando un *software* social que influye en las conductas: las personas trabajan más duro para distinguirse de los demás.

***

Un componente clave del *software* es lo que llamamos Mecanismos de Operación Social. Se trata de las reuniones y presentaciones formales o informales, e incluso memorándums o intercambio de correos electrónicos, donde quiera que el diálogo tiene lugar. Dos elementos les hacen ser mecanismos de operación, y no solamente reuniones. En primer lugar son integradoras, toda vez que vinculan los niveles de la organización y rompen las barreras entre las unidades, las funciones, las disciplinas, los procesos de trabajo y las jerarquías, así como entre la organización y el ambiente exterior. Los Mecanismos de Operación Social crean nuevos flujos de información y nuevas relaciones de trabajo. Permiten que las personas que normalmente no tienen mucho contacto entre sí intercambien puntos de vista, compartan información e ideas, y aprendan a concebir a la compañía como un todo. Esos mecanismos logran la transparencia y la acción simultánea.

En segundo término, los Mecanismos de Operación Social constituyen el punto en que las ideas y conductas del *software* social son practicadas de manera consistente e ininterrumpida. Permiten difundir las ideas, conductas y formas de diálogo de los líderes por toda la organización. Otros líderes aprenden a aportar esas ideas y conductas a las reuniones de menor nivel, tanto formales como informales, y a las interacciones que conducen, incluyendo las tareas de dirección y retroalimentación. Se convierten en *sus* Mecanismos de Operación Social. Y lo mismo ocurre en los siguientes niveles inferiores.

Los Mecanismos de Operación social se vinculan entre sí y con los sistemas de medición y recompensa, y colectivamente se convierten en lo que denominamos el Sistema Operativo Social de la corporación. En ese carácter, incluyen su propia cultura. En los procesos de personal, de estrategia y de operaciones, por ejemplo, las sesiones de revisión que reúnen a los líderes más importantes de la compañía son los principales Mecanismos de Operación Social; los procesos combinados componen el Sistema Operativo Social.

El Sistema Operativo Social altamente desarrollado de GE es un elemento central para el éxito de la compañía. Sus principales Mecanismos de Operación Social incluyen el Consejo Corporativo Ejecutivo (CCE) que se reúne trimestralmente; la "Sesión C", que incluye las revisiones organizacionales y de liderazgo anuales; S-1 y S-2, que son revisiones de estrategia y operaciones, y "Boca", la reunión anual que tiene lugar en Boca Ratón, Florida, donde los gerentes operativos se reúnen para planificar las iniciativas del año siguiente y relanzar las iniciativas vigentes.

En las reuniones del CCE, que tienen una duración de dos días y medio, los alrededor de 35 líderes más importantes de GE revisan todos los aspectos de sus negocios y del ambiente externo, identifican las oportunidades y problemas más grandes de la compañía, y comparten sus mejores prácticas. El director ejecutivo también utiliza el foro para observar la manera en que sus líderes piensan, cómo trabajan juntos y para dirigirlos.

La "Sesión C" es una reunión intensiva de entre 8 y 10 horas donde el director ejecutivo y el encargado de recursos humanos se reúnen con los líderes de negocios y los más altos ejecutivos de recursos humanos de cada unidad de negocios. Revisan el conjunto de talento potencial de la unidad y sus prioridades organizacionales. ¿Cuenta GE con las personas correctas en los trabajos adecuados para ejecutar sus estrategias? ¿Quién necesita ser promovido o recompensado, quién necesita ayuda para el desarrollo, quién no puede con el trabajo? El director ejecutivo da seguimiento a cada sesión mediante una nota manuscrita en que revisa la parte sustancial del diálogo y los puntos de acción. Por medio de este mecanismo, la selección y evaluación del personal se ha convertido en una función básica en GE.

La reunión de estrategia "S-1" tiene lugar hacia el final del segundo trimestre. En dicha reunión el director ejecutivo, el director financiero y los miembros de la oficina del director ejecutivo se reúnen con el encargado de cada unidad y su equipo para discutir la estrategia para los siguientes tres años, incluyendo las iniciativas acordadas en el CCE y la adecuación entre la estrategia y las personas a cargo de ejecutarla. Al igual que con la "Sesión C", el director ejecutivo elabora una carta para cada líder en que describe los puntos de acción que fueron acordados. La reunión "S-2", que tiene lugar en noviembre, es la reunión del plan operativo que se enfoca más en los siguientes 12 a 15 meses, vinculando la estrategia con las prioridades operativas y la asignación de recursos.

En el interín, otros Mecanismos de Operación Social están en funcionamiento. En el mes de abril, GE realiza una encuesta electrónica entre cerca de 11 000 empleados para obtener retroalimentación sobre la manera en que las iniciativas están siendo implementadas en toda la organización. En octubre, los 150 funcionarios ejecutivos de más alto nivel se reúnen en el Centro de Aprendizaje Crotonville para revisar el progreso de las iniciativas, poner en marcha los planes operativos para el año siguiente y participar en los cursos de desarrollo ejecutivo. Y en la reunión del CCE de diciembre, entre otras cosas, los ejecutivos fijan la agenda para la reunión de enero en Boca Ratón.

Este sistema de Mecanismos de Operación Social vinculados constituye la forma en que los líderes de GE mantienen unida a una compañía con negocios tan diversos que la gente en ocasiones se refiere a ella como un conglomerado. El Sistema Operativo Social enlaza de manera explícita la estrategia general de GE con el desempeño de cada unidad, incluyendo el desarrollo de liderazgo y los planes operativos. El diálogo, que es una norma de conducta implementada por el ex director ejecutivo Jack Welch, es honesto y está basado en la realidad. La retroalimentación es sincera. El director ejecutivo está presente y participa activamente en el diálogo, en cada reunión. Se trata de un sistema operativo orientado a la ejecución.

La corporación contemporánea es compleja y cada una de sus muchas partes se encuentra en movimiento constante: las estructuras cambian, las ideas cambian, las decisiones cambian, el personal cambia y todos esos cambios responden a un ambiente de negocios cambiante. El Sistema Operativo Social es la constante. Más que otra cosa, proporciona un marco de referencia consistente que es necesario para crear formas de pensar, conducta y acción comunes. Con el paso del tiempo, trasciende incluso a las culturas locales más profundamente enraizadas.

Larry: Nuestro Sistema Operativo Social en Honeywell no es tan complejo como el de GE, pero cumple con los mismos propósitos. Todas nuestras conductas se hacen evidentes en el proceso del personal, el proceso de la estrategia y el proceso de las operaciones, y en dos reuniones de la gerencia a las que asisten más de 100 de nuestros líderes. Esas reuniones son donde la gente practica dichas conductas de manera más intensa. A partir de ese punto, las conductas bajan en cascada hacia el resto de la organización.

Una de las cosas más importantes que las personas obtienen del proceso es la comprensión de cómo trabajar juntas en un debate constructivo. Ninguna persona tiene todas las ideas o todas las respuestas. Si tenemos un problema en algún lugar, la gente responde al reunirse y encontrar una solución, y no se sientan a lamentarse de que no tienen la solución o para decidir traer a un consultor. No esperamos que las personas lo sepan todo, pero esperamos que las personas obtengan las mejores respuestas que sea posible y que lo hagan mediante el trabajo con otras personas. Con el paso del tiempo, la práctica de esos debates constructivos permite construir la confianza en la gente para enfrentar problemas desconocidos cuando surgen.

La importancia de un diálogo intenso

No puedes contar con una cultura de ejecución sin un diálogo intenso; un diálogo capaz de hacer que la realidad salga a la superficie por medio de la apertura, la sinceridad y la informalidad. Un diálogo intenso hace que la organización sea efectiva para recolectar la información, comprenderla y moldearla para producir decisiones. Alienta la creatividad; la mayoría de las innovaciones y las invenciones se incuban por medio de un diálogo intenso. En última instancia, crea una mayor ventaja competitiva y valor para los accionistas de la compañía.

El diálogo intenso comienza cuando las personas acuden a él con mente abierta. Los asistentes no están atrapados en las ideas preconcebidas o armados con propósitos particulares. Desean escuchar información nueva y escoger las mejores alternativas, por lo que escuchan todas las partes del debate y aportan sus propias contribuciones.

Cuando las personas hablan con sinceridad, expresan sus opiniones reales, no aquellas encaminadas a complacer a los ejecutivos de mayor poder o a mantener la armonía. De hecho, la armonía —considerada por muchos líderes como el deseo de no ofender a nadie— puede ser enemiga de la verdad. Puede inhibir el pensamiento crítico y hacen que la gente tome decisiones a escondidas. Cuando la armonía prevalece, he aquí cómo se arreglan las cosas frecuentemente: después de que los participantes más importantes abandonan la sesión, vetan discretamente las decisiones que no les gustaron, pero que no debatieron en su momento. Un buen lema a seguir es: "La verdad sobre la armonía." La sinceridad ayuda a eliminar las mentiras y los "vetos de bolsillo", y evita las iniciativas detenidas y la necesidad de volver a trabajar en ellas, que consumen energía.

La informalidad es fundamental para la sinceridad. Ése era uno de los lineamientos de Jack Welch. La formalidad suprime el diálogo; la informalidad lo alienta. Las conversaciones y presentaciones formales no dejan espacio para que tenga lugar el debate. Sugieren que todo ha sido dispuesto de antemano. El diálogo informal es abierto. Invita a formular preguntas, alienta el pensamiento crítico y la espontaneidad. En el curso de una reunión en un ambiente jerárquico y formal, un participante poderoso puede salirse con la suya al desechar una buena idea. Por su parte, la informalidad alienta a que las personas pongan a prueba sus pensamientos, a que experimenten y a que revisen las ideas de los demás. Les permite correr riesgos junto con sus colegas, jefes y subordinados. La informalidad hace que la verdad salga a la luz, así como las ideas no convencionales; ideas que pueden parecer absurdas la primera vez que son escuchadas pero que permiten lograr avances.

Finalmente, el diálogo intenso finaliza con una conclusión. Al terminar la reunión, las personas acuerdan lo que cada una va a hacer y cuándo. Se han comprometido a ello en un foro abierto; son responsables de los resultados.

La razón por la que la mayoría de las compañías no encaran la realidad muy bien es que su diálogo no es efectivo. Y eso se refleja en sus resultados. Piensa en las reuniones a las que has asistido; aquellas que constituyen una irremediable pérdida de tiempo y aquellas que han producido grandes resultados. ¿Cuál es la diferencia? No se trataba de la orden del día, ni de si la reunión comenzó puntualmente o si fue disciplinada, y ciertamente no se trató de las presentaciones formales. No, la diferencia fue la calidad del diálogo.

En una típica reunión corporativa —una revisión de negocios, por ejemplo— el diálogo es limitado y está politizado. Algunas personas quieren ocultar o suavizar lo que dicen para evitar una confrontación. Otros necesitan atacar a las personas con quienes hablan para someterlas. En los grupos que contienen ambos tipos de personas (como es el caso en muchas reuniones), el diálogo se convierte en un deporte de competencia para los ofensivos y en una humillación o en algo aburrido para los pasivos. Sólo una pequeña parte de la realidad se discute en la mesa y la reunión no hace que se avance mucho en los temas.

Ahora piensa en una reunión que produjo grandes resultados, que permitió conocer las realidades y concluyó con un plan encaminado a lograr resultados. ¿Cómo ocurrió? El diálogo altera la psicología de un grupo. Puede ampliar o reducir la capacidad del grupo. Puede revigorizar o agotar a los asistentes. Puede crear confianza en ellos mismos y optimismo, o puede producir pesimismo. Puede crear unidad o puede crear amargas divisiones.

El diálogo intenso permite conocer la realidad, incluso cuando esa realidad hace que las personas se sientan incómodas, debido a que tiene propósito y significado. Es abierto, duro, enfocado e informal. El objetivo es invitar a que se expresen múltiples puntos de vista, advertir los pros y contras de cada uno, y tratar honesta y sinceramente de construir nuevos puntos de vista. Ésa es la dinámica que estimula nuevas preguntas, nuevas ideas y nuevas opiniones en vez de consumir energía en la defensa del viejo orden.

¿Cómo puedes lograr que las personas practiquen un diálogo intenso cuando están acostumbradas a los juegos y las evasiones del clásico diálogo corporativo? El cambio comienza en la cúspide, con los diálogos que sostiene el líder de la organización. Si él o ella practica el diálogo intenso, los demás lo imitarán. Algunos líderes pueden tener limitaciones en lo que se refiere a la fortaleza emocional que es necesaria para alentar el desacuerdo sin adoptar una posición defensiva. Otros pueden requerir el aprendizaje de ciertas habilidades para ayudar a que las personas desafíen y debatan de manera constructiva. Esas personas deben ser capaces de obtener ayuda.

Sin embargo, la clave es que las personas actúan para desarrollar su pensamiento porque son guiadas por los resultados. Si recompensas su desempeño, el interés en el desempeño será lo suficientemente profundo para alentar el diálogo. Todos necesitan obtener la mejor respuesta, y eso significa que todos serán sinceros en sus diálogos; ninguna persona tiene todas las ideas. Si alguien dice algo con lo que estás en desacuerdo y le respondes de manera grosera que es un charlatán, muchas otras personas no van a expresarte su opinión. Si en vez de lo anterior le dices: "Muy bien, vamos a hablar de ese tema. Vamos a escuchar a todos y entonces tomaremos una decisión", obtendrás respuestas mucho mejores.

Los líderes obtienen de los demás la conducta que ellos mismos exhiben y toleran

Una vez que comprendes el *software* social, queda claro que ningún líder que se encuentre desvinculado de la marcha cotidiana del negocio puede cambiar o hacer sostenible su cultura. Como afirmó Dick Brown: "La cultura de una compañía es la conducta de sus líderes. Los líderes obtienen de los demás la conducta que ellos mismos exhiben y toleran. Tú puedes cambiar la cultura de una compañía al cambiar la conducta de sus líderes. Tú puedes medir el cambio cultural al medir el cambio en la conducta personal de sus líderes y el desempeño del negocio."

Para crear una organización orientada a la ejecución, el líder tiene que estar presente para crear y reforzar el *software* social con las conductas deseadas y el diálogo robusto. Debe practicarlas e implementarlas de manera incansable en los Mecanismos de Operación Social.

Por ejemplo, algunos líderes utilizan regularmente las conferencias telefónicas como un mecanismo operativo encaminado a dirigir un cambio en la cultura al obligar que los más importantes ejecutivos de la compañía sean sinceros y realistas en sus diálogos y sus procesos de toma de decisiones. Esas llamadas permiten implementar la rendición de cuentas y el seguimiento. La conducta del propio líder, incluyendo su comunicación con el personal de todos los niveles, da forma y refuerza las creencias y la conducta que su gente necesita aprender.

El diálogo que conduce el líder en esas conferencias permite que todos puedan tener una imagen integral de la compañía. Todos asisten preparados para explicar qué harán en el siguiente mes, o para asumir compromisos si los resultados no corresponden a las expectativas. Al discutir todo el negocio y enfocarse en el ambiente externo, todos los participantes conocen más de las tendencias generales, la competencia, los problemas y los obstáculos. Si están haciendo su trabajo para ayudar a crear una cultura orientada a la ejecución, esa información se diseminará hacia los niveles inferiores de toda la compañía.

***

¿Puedes crear una cultura de la ejecución en tu propio negocio si se trata de una organización más grande que no tiene dicha cultura? Si lo intentas, ¿te darás a notar? Es probable que así ocurra, especialmente una vez que comiences a mostrar el crecimiento en los ingresos y las utilidades.

Larry: En tu carácter de líder, no quieres enviar a tu personal en misiones de *hara-kiri*, pero considero que puedes hacerlo incluso si no es parte de un impulso corporativo importante. Siempre dirijo mis revisiones con la idea de que deseo obtener la verdad. Cuando me convertí en auditor itinerante de GE, a fines de la década de los sesenta, visité oficinas de GE en todo el mundo, y advertí muchos estilos diferentes entre los gerentes. Al observar a los gerentes exitosos y a los que no lo eran confirmé mi idea de que mientras más involucrado estés con los temas del momento, mejores serán las decisiones que tomes en términos de su resolución. Esas lecciones me acompañaron por el resto de mi carrera.

Cuando me convertí en gerente de unidad de GE Capital, en 1978, estaba siguiendo esas prácticas. Sin embargo, en ese mismo año Jack Welch se incorporó como ejecutivo del sector de clientes, e intensificó ese proceso de manera dramática. Era más penetrante y más orientado a la acción, más orientado a "¿qué vas a hacer al respecto?" Jack Welch adoptó lo que yo había conocido y lo intensificó. Le dio al proceso de personal una profundidad e intensidad que yo nunca antes había visto.

Mientras más experiencia obtenía yo como líder, más experiencia aporté al proceso. En el proceso del personal, por ejemplo, cuando comencé mi primera idea siempre era ver qué tan buena era una persona en su trabajo. Después de todo, eso es lo que hace que el negocio funcione. Conforme pasó el tiempo, yo seguí hablando acerca de eso, pero también seguí pensando: *¿Cuál es el potencial de crecimiento de* *esta persona?* Comencé a formular más preguntas y a dirigir el diálogo hacia el potencial de largo plazo.

También involucré a más personas en la discusión, porque cuando amplías tu audiencia aprendes más. Solíamos tener demasiadas reuniones "uno a uno", porque no queríamos que algo que había sido dicho con sinceridad acerca de una persona se filtrara a las demás y se volviera dañino. Sin embargo, encontramos una manera de resolver ese problema. Reconocimos que la persona sobre la que hablábamos iba a escuchar todo lo que se dijera en ese cuarto de cualquier manera, y estuvimos de acuerdo en que seríamos sinceros pero profesionales. Las conversaciones continuaron siendo francas, pero no fueron dañinas. Tuvimos el cuidado de no decir algo sobre una persona que no le diríamos a la cara.

Yo nací con inclinación a la acción y siempre he estado entusiasmado sobre mi negocio. Soy entusiasta y curioso sobre el mismo. Y eso es lo que determina si puedes hacer esos cambios en tu organización. Si consideras que dichos cambios son problemáticos, o difíciles, entonces no funcionarán. Debe gustarte el proceso o de lo contrario no funcionará.

***

El éxito en la ejecución de un cambio cultural depende fundamentalmente de contar con las personas adecuadas. En el siguiente capítulo abordamos el trabajo más importante que realizan los líderes: seleccionar y evaluar a las personas.

Capítulo 5
Tercer elemento: el trabajo que ningún líder debe delegar —tener a las personas adecuadas en los lugares adecuados

Tomando en cuenta las muchas cosas que los negocios no pueden controlar, desde el estado de incertidumbre en la economía hasta las acciones impredecibles de los competidores, podrías pensar que las compañías prestan atención cuidadosa a la única cosa que pueden controlar: la calidad de su personal, especialmente de quienes ocupan puestos de liderazgo. Los seres humanos que forman una organización son su recurso más confiable para generar excelentes resultados año tras año. Sus juicios, experiencias y capacidades constituyen la diferencia entre el éxito y el fracaso.

Sin embargo, los mismos líderes que proclaman que "las personas son nuestro activo más importante", generalmente no ponen cuidado en seleccionar a las personas adecuadas para los trabajos correctos. Ellos y sus organizaciones carecen de ideas precisas sobre los requerimientos del trabajo —no sólo hoy en día, sino mañana— y qué clase de gente necesitan para llenar esos puestos. Como resultado, las compañías no contratan, promueven o desarrollan a los mejores candidatos para satisfacer las necesidades de sus líderes.

Con mucha frecuencia hemos advertido que esos líderes no prestan suficiente atención a las personas debido a que están demasiado ocupados pensando en la manera de hacer que sus compañías crezcan o tengan un carácter más global que las de sus competidores. Lo que pasan por alto es que la calidad de su gente es el factor competitivo que mejor determina la diferencia. Los resultados probablemente no se aprecien tan rápidamente como, digamos, una gran adquisición. Pero a largo plazo, la selección de las personas correctas es lo que crea esa ventaja competitiva sostenible tan difícil de lograr.

En última instancia, Dell venció a Compaq —una compañía mucho más grande— porque Michael Dell pasó muchos trabajos para tener a las personas adecuadas en los trabajos correctos; personas que entendieron cómo ejecutar su modelo de negocios de manera soberbia. Nokia, un participante menor en la industria de la telefonía celular a principios de la década de los noventa, se convirtió en el líder global debido a su personal. Bajo el liderazgo del director ejecutivo Jorma Ollila, quien provenía de un banco y encabezó una compañía diversificada en problemas, adoptaron la tecnología digital antes que Motorola, que entonces era la compañía dominante. También advirtieron que el teléfono celular no era un aparato de comunicación sino un artículo de moda, y crearon excitación en el mercado por sus productos mediante la introducción mensual de nuevos productos.

Si analizas cualquier negocio que ha sido exitoso de manera consistente, descubrirás que sus líderes se han enfocado de manera intensa e incansable en la selección del personal. Ya sea que encabeces una corporación multibillonaria o te encuentres a cargo de tu primer centro de utilidades, no puedes delegar el proceso de seleccionar y desarrollar a los líderes. Es un trabajo que tú debes amar.

Larry: El problema más conflictivo que descubrí cuando me uní a AlliedSignal fue la debilidad de nuestro equipo de gerentes en operación; no era tan bueno como el de nuestros competidores. Y teníamos pocas probabilidades de producir futuros líderes, porque no teníamos fortaleza en "la banca". Cuando me retiré de Allied Signal en 1999, consideré que la señal más grande de nuestra fortaleza era la extraordinaria calidad de la cadena de liderazgo. Una medida de su calidad fue que muchos de los más destacados fueron reclutados para dirigir otras organizaciones, entre ellos Paul Norris (quien se convirtió en director ejecutivo de W. R. Grace); Dan Burnham, contratado como director ejecutivo de Raytheon; Gregory L. Summe (director ejecutivo de PerkinElmer); y Frederic M. Poses (director ejecutivo de American Standard).

Ese nivel de excelencia no ocurre por accidente. Yo había dedicado lo que algunas personas consideraron como una cantidad exagerada de tiempo y de energía emocional a contratar, proporcionar las experiencias correctas y desarrollar líderes; entre 30 y 40 por ciento de mi día durante los primeros dos años, y un buen 20 por ciento después. Ésa es una cantidad enorme de tiempo para que un director ejecutivo la dedique a cualquier tarea singular, pero estoy convencido de que contribuyó en gran parte al éxito de AlliedSignal.

Una de las primeras cosas que hice fue visitar las plantas de la compañía, reunirme con los gerentes y hacerme una idea de sus capacidades individuales. No sólo hablé con ellos; hablé con su gente también, para ver cómo percibían su ambiente de trabajo y cómo se comportaban; ambas cosas reflejan la clase de trabajo que realiza un líder. Fue durante esas visitas que me di cuenta de que la desatención de la compañía al desarrollo de liderazgo era un problema de importancia.

Aunque quedé impresionado con la media docena de personas que me reportaban directamente, estaba menos impresionado con los encargados de nuestras unidades operativas y los equipos que habían creado. Algunos de los gerentes simplemente necesitaban ganar experiencia en algunas tareas más en negocios diferentes. Sin embargo, con demasiada frecuencia carecían de una base de negocios bien integrada, por lo que fijaban las prioridades desde el punto de vista funcional. No demostraban contar con las habilidades básicas como comprender a la competencia o desarrollar a su personal. No estoy afirmando que no fueran listos o no trabajaran duro. Tenían buenas ideas y sabían cómo presentarlas, pero no habían sido preparados para ejecutar. De manera que tratamos de proporcionarles paquetes generosos de indemnización por su despido y de ayudarlos a salir adelante.

El siguiente paso consistió en reclutar a más personas capaces, no sólo para dirigir nuestros negocios sino también para asegurarnos de que podríamos desarrollar líderes talentosos en el futuro. El desarrollo ejecutivo necesita ser una facultad básica. En GE, 85 por ciento de los ejecutivos son promovidos desde el interior; eso muestra qué tan buena es la compañía en desarrollar líderes. Y la compañía se hizo buena en ello porque Jack Welch —y ahora su sucesor, Jeff Immelt— hicieron del desarrollo de liderazgo una prioridad del más alto nivel y exigieron que todos sus ejecutivos hicieran lo mismo. En contraste, en AlliedSignal tuvimos que ir al exterior para realizar casi todas nuestras contrataciones, principalmente de compañías que tenían procesos de desarrollo de personal del nivel de GE y Emerson Electric.

Eventualmente, fuimos capaces de llenar la mayoría de los empleos con personas que provenían del interior de la compañía, lo cual siempre había sido mi meta. Sin embargo, eso no ocurrió sin mi participación personal en la evaluación y desarrollo de líderes.

Yo evalué no sólo a las personas que me reportaban directamente, sino también a quienes les reportaban a ellos, y en ocasiones fui más abajo en la organización. Durante mis primeros tres años en AlliedSignal entrevisté personalmente a la mayoría de los 300 nuevos maestros en administración de empresas que contratamos, a quienes consideramos nuestros futuros líderes.

No podía entrevistar a todos, pero sabía que el estándar que fijé sería seguido en el resto de la organización: tú contratas a una persona talentosa y ellos contratarán a otra persona talentosa.

Por qué las personas correctas no están en los trabajos adecuados

El sentido común nos dice que las personas correctas deben estar en los empleos adecuados. Sin embargo, a menudo no ocurre así. ¿A qué se deben las inadecuaciones que ves todos los días? Es posible que los líderes no sepan lo suficiente sobre las personas que designan. Pueden seleccionar personas con quienes se sientan cómodos, en vez de otras que poseen mejores habilidades para desempeñar el trabajo. Es posible que carezcan del valor para discriminar entre las personas de desempeño fuerte y débil, y para realizar las acciones necesarias. Todos estos factores son reflejo de una carencia absolutamente fundamental: los líderes no están comprometidos personalmente con el proceso de personal, ni involucrados profundamente en él.

Falta de conocimiento

Los líderes a menudo dependen de evaluaciones del equipo que se enfocan en los criterios equivocados. O aceptan una recomendación ambigua y carente de significado sobre alguien que le gusta a una de las personas que les reportan directamente. "Bob es un gran líder", señala el abogado del candidato. "Es un gran motivador, un gran orador. Se lleva bien con la gente y es muy inteligente." El líder no hace preguntas sobre las cualidades específicas que hacen que Bob sea la persona correcta para el trabajo. De hecho, a menudo no tienen un buen conocimiento de los requisitos mismos del empleo. El líder no ha definido el empleo en función de sus tres o cuatro criterios no negociables; cosas que la persona *debe* ser capaz de hacer para tener éxito.

Ram: En noviembre de 2001 estaba almorzando con el encargado de una compañía de productos para el consumidor y con su subdirector. La compañía había estado perdiendo participación de mercado, y durante la conversación identificamos la fuente del problema: debilidad en los niveles más altos de liderazgo en mercadotecnia. Estaba claro que la compañía necesitaba contratar a un nuevo jefe de mercadotecnia; se trataba de un puesto clave para el año 2002. El director ejecutivo tenía a alguien en mente. Se trataba de una persona recomendada por Mark, el subdirector, y el director ejecutivo la elogió diciendo: "Ella es fantástica." "¿De qué manera?", le pregunté. Cuando respondió con generalidades, le insistí y pregunté nuevamente *por qué* consideraba que era maravillosa. El director ejecutivo no pudo ser específico y se sonrojó.

Le pregunté al director ejecutivo y al subdirector cuáles eran los tres criterios no negociables que correspondían a ese trabajo. Después de discutirlo, señalaron los siguientes: ser extremadamente bueno para seleccionar la mezcla correcta de promoción, anuncios y comercialización; tener un sentido afilado de qué anuncios eran efectivos y sobre la mejor manera de ubicar esos anuncios en la televisión, la radio y la prensa; tener la capacidad de ejecutar el programa de mercadotecnia de manera oportuna y con la secuencia correcta, de manera que fuera coordinada con el lanzamiento de nuevos productos; y ser capaz de seleccionar a las personas adecuadas para reconstruir el departamento de mercadotecnia.

Después de que mencionaron esos criterios para el trabajo, les pregunté si la candidata los cumplía. A continuación se produjo un largo silencio. Finalmente el líder respondió con honestidad: "¿Sabes? Ahora me doy cuenta de que realmente no la conozco."

Ni el director ejecutivo ni el subdirector ni nadie más en la organización habían formulado las preguntas correctas. Con el fin de mejorar de manera consistente la calidad de sus líderes, cada negocio requiere de una disciplina implementada en el proceso del personal, con diálogos sinceros sobre la correspondencia entre personas y trabajos, y el seguimiento para asegurarse de que las personas realizan las acciones apropiadas.

Falta de coraje

La mayoría de la gente conoce a alguien en su organización que no tiene un buen desempeño y que, sin embargo, se las arregla para conservar su empleo año tras año. La razón usual, hemos descubierto, es que el líder carece de la fortaleza emocional para enfrentarlo y realizar las acciones decisivas. Esas carencias pueden ocasionar un daño considerable a un negocio. Si la persona de mal desempeño se encuentra en un nivel lo suficientemente alto en la organización, puede incluso destruirla.

Ram: Hace varios años una compañía industrial fabricante de componentes de precisión llegó a la conclusión de que no tenía personal lo suficientemente fuerte para su plan de sucesión, por lo que contrató a dos candidatos a director ejecutivo del exterior. La compañía ocupaba el primer lugar en su campo a nivel global, con una larga historia de éxitos. Uno de los candidatos, Stan, fue contratado para dirigir sus operaciones en Norteamérica, la joya de la corona del negocio que producía 80 por ciento de las utilidades de la compañía. Stan provenía de una compañía global de aparatos electrónicos en el mismo campo general, donde había dirigido una pequeña unidad de negocios. Se presentó bien, se relacionó rápidamente con las personas, trabajó duro y ofreció presentaciones deslumbrantes.

Sin embargo, Stan no tuvo tanto éxito como encargado de las operaciones norteamericanas. No pudo cumplir con sus compromisos financieros durante su primer año. Perdió participación en el mercado y la estructura de costos de su operación dejó de ser competitiva. La industria estaba pasando por un mal momento en aquella época debido al exceso de capacidad, pero Stan no cerró plantas, ni recortó costos, ni se enfocó en la ejecución. Los márgenes de utilidad de la compañía y el flujo de efectivo disminuyeron, y el precio de las acciones se desplomó como una piedra. Sin embargo, el director ejecutivo no hizo algo al respecto porque consideró que Stan todavía estaba recién llegado y necesitaría tiempo para adaptarse a la cultura, y que su dirección lo haría volver al buen camino.

A continuación, Stan no alcanzó sus objetivos del segundo año. El flujo de efectivo volvió a disminuir y el precio de las acciones cayó todavía más. El consejo de administración estaba muy preocupado. Después de que Stan les presentó su siguiente informe trimestral, el consejo se reunió en una sesión ejecutiva con el director ejecutivo y fundamentalmente le dijo que lo despidiera. Sin embargo, esa medida fue tomada demasiado tarde para salvar a la compañía. Para entonces, el precio de las acciones se había reducido a la mitad. La compañía se convirtió en un blanco sugestivo para la banca de inversión y para otras compañías agresivas, orientadas a la adquisición. Al cabo de seis meses fue adquirida por otra empresa.

El director ejecutivo era un hombre brillante, de gran integridad, siempre dispuesto a darle a las personas el beneficio de la duda. Stan auténticamente le gustaba. Sin embargo, carecía del coraje para enfrentar a las personas con mal desempeño, o para obligar al cierre de plantas y a los despidos. Fracasó en lograr que el líder de su operación más importante encarara la realidad de la situación de la industria y en hacerlo responsable por su mal desempeño.

Muchos empleos son ocupados por las personas equivocadas porque los líderes que los promueven están cómodos con ellas. Es natural que los ejecutivos desarrollen un sentido de lealtad hacia aquéllos con quienes han trabajado con el paso del tiempo, especialmente si han llegado a confiar en sus juicios. Sin embargo, un problema muy grave ocurre cuando la lealtad está basada en los factores equivocados. Por ejemplo, el líder puede sentirse cómodo con una persona porque dicha persona le aprecia y no lo desafía, o ha desarrollado la habilidad de aislar a su jefe de los conflictos. O bien el líder puede favorecer a personas que son parte de la misma red de relaciones sociales creada con el paso de los años en la organización.

Ram: El recién designado director ejecutivo —le llamaré Howard— de una compañía con presencia global con valor de US$25 mil millones era agresivo, ambicioso y recibía buenos comentarios en la prensa. Las expectativas eran tan altas que antes de retirarse una década después, Howard debería llevar a la compañía del tercer al primer lugar en su industria, altamente competitiva, en que participaban otras 10 empresas.

Howard le pidió a ocho de los once miembros de su equipo de liderazgo de alto nivel que aceptaran un retiro temprano, y los reemplazó con personas leales a él. Todo marchó bien durante los primeros años, gracias a los esfuerzos del equipo de administración anterior. En el tercer año el negocio comenzó a pasar apuros. El éxito en esa industria requería que se hicieran frecuentes introducciones de nuevos productos, y el equipo de Howard no cumplió con una fecha límite tras otra durante seis meses o más. La compañía perdió participación de mercado en sus líneas de productos de alto margen de utilidad, en favor de competidores extranjeros que sacaron sus productos a tiempo, y los retrasos tuvieron un enorme impacto en la imagen de la marca.

Los retrasos también incrementaron los costos de lanzamiento en 15 por ciento, lo cual constituía una grave penalización financiera debido a que el negocio es en gran medida de capital intensivo, con bajos márgenes. La posición de efectivo de la compañía se deterioró rápidamente, su calificación de deuda fue reducida en dos ocasiones y disminuyó sus dividendos. Dos de las personas que Howard había seleccionado para que le reportaran directamente eran responsables del incremento en los costos y el incumplimiento con las fechas límite. Howard, atrapado por la comodidad psicológica y la lealtad ciega, no los reemplazó. Antes de que terminara el año, el consejo de administración lo destituyó junto con su equipo.

El contraste más notable del que tengo noticia sobre este tipo de conducta tuvo lugar en GE, donde Reginald Jones seleccionó a Jack Welch para que lo sucediera como presidente del consejo y director ejecutivo. Jones, quien nació en el Reino Unido, era cerebral, hábil para comunicarse y estaba considerado como uno de los más grandes hombres de negocios de su tiempo. Welch era irreverente, franco, confiaba en sus corazonadas y le gustaba debatir. Superficialmente era lo contrario de Jones. Sin embargo, Jones reconoció que GE tenía que cambiar y que Welch —quien era inteligente, tenaz y dedicado a la excelencia, como Jones— tenía la clase correcta de inteligencia y personalidad que requería el trabajo. La notable informalidad de Welch ocultaba una mente conocedora e incisiva y un deseo de ganar sin paralelo.

Lo más importante: falta de compromiso personal

Cuando las personas correctas no están en los trabajos adecuados, el problema es visible y transparente. Los líderes saben intuitivamente que tienen un problema y con frecuencia lo reconocen. Sin embargo, un número alarmante no hace nada para resolver el problema. No puedes lograr que este proceso tenga lugar simplemente al emitir órdenes para que encuentren a las personas más talentosas que sea posible. Como destacamos anteriormente, los líderes necesitan comprometer hasta 40 por ciento de su tiempo y de su energía emocional, de una manera o de otra, para seleccionar, evaluar y desarrollar al personal. Este inmenso compromiso personal consume tiempo, conlleva una carga emocional y consiste en proporcionar retroalimentación, conducir diálogos y exponer tu juicio a la vista de los demás.

Sin embargo, la base de una gran compañía consiste en la manera en que desarrolla a su gente al proporcionarle las experiencias correctas, como el aprendizaje de diferentes empleos y de las demás personas, proporcionar retroalimentación sincera, así como dirección, educación y capacitación. Si dedicas la misma cantidad de tiempo y energía en el desarrollo de las personas, en comparación con la preparación del presupuesto, la planificación estratégica y el monitoreo financiero, el resultado será una ventaja competitiva sostenible.

¿Qué clase de personas estás buscando?

Como destacamos anteriormente, en la mayoría de las compañías las personas consideran que un buen líder es aquel que tiene visión, estrategia y capacidad para inspirar a los demás. Esas personas asumen que si el líder cuenta con la visión y estrategia correctas, y logra transmitir su mensaje, la gente que compone la organización le seguirá. Por eso los consejos de administración, los directores ejecutivos y los ejecutivos de alto nivel frecuentemente son seducidos por las cualidades intelectuales y académicas de los canditatos que entrevistan: ¿se trata de un visionario con capacidad conceptual? ¿Se trata de alguien articulado, de un agente del cambio, de un buen comunicador, especialmente ante audiencias externas como Wall Street?

Esas personas no formulan la pregunta más importante: ¿qué tan bueno es en lograr que las cosas se hagan? De acuerdo con nuestra experiencia, existe muy poca correlación entre quienes hablan de lograr las cosas y quienes logran que las cosas se hagan en cualquier circunstancia. A menudo estos últimos son desestimados. Sin embargo, si quieres crear una compañía que tenga una excelente disciplina de ejecución, debes seleccionar a quien hace las cosas.

Larry: La persona que es un poco menos conceptual pero totalmente decidida a tener éxito generalmente encontrará a las personas correctas y las reunirá para lograr los objetivos. No estoy en contra de la educación, ni buscando a personas tontas. Pero si tienes que escoger entre quien tiene un coeficiente intelectual impresionante y una educación de élite que le distingue, y alguien con un coeficiente intelectual más bajo pero que está totalmente decidido a triunfar, siempre te irá mejor con este último.

No siempre comprendí eso. Yo también tenía la idea de que mientras mejor fuera la educación y la crianza, más inteligente sería la persona. Sin embargo, eso no es verdad.

Tú estás buscando a personas que tengan un enorme impulso para ganar. Esas personas logran su satisfacción al lograr que las cosas se hagan. Mientras más éxito tienen en lograr que las cosas se hagan, más incrementan su capacidad.

Tú puedes distinguir fácilmente a quienes hacen las cosas, al observar sus hábitos de trabajo. Se trata de quienes transmiten energía a la gente, son decididos al enfrentar problemas difíciles, logran que las cosas se hagan por medio de los demás, y consideran importante dar seguimiento.

***

Observamos este problema de manera particular cuando personas del equipo o consultores de gran capacidad intelectual quieren ascender a puestos de alto nivel. Frecuentemente provienen de las mejores escuelas de negocios, de despachos de consultoría o de trabajos internos en las áreas de finanzas, contabilidad y planificación estratégica. El problema es que nunca han sido puestos a prueba en lo que se refiere a movilizar a las personas para que ejecuten. No cuentan con la experiencia que desarrolla el instinto de negocios.

Por ejemplo, Joan era directora de finanzas de una división de alto crecimiento de una compañía de productos industriales. Ella deseaba dejar su puesto como parte del equipo, desde el cual no tendría oportunidad de convertirse en directora ejecutiva, y obtener una posición de línea de producción, que le haría candidata a la sucesión. Se convirtió en la líder de la línea de productos más grande de la división, con total responsabilidad sobre la participación de mercado, las utilidades y pérdidas, y aspectos que repercutían en el balance como los pasivos y el inventario. Al cabo de 12 meses quedó claro tanto para el director ejecutivo de la compañía como para el encargado de la división de que Joan carecía de las importantes habilidades de personal necesarias para revitalizar y reenfocar a las personas que le reportaban directamente, incluyendo el reemplazo de algunas personas en posiciones clave. Tampoco demostró tener valor para mantener los precios cuando los clientes exigían enormes descuentos en el contexto de una economía en recesión.

No estamos afirmando que las personas del equipo de trabajo no pueden transferirse a los empleos del área de producción. En GE, por ejemplo, Jack Welch reconoció pronto en su época como director ejecutivo que requería de fuentes adicionales de talento de liderazgo. GE reclutó a personas de las mejores escuelas de administración y de los despachos de consultoría más importantes para integrar sus unidades de planificación estratégica y consultoría de mercadotecnia. La regla consistía en que las personas que eran exitosas serían transferidas a empleos del área de producción por debajo del gerente de la unidad de negocios. En esos cargos fueron puestos a prueba y tuvieron la oportunidad de demostrar si tenían las habilidades necesarias para encabezar la unidad. Jeff Immelt, el actual director ejecutivo de GE, fue contratado por este medio. Otros líderes destacados que fueron transferidos de los despachos de consultoría o de los puestos en el equipo de trabajo incluyen a Louis Gerstner, presidente del consejo y hasta hace poco director ejecutivo de IBM; Jim McNerny, director ejecutivo de 3M; y Art Collins, director ejecutivo de Medtronics. Cada uno tuvo la oportunidad de demostrar sus habilidades gerenciales.

Transmiten energía a la gente

Larry: Algunos líderes agotan la energía de su personal y otros la crean. Supongamos que entrevistas a alguien que tiene un gran potencial; posee una educación de élite, buena experiencia laboral y ha logrado grandes éxitos. Sin embargo, es una persona dócil y reservada; alguien que simplemente se sienta allí. En ocasiones las personas como él no son buenas en las entrevistas, y él ha tenido un gran éxito, por lo que es posible que yo deba dedicar mucho más tiempo a analizar su récord antes de aprobarlo o rechazarlo. Sin embargo, me preocupa contratarle para un puesto de liderazgo importante. Es probable que contrate personas como él mismo, y tendrás que hacer sonar una campana para despertarlos. Yo quiero contratar personas que lleguen por la mañana con una sonrisa en el rostro, que sean activos, dispuestos a enfrentarse a las tareas cotidianas, o del mes, o del año. Esas personas crean energía, y transmiten energía a quienes trabajan con ellas; y además van a contratar a personas como ellas mismas.

***

No nos referimos a inspirar a las personas mediante la retórica. Demasiados líderes piensan que pueden crear energía al ofrecer charlas, o al describir una imagen alentadora de adónde puede llegar el negocio si todos hacen su mejor esfuerzo. Los líderes cuyas visiones se convierten en realidad crean y mantienen el *momentum* de su personal. Lo hacen "aterrizar" y lo enfocan en logros a corto plazo; las metas que hacen bombear la adrenalina y que son alcanzadas en el camino a la victoria a largo plazo.

Bob Nardelli, el actual presidente del consejo y director ejecutivo de Home Depot, es un ejemplo de una persona que transmite energía. En su trabajo anterior encabezó a GE Power Systems, que transformó de un negocio moribundo en una de las divisiones estelares de la compañía. Se hizo cargo de Power Systems en 1995, después de desempeñar su tarea de manera existosa en la división Transportation Systems (que Jack Welch había utilizado como un lugar para poner a prueba a ejecutivos que parecían tener potencial para llegar más alto). Anteriormente, Nardelli había dirigido uno de los negocios de venta al consumidor de GE. Power Systems tuvo la mitad del mercado mundial de equipos para la generación de energía, pero el negocio tuvo un gran tropiezo; las utilidades se redujeron abruptamente en relación con la inversión de capital, y no había mejoría a la vista. Nardelli tenía la visión de lograr el crecimiento al ampliar la gama de oferta, al incluir equipos de generación más pequeños, avanzar hacia nuevos segmentos de la industria y proporcionar no sólo los equipos sino también servicios a sus clientes. Al principio se enfrentó a la incredulidad y resistencia de una cultura burocrática en que los gerentes estaban convencidos de que no había manera de reiniciar el crecimiento sin tener que reducir los precios.

En parte Nardelli los venció y les transmitió energía con su estilo personal de liderazgo. Nardelli estaba profundamente involucrado con todos los aspectos de su negocio, era curioso e incansable; la personificación del compromiso. Nunca da por terminada una conversación sin hacer un resumen de las acciones que deben realizarse.

También logró que su visión fuera creíble al dividirla en éxitos más pequeños. Hizo que los gerentes escépticos se reunieran con los encargados de tomar las decisiones en las plantas de generación de energía eléctrica y con otros clientes para conocer de primera mano la manera en que podían ampliar la participación de Power Systems en el presupuesto de sus clientes. Los condujo a desarrollar nuevas propuestas de valor, cliente por cliente y cuenta por cuenta, y ellos pudieron apreciar posibilidades que no habían imaginado anteriormente. Los gerentes que solían tener miedo de las reuniones llegaron a esperarlas con ilusión, debido a que las reuniones en Power Systems se habían convertido en foros para la acción y el crecimiento personal.

Tienen una actitud decidida ante problemas difíciles

La actitud decidida es la capacidad para tomar decisiones difíciles de manera correcta y rápida, y ponerlas en práctica. Las organizaciones están llenas de personas que "le dan vuelta" a las decisiones sin tomarlas nunca. Algunos líderes simplemente no tienen la fortaleza emocional para enfrentar los problemas difíciles. Cuando no lo hacen, todos en el negocio saben que están posponiendo la solución y evitando la realidad.

Supongamos, por ejemplo, que alguien se presenta con el proyecto para construir una nueva planta, en un negocio que marcha bien en general. Sin embargo, la economía está entrando en recesión. Debes preguntarte si éste es el momento correcto para construir o si tiene más sentido adquirir los productos de proveedores externos. Escoger esta última opcion irritará a los buenos gerentes y disminuirá tu popularidad; tu personal preferiría tener su propia planta y en este caso tienen una buena justificación de largo plazo para ese propósito. Sin embargo, tú sabes que construir la planta en esa época sería un error, de manera que debes tomar una decisión difícil.

O supongamos que alguien que realmente te gusta, no está teniendo un buen desempeño. Pocos problemas son tan difíciles de enfrentar para los líderes indecisos como el de tratar con personas que ellos mismos han promovido y que no tienen un buen desempeño.

Ram: En enero de 2002, una compañía con la que yo trabajo estaba enfrentando problemas causados por la falta de decisión en dos niveles diferentes. Al momento de publicar este libro, el resultado todavía era incierto.

Ralph, un veterano de veinte años en la compañía, fue promovido en enero de 2001 al cargo de presidente de la división. En la mente de los miembros del consejo de administración y del director ejecutivo, este puesto sería el penúltimo paso de Ralph antes de convertirse en director ejecutivo en 2003. El desempeño de esa división era fundamental para las utilidades de la compañía y para la proporción entre el precio de las acciones y las ganancias, y estaba determinado en gran medida por la energía y el enfoque de su equipo de ventas. Pero las cosas no salieron bien. Algunas importantes zonas de venta quedaron sin cobertura debido a que John, el vicepresidente ejecutivo de ventas, llenó las plazas vacantes lentamente. John obtuvo el empleo porque fue el asistente ejecutivo del director ejecutivo durante dos años. Había sido identificado como una de las personas de alto potencial de la compañía y el director ejecutivo le había prometido un puesto clave en las operaciones.

Desde el principio, Ralph tuvo dudas sobre si John podría realizar el trabajo, debido a que sentía que John carecía de decisión y no transmitía energía. Cada vez que Ralph habló con el director ejecutivo sobre esas preocupaciones, se le pidió que fuera paciente y le diera tiempo a John para desarrollarse. Con la decisión sobre John en el limbo, el desempeño de la división comenzó a disminuir y a constituir una amenaza para los resultados de la compañía. Los competidores estaban ganando participación de mercado y la industria se estaba consolidando. Si la indecisión continuaba por más tiempo, la compañía se convertiría en candidato para una adquisición del exterior.

Lograr que las cosas se hagan por medio de otras personas

Lograr que las cosas se hagan por medio de otras personas es una habilidad fundamental de liderazgo. Si no puedes hacerlo, no estás liderando. Sin embargo, ¿cuantos líderes conoces que no pueden? Algunos "suavizan" a su personal y bloquean su creatividad e iniciativa. Son microadministradores, líderes inseguros que no pueden confiar en que los demás lograrán hacer las cosas correctamente porque no saben cómo calibrarlos y monitorear su desempeño. Esos líderes se ocupan de tomar por sí mismos las decisiones importantes sobre los detalles, por lo que no tienen tiempo para abordar temas de mayor trascendencia en que deberían enfocarse o para responder ante las sorpresas que inevitablemente se presentan. Otros abandonan a su personal. Creen de todo corazón en delegar en los demás: dejan que las personas crezcan por sí mismas, se hundan o naden, y se armen a sí mismas de poder. Esos líderes explican el desafío (en ocasiones en niveles tan altos de abstracción que equivalen a la superficialidad) y dejan que los demás se hagan cargo por completo de las tareas. No fijan metas y no dan seguimiento. Más tarde, cuando las cosas no se hacen como esperaban, se muestran frustrados. Ambos tipos de líderes reducen la capacidad de sus organizaciones.

Algunas personas son incapaces, por su temperamento, para trabajar bien con otras.

Larry: Creo que tengo un buen récord en lo que se refiere a contratar al personal, pero he cometido mis propios errores. Por ejemplo, contratamos a un hombre que llamaré Jim como vicepresidente, para desempeñar un papel de asesoría en el equipo. Todos estábamos muy impresionados con él. Era un hombre inteligente, capaz de comunicarse y muy atractivo por la forma en que trabajaba con sus superiores. Un año después lo pusimos a cargo de una importante unidad de negocios. Sin embargo, un año más tarde la unidad estaba en problemas. Jim no logró lanzar nuevos productos a tiempo, estaba perdiendo participación de mercado y la productividad se estaba desplomando.

Cuando evaluamos su desempeño, descubrimos que las personas que trabajaban con él no podían aguantarlo. Era muy abrasivo; "casi como un sargento", en palabras de un ejecutivo que trabajó con él. Jim no permitió que otros participaran en la toma de decisiones. Con el paso del tiempo surgió una división muy amplia entre él y su personal, hasta el punto en que ya no pudo liderarlos. Tuvimos que destituirlo y a su sucesor le tomó un año lograr que la unidad volviera a funcionar.

Los líderes que no pueden trabajar con los demás a menudo terminan trabajando muchísimas horas diarias y exigiendo que todos los demás también lo hagan. Son como Charlie, a quien mencioné en el capítulo 3. Yo siempre le pregunto a personas así: "¿Qué has logrado hacer; has involucrado a los demás en el juego?" En las revisiones de desempeño, a menudo tengo que decirle a personas muy inteligentes que trabajan 80 horas a la semana que necesitan cambiar sus hábitos de trabajo y que una semana de 80 horas es en realidad una debilidad importante. La gente como ésa, generalmente obliga a que quienes les reportan directamente estén en la oficina o en la planta con ellos durante los sábados, domingos y días festivos. Abruman y agotan la energía de todos los que les rodean. Yo les digo: "Tienes que pasar menos horas en la oficina, pero tu desempeño no debe disminuir; debe ser tan bueno como ahora. Aprende a lograr que las cosas se hagan con ayuda de los demás. Porque si no puedes lograr que las cosas se hagan por medio de los demás, en última instancia vas a hundirte o quemarte." Si promueven a otras personas con base en que trabajan más horas —lo que harán, porque eso es lo que les impresiona—, su personal tendrá el mismo problema.

La gente que no puede trabajar con los demás reduce la capacidad de la organización. No obtienen todo el beneficio posible del talento de su personal y desperdician el tiempo de todos los demás, incluyendo el suyo.

Dan seguimiento

El seguimiento es la piedra angular de la ejecución y todo líder que es bueno en lo que se refiere a la ejecución da seguimiento de manera religiosa. El seguimiento asegura que las personas hagan las cosas a las que se comprometieron, de acuerdo con el cronograma acordado. Pone en evidencia cualquier falta de disciplina y de conexión entre las ideas y las acciones, y obliga a lograr la especificidad que es esencial para sincronizar las partes en movimiento de una organización.

Si las personas no pueden ejecutar el plan porque han cambiado las circunstancias, el seguimiento asegura que enfrentarán las nuevas condiciones de manera conveniente y creativa. Los más altos líderes de GE, por ejemplo, dan seguimiento a cada una de sus "sesiones C" después de 90 días —antes de que comience la "Sesión S"— con una teleconferencia de 45 minutos en que participan las personas involucradas con proyectos que tardan mucho tiempo en ser completados.

Los líderes pueden dar seguimiento "uno a uno" (por ejemplo, las sesiones "después de la enseñanza" de Dick Brown, a que nos referimos en el capítulo 3) o en ambiente de grupo, como método de retroalimentación. En el grupo, todos aprenden algo. La variedad de puntos de vista expresados permiten que las personas perciban los criterios para las decisiones, los juicios que son puestos en práctica y los intercambios realizados. Esta experiencia permite que las personas calibren sus juicios y los integra al equipo.

Nunca des por concluida una reunión sin aclarar cuál será el seguimiento, quién lo realizará, cuándo y cómo lo harán, qué recursos utilizarán, y cómo y cuándo tendrá lugar la próxima revisión, así como quiénes participarán. Y nunca lances una iniciativa a menos que asumas el compromiso personal con ella y estés preparado para darle seguimiento hasta que esté implantada en el ADN de una organización.

Larry: Una vez que adopto una iniciativa, me aseguro de que es puesta en práctica. Si dejo que no sea implementada después de seis meses, desperdiciando dinero y el tiempo de las personas, eso va a reducir mi efectividad para adoptar iniciativas en el futuro. Las personas pensarán: "le daremos a esto tres meses y el viejo Larry se habrá olvidado y estará haciendo algo diferente", y su lenguaje corporal demostrará que son escépticos. De manera que hago énfasis en mi compromiso personal y en que vamos a llevar la iniciativa a la práctica. Es posible que lo hagamos con o sin el apoyo de todos los demás, pero vamos a hacerlo. Entonces la gente entiende el mensaje rápidamente de que no se trata de un experimento.

Cómo obtener a las personas correctas para los trabajos adecuados

Las entrevistas tradicionales no son útiles para distinguir las cualidades de los líderes que ejecutan. Con demasiada frecuencia se enfocan en la cronología del desarrollo de la carrera de un individuo y en describir las funciones específicas que realizará. Los entrevistadores no suelen investigar el pasado de la persona para averiguar qué desempeño tuvo en los trabajos previos. Por ejemplo: ¿cómo fijó sus prioridades? ¿Incluyó a otras personas en la toma de decisiones? ¿Puede dársele el crédito por esos buenos resultados financieros o simplemente ascendió de una posición a otra en su carrera antes de que tuviera lugar el desastre? Existen muchos ejemplos de personas que han labrado un récord admirable en función de los números, a expensas de otras personas, y que han dejado detrás una organización debilitada. Saltan del barco en el momento oportuno y sus sucesores tienen que arreglar el caos que han dejado. Incluso cuando los entrevistadores cotejan las referencias, a menudo no logran llegar al núcleo del asunto.

Cuando realizas una entrevista, debes crear una imagen completa de la persona en tu mente, basada en las cosas que puedes aprender al comprobarlas. A continuación necesitas averiguar sus logros pasados y presentes, cómo piensan y qué impulsa sus ambiciones.

Larry: El desarrollo de los líderes comienza con la entrevista y la evaluación de los candidatos. No me refiero a supervisar al departamento de recursos humanos y a entrevistar a los finalistas; estoy hablando de una contratación en la que participas directamente. La mayoría de los procesos de entrevista tienen grandes fallas. Algunas personas son muy buenas en la entrevista y otras no. Una persona que no es buena durante la entrevista puede ser, a pesar de ello, la mejor opción para el trabajo. Es por eso que es importante ponerlas a prueba de manera más profunda, saber qué escuchar y obtener información complementaria. El proceso de obtener esa información toma tiempo y esfuerzo, pero siempre vale la pena realizarlo.

Las primeras cosas que busco son la energía y el entusiasmo por la ejecución. ¿Le emociona al candidato hacer las cosas, en contraposición a hablar sobre ellas? ¿Ha aportado esa energía a todo lo que ha hecho, empezando por la escuela? No me interesa si asistió a la Universidad de Princeton o a la Estatal de Podunk; ¿qué tan bueno fue su desempeño? ¿Está su vida colmada de logros?

¿De qué quiere hablar esta persona? ¿Habla de la emoción de lograr que las cosas se hagan o vuelve constantemente hacia temas de estrategia y filosofía? ¿Explica en detalle los obstáculos que tendrá que superar? ¿Explica las funciones de las personas que le serán asignadas? ¿Parece tener la capacidad para persuadir y reclutar a otras personas en una misión?

Cuando estoy evaluando a un candidato que proviene del exterior de la compañía, quiero verificar su pasado. Es fundamental hablar directamente con las personas que menciona como referencias. Cuando llegué a AlliedSignal, revisé personalmente las referencias de docenas de candidatos. Recuerdo que otros directores ejecutivos me preguntaron: "¿por qué está llamando *usted?*" Les respondí que se trataba un tema de interés personal para mí. Si voy a contratar a alguien, no sólo quiero que el personal de recursos humanos haga la revisión; quiero revisar personalmente. Y no hablo sólo con una referencia y dejo la tarea después en manos de recursos humanos; trato de hablar con dos o tres, incluso si eso demanda mucho tiempo. No es posible pasar demasiado tiempo para obtener y desarrollar a las mejores personas.

Muchos directores ejecutivos me han dicho que mis llamadas en busca de referencias eran diferentes a la mayoría porque me enfocaba mucho en la energía del candidato, su capacidad de implementación y sus logros. Yo pregunto: "¿Cómo fija sus prioridades? ¿Por qué cualidades se le conoce? ¿Incluye a otras personas en la toma de decisiones? ¿Cuál es su ética de trabajo y su nivel de energía?" Ese tipo de preguntas están dirigidas al verdadero potencial de la persona.

Cuando hago las llamadas personalmente, sé que tengo más probabilidades de obtener una respuesta sincera. Si conozco a la persona señalada como referencia, tengo la confianza de que no habrá un filtro en la información. Si no puedo obtener una referencia de una persona que conozco, no deseo contratar al candidato. Sin embargo, si buscas un poco, siempre puedes encontrar a alguien en el proceso de evaluación con conexiones al candidato.

Aprendí esa lección como producto de un doloroso error que cometí poco después de integrarme a AlliedSignal.

Tuve que despedir a un alto ejecutivo de mercadotecnia poco tiempo después de que lo contraté. Se trataba de un hablador que pasaba el tiempo pontificando pero que no lograba hacer nada. Como parte de mi seguimiento después del despido, volví a checar las referencias. Uno de ellos —alguien a quien yo no conocía personalmente— me dijo: "Bueno, él siempre ha tenido ese problema." Esa referencia no me había hablado antes de los problemas del empleado porque pensó que podía temer una responsabilidad por daños y perjucios.

Lo más importante es que debes ser persistente al revisar las referencias y llegar hasta lo más profundo del tema.

La verdad al desnudo

En la mayoría de las compañías, la evaluación de los candidatos internos tiene los mismos problemas generales que la evaluación de los candidatos externos. El proceso es generalmente muy estructurado; en algunos casos es burocrático y mecánico. Un ejecutivo que se prepara para evaluar a un candiato recibe las guías en carpetas preparadas por su equipo, que fijan los criterios de liderazgo.

Al revisar el récord de una persona, debes llegar a los factores esenciales de lo que le hace ser efectiva en su trabajo. ¿Cuál fue su récord de logros y qué tan difíciles fueron de obtener? ¿Cuán efectiva ha sido al apoyar los esfuerzos de los demás y estimularlos a lograr que las cosas se hagan?

Una de las muchas cosas que las evaluaciones mecánicas omiten es *cómo* se han desempeñado los candidatos al cumplir sus compromisos; si lo han hecho en formas que han fortalecido la capacidad de las personas y de la organización en su conjunto, o en formas que la han debilitado. *Cómo* cumplen los líderes con sus compromisos es al menos tan importante con *si los cumplen del todo* y a menudo es más importante. Cumplir los compromisos de la manera equivocada puede ocasionar un daño enorme a una organización.

En una evaluación mecánica, es sencillo determinar si un candidato ha cumplido sus compromisos: por un lado están los objetivos que se le pidió que cumpliera y por el otro los números que demuestra si cumplió o no. ¿Pero qué otras circunstancias afectaron su capacidad para cumplir? ¿Hizo un trabajo soberbio de cara a la adversidad o arriesgó el futuro de su negocio con el fin de tener éxito en el corto plazo? Al cumplir sus compromisos, ¿fortaleció a su organización, asignando a las personas tareas que desarrollaron su potencial de liderazgo y dándoles margen para su crecimiento personal? ¿Dejó detrás a un equipo consumido y disfuncional? No encontrarás las respuestas a preguntas como éstas en una lista de revisión.

Cumplir con los compromisos de la manera equivocada puede tener en ocasiones consecuencias profundas. Lucent y otros proveedores de telecomunicaciones se metieron en problemas cuando los ejecutivos trataron de alcanzar ambiciosos objetivos en el crecimiento de las ganancias, dieron demasiado crédito a un grupo de consumidores y aceptaron tomar en devolución los productos si los clientes no lograban venderlos.

He aquí una situación más frecuente. Digamos que Dave y Mike alcanzaron sus objetivos el año anterior pero Sue no lo hizo. Una evaluación mecánica —algunos dirían que objetiva— indicaría que Dave y Mike deben recibir un bono y que Sue no debe recibir el suyo. Pero si analizas con más cuidado las circunstancias, obtendrás un resultado diferente.

Dave logró su éxito en un mercado más fuerte de lo esperado. Si hubiera realizado bien su trabajo, hubiera superado las proyecciones en 20 por ciento. Sin embargo, en la unidad de Sue, las utilidades se desplomaron debido a una escasez de materia prima que incrementó los costos de manera inesperada en 20 por ciento. Los resultados hubieran sido mucho peores si Sue no hubiera acelerado la puesta en práctica de algunas mejorías en productividad que habían sido planificadas. Sus competidores en la industria no pudieron obtener sus resultados por un margen más amplio.

En cuanto a Mike, logró aportar las ganancias que prometió, a pesar de que su negocio fue afectado tanto como el de Sue. Sin embargo, lo hizo al detener el desarrollo de dos nuevos productos y al enviar una gran cantidad de productos por los canales de distribución; situación que dañará al negocio al provocar un exceso de inventario en el siguiente trimestre. En otras palabras, "tomó prestado del futuro" para lograr sus objetivos en el presente.

Si alguno de ellos debiera obtener un bono, en realidad se trata de Sue. Sin embargo, una y otra vez las personas son evaluadas con base en los números o en lo que se piensa que son criterios objetivos, y calificadas en consecuencia. Cuando las personas equivocadas obtienen la recompensa, toda la organización pierde. Los problemas no son resueltos, las personas de mal desempeño avanzan y las personas de buen desempeño comienzan a buscar empleos en otros lugares donde se reconozca su contribución.

En una buena evaluación, el líder analiza cuidadosamente la manera en que las personas bajo revisión cumplieron con sus compromisos. ¿Quiénes lograron hacerlo de manera consistente? ¿Quiénes se comportaron de manera emprendedora e ingeniosa, y fueron creativos de cara a la adversidad? ¿Quién obtuvo ganancias fáciles y no intentó obtener mejores resultados? ¿Y quién cumplió con sus compromisos a expensas de la moral de la organización y del desempeño de largo plazo?

En ninguna otra parte es tan importante el diálogo sincero que en el proceso del personal. Si las personas no pueden hablar abiertamente al evaluar a los demás, entonces la evaluación carece de valor; para la organización y para la persona que necesita la retroalimentación.

Sin embargo, la mayoría de las personas que vemos *nunca* han recibido una evaluación honesta. Se requiere coraje y fortaleza emocional de parte de quienes realizan la evaluación, para ser honestos. Con mayor frecuencia un gerente piensa: "*Si me siento y le digo a esta persona que tiene un problema de conducta, eso conducirá a una confrontación y no quiero tenerla con ella*". Sin la guía, la paciencia, el apoyo, muchos gerentes no tienen confianza suficiente en sus propios juicios objetivos para asumir una posición crítica.

Don Redlinger fue director de recursos humanos de AlliedSignal hasta la fusión con Honeywell y luego volvió al mismo puesto en Honeywell en 2001. En la etapa de AlliedSignal anterior a la llegada de Bossidy, Redlinger recuerda: "Las evaluaciones de desempeño eran generalmente experiencias placenteras. Yo me sentaba con alguien que había trabajado para mí y decía 'Mira, Harry, tú eres fantástico en estas seis cosas', y luego, de manera evasiva, le diría 'sólo presta atención a la manera en que te comunicas con la gente' y '¿no sería bueno si pudieras mejorar esa maravillosa habilidad?' Todo era positivo y expresado en términos vagos; mucho dulce y nada amargo.

"Lo que la persona que realizaba la evaluación *debió* pensar es: *Yo puedo hacer que esta persona sea mucho mejor si le digo que tiene un problema y ella lo arregla.* Si te sientas con tu jefe y tu jefe no te ha dicho algo acerca de tus debilidades, ¡Regresa! Porque de otra manera no vas a aprender nada."

Larry: Les digo a mis líderes que deben realizar la evaluación en un lenguaje común y cotidiano, en sus propias palabras; no deben utilizar jerga profesional de recursos humanos. Pueden intercambiar ideas con las personas de recursos humanos; yo mismo lo hago. Yo digo, por ejemplo: "He aquí mi evaluación sobre esta persona. ¿Tienes un punto de vista diferente?" Tomaré en cuenta cualquier buena idea que tengan y las integraré a mi evaluación. Sin embargo, se trata básicamente de mi responsabilidad. El receptor necesita sentir que soy yo y nadie más quien decide y que tengo interés.

Una evaluación sincera y buena se refiere a cosas que el candidato hace bien y cosas que él o ella debe mejorar. Así de sencillo. No utiliza palabras que carecen de significado. Es muy directa y específica. Va al meollo del asunto. Es útil.

Por ejemplo, si estás realizando una evaluación, es posible que le digas a la persona: "Tú eres ambicioso, eres entusiasta y trabajas bien con los demás. Tienes capacidad conceptual y analítica, y sabes trabajar en equipo. Ahora bien... ¿qué puedes hacer mejor? En primer lugar, no eres lo suficientemente agresivo. Te falta decisión. Tus estándares no son lo suficientemente altos. No desarrollas a tu organización de la manera en que te solicitamos que lo hicieras; no promoviste a suficientes personas el año pasado." A continuación ilustras esos aspectos con observaciones específicas que hayas realizado.

Las evaluaciones también deben ser hechas en el contexto del trabajo de la persona. En Honeywell, por ejemplo, nuestros líderes tienen que vincular constantemente a las personas, las operaciones y la estrategia, por lo que observan el desempeño de una persona en cada una de esas áreas. Si un hombre que trabaja en operaciones es débil en estrategia, por ejemplo, eso queda anotado como una de las áreas en que debe trabajar en el futuro.

El líder que realiza la evaluación también debe indicar la manera en que puede corregir las fallas de la persona, si no basta con hablar con ella: "Vamos a asignar a un director para esta persona", o "necesita que se le asigne para trabajar en esta carencia". El líder se compromete personalmente a proporcionar ayuda.

Entonces el líder se sienta con la persona y discute la evaluación. Si yo estoy realizando la evaluación, al final le diré: "Ahora voy a permitir que digas la última frase. Ya has escuchado lo que pienso. ¿Qué deseas agregar a lo anterior?" Él responderá y yo le diré: "Muy bien, hemos acordado que éstos son los temas en que debes trabajar. Ahora, algunos de esos problemas pueden estar en tu ADN, y es posible que no puedas ser capaz necesariamente de cambiarlos. Pero puedes modificarlos y mejorarlos." Finalmente, la persona evaluada firma el documento, lo que significa que dice en efecto: "Muy bien, has dicho algunas cosas gratas sobre mí. Te lo agradezco. Acepto el hecho de que tengo estas necesidades de aprendizaje y de que participaré en ver la manera de superarlas en los días por venir."

Evaluaciones como ésas se desarrollan constantemente, con miles de personas, a todo lo largo de la organización Honeywell. Cuando visito uno de los negocios, veo las evaluaciones de los líderes más altos del lugar y de las personas que les reportan directamente; quizá 50 o 75 de ellos. Reviso a todas las personas de alto potencial que fueron enviadas previamente a ese sitio debido a su progreso y desarrollo. Identifico a aquellos que tienen mal desempeño y decido qué debe hacerse con ellos. Doy seguimiento con un memorándum de cinco o seis páginas dirigidos individualmente a cada uno de ellos. Luego regreso seis meses después y reviso que las acciones hayan sido implementadas.

Si esta estrategia se implementa hacia abajo en otros niveles de tu organización, como debe hacerse, cambiará a todo el personal que trabaja en ella.

***

Las personas que no están acostumbradas a realizar evaluaciones sinceras tendrán inicialmente problemas con el proceso. "Se resistirán", afirma Redlinger. "¿Cómo logras que lo comprendan? Cuando comenzamos, fue problemático y difícil. En ocasiones tienes que tomar una posición extrema para obtener la atención de la gente. Algunos dirán 'el viejo Harry ha hecho cosas maravillosas' y la reacción puede ser: 'Estas loco. Es un inútil. Nunca ha presentado resultados. Es un charlatán.' Nos metemos en una discusión sobre esa persona, pero al final todos saben más sobre la persona que ha sido evaluada.

"Las evaluaciones sinceras les enseñan a los gerentes generales a enfocarse en la calidad del talento de las personas como una ventaja competitiva fundamental. Conforme hacen crecer a su organización con el paso del tiempo, advertirán que el negocio funciona mucho mejor y compiten de manera más efectiva cuando cuentan con personas muy talentosas. Y el carácter de las conversaciones cambió. En vez de debatir sobre la calidad y desempeño de los individuos, se enfocan más en la manera en que pueden ayudar a superar esta carencia en conocimiento o experiencia o capacidad, o adónde debe ser transferida una persona."

No hay nada sofisticado en el proceso de generar a las personas correctas para los trabajos adecuados. Se trata de ser sistemático y consistente en las entrevistas, en la evaluación de las personas y en su desarrollo por medio de la retroalimentación útil.

Los tres elementos que hemos descrito en la segunda parte son la base para los tres procesos básicos de la ejecución. Si tienes líderes que tengan la conducta correcta, una cultura que recompense la ejecución y un sistema consistente para lograr que las personas correctas realicen los trabajos adecuados, has puesto los cimientos para operar y manejar de manera efectiva cada uno de los procesos básicos.

Tercera parte

Los tres procesos básicos de la ejecución

Capítulo 6
El proceso del personal: creando el vínculo entre la estrategia y las operaciones

El proceso del personal es más importante que los procesos de la estrategia o de las operaciones. Después de todo, es el personal de una organización quien juzga cuándo están cambiando los mercados, quien crea las estrategias basadas en esos juicios y quien convierte las estrategias en realidades operacionales. Para decirlo de manera sencilla y clara: si no implementas correctamente el proceso de personal, nunca aprovecharás el potencial de tu negocio.

Un proceso de personal vigoroso logra tres cosas. Evalúa a los individuos de manera precisa y a profundidad. Proporciona un marco de referencia para identificar y desarrollar el talento de liderazgo —en todos los niveles y de todos los tipos— que la organización requerirá para ejecutar sus estrategias más adelante e integra los niveles sucesivos de liderazgo que constituyen la base para un plan de sucesión adecuado.

Muy pocas compañías logran todos esos objetivos. Una de las grandes carencias del proceso tradicional de personal es que está orientado al pasado y se enfoca en evaluar los trabajos que las personas realizan actualmente. Es más importante determinar si los individuos pueden desempeñar los trabajos *del mañana.* Hemos visto a muchas personas que encabezan bien unidades de negocios, en ocasiones de manera soberbia, pero que no tienen la capacidad para llevar al negocio al siguiente nivel. Con mucha frecuencia las compañías esperan hasta que los resultados financieros sean presentados antes de realizar las correcciones en los principales puestos de liderazgo. Para entonces el daño está hecho. Los resultados son indicadores que marchan detrás de la realidad; registran el pasado y requieren de un cierto retraso para producirse.

Ram: Esas fallas en los procesos de personal tienen un costo para los negocios de miles de millones de dólares. He aquí un ejemplo inusualmente claro. Hace algunos años, el director ejecutivo de una compañía de productos químicos de US$4 mil millones invirtió US$250 millones en la construcción de una planta en Indonesia. Esa planta era parte de su estrategia de redirigir los recursos del mercado estadounidense de lento crecimiento hacia los países en desarrollo, lo cual tenía sentido. Puso el proyecto en manos de su gerente de planta brasileño, quien había hecho un excelente trabajo allá. A principios de 2001 el director ejecutivo me llamó y dijo: "¿Irías a Indonesia? Tengo esta inversión como una cruz a cuestas. Échale un vistazo." Viajé a Yakarta, donde descubrí que la situación era desesperada. La entrada en operaciones de la planta no cumplía con el cronograma debido a retrasos en la construcción. El gerente no pudo manejar a los contratistas, obtener los permisos, tratar con los sindicatos o reclutar a la gente que necesitaba. Cuando la planta finalmente estaba en marcha, no fue capaz de vender lo que producía.

Este gerente no tenía los tamaños necesarios para dirigir un negocio total. Eso había ocurrido en su país natal, Brasil, y más aún en Indonesia, país del que sabía poco, especialmente la manera de hacer negocios allí. Es cierto que había dirigido muy bien la planta brasileña, pero él era un profesional técnico y no un gerente general. No comprendía los detalles de las relaciones con los clientes, los mercados, la fijación de precios y las relaciones que debes desarrollar y mantener con las diversas autoridades gubernamentales en un país como Indonesia. No tenía la capacidad para moverse en los círculos políticos; un prerequisito para hacer negocios allá. No era capaz de ver una imagen general y no tenía la idea completa de cómo hacer dinero en el negocio, lo cual es el núcleo de la habilidad conocida como perspicacia de negocios. Era ingenuo como empresario y no sabía cómo seleccionar a las personas correctas en el lugar. Y no existía un contacto real entre él y las oficinas centrales; donde nadie sabía nada sobre Indonesia. Ninguno de los veinte ejecutivos más altos había estado allá, ni siquiera de vacaciones. Obtuvieron el consejo sobre la locación de un despacho de consultoría de EE.UU., que no hizo nada para prepararlos respecto a las realidades de hacer negocios allá.

¿Cómo pudo la compañía gastar US$250 millones en Indonesia sin antes asegurarse que su personal sabía cómo dirigir un negocio allá? El director ejecutivo había seleccionado a ese gerente con base en la creencia de que necesitaba alguien con grandes aptitudes técnicas y que alguien de un país en desarrollo sería capaz de manejar la planta en otro país en desarrollo. No poseía un proceso de personal que le proporcionara información sobre las cualidades de liderazgo o la perspicacia de negocios del hombre.

Esta clase de decisiones —colocar a las personas equivocadas para que ejecuten una parte clave de la estrategia de negocios— son comunes. Ya sea que estén expandiéndose al extranjero o lanzando un nuevo plan para el mercado doméstico, muchos líderes no formulan las preguntas más básicas: ¿Quiénes son las personas que van a ejecutar la estrategia, son capaces de hacerlo? La estrategia era correcta en sí misma, pero la compañía no tenía esperanzas de ejecutarla. Cuando regresé a Estados Unidos, le dije al director ejecutivo que debía deshacerse de esa inversión. Eventualmente cerró las operaciones en Indonesia y reubicó la planta en otro país.

Comparemos lo anterior con la selección de personal de otra compañía estadounidense con negocios en el extranjero. La compañía era la tercera más grande en su campo y había rendido buenos resultados a sus accionistas; durante la década anterior sus acciones bursátiles habían superado 25 por ciento las ganancias de las compañías incluidas en el índice S&P 500. No es una co-incidencia que también acopie información sobre talento en una base de datos global.

En 1997 la compañía enfrentó un problema crítico de selección de personal. Su desempeño en Europa había sido decepcionante. Cada país era un cacicazgo en sí mismo y la estrategia europea de la compañía era la suma fallida de cada estrategia de país. La persona que entonces era director general para Europa estaba a punto de retirarse luego de fracasar en el intento de aprovechar las sinergias entre los cacicazgos.

Las operaciones en Europa claramente necesitaban de un líder que pudiera unir los negocios bajo una estrategia paneuropea y que fuera capaz de ejecutarla de manera enérgica. La persona que tuviera éxito en ello sería un candidato de primera línea para dirigir a toda la compañía. De manera que los criterios para seleccionar a la persona correcta fueron rigurosos: él o ella necesitaría tener amplitud y profundidad de conocimientos, así como la capacidad para percibir cambios externos y vincularlos con las actividades de negocios, para construir un nuevo equipo de administradores rápidamente y para concebir y ejecutar una estrategia vigorosa.

Tradicionalmente, las personas entre las que se seleccionaba a quien ocuparía el puesto provenían de EE.UU. o —en menor grado— de Europa. No había una entre ellas que satisfaciera los criterios. Pero conforme las discusiones se desarrollaron, la base de datos global ofreció una posibilidad inesperada. El líder procedente de un país en desarrollo —nacido y educado allí— había llegado a encabezar las operaciones de su país y había tenido más éxito en los tres años anteriores de lo que nadie había anticipado. En muchas otras compañías, si no es que en la mayoría, esa persona no hubiera sido considerada; habrían buscado a un candidato externo. Pero después de una consideración completa, fue designado para ocupar el puesto en Europa. También tuvo éxito allí y a principios de 2002 era un fuerte candidato para convertirse en el director ejecutivo de la compañía.

***

La identificación de la correspondencia entre la persona correcta y el trabajo adecuado no siempre es tan clara como en el caso descrito. En ocasiones implica substituir a una persona con excelente desempeño por una persona mejor preparada para conducir al negocio al siguiente nivel.

Ram: Por ejemplo, el gerente de una división importante de una gran compañía condujo al negocio del tercer al primer lugar en su industria a nivel mundial entre fines de los años ochenta y fines de los años noventa. Le dio una dimensión global, agregó la oferta de servicios a la de productos e incrementó mucho su productividad. Pocas personas en la compañía habían sido mejores antes en lo que se refiere a la ejecución.

Sin embargo, en una sesión de estrategia, los líderes de más alta jerarquía de la compañía llegaron a la conclusión de que el futuro crecimiento de los ingresos dependería de una redefinición creativa y más amplia de las necesidades del mercado y del desarrollo más acelerado de productos que utilizaran nuevas tecnologías para controlar la fijación de precios. Al vincular los requisitos estratégicos con los diálogos del proceso de personal, el director ejecutivo llegó a la conclusión de que a pesar de los logros sin igual del gerente, la división no podría alcanzar el siguiente nivel si no se designaba a un nuevo líder y un nuevo equipo de administración.

La decisión constituyó un duro golpe para el gerente. Sin embargo, la compañía realizó la transición a lo largo de varios meses y le dio tiempo y apoyo para buscar un nuevo empleo. Obtuvo un trabajo muy bueno, uno que correspondía a su capacidad, en otra compañía, antes de renunciar. Y tres años después, visto en retrospectiva, el juicio del director ejecutivo fue correcto. El nuevo equipo ha logrado un crecimiento anual de 15 por ciento en los ingresos y 18 por ciento en las utilidades.

En ocasiones el problema es claro pero debió haber sido evitado mediante una acción más oportuna. Como destacamos anteriormente, un líder que logra buenos resultados en cifras a expensas de la organización puede ocasionar mucho daño. Sabemos de ejecutivos que han sido removidos de sus cargos porque su conducta negativa ha impedido que sus equipos trabajen juntos de manera efectiva y ha consumido la energía de toda la organización. No es difícil identificar a la persona que es inadecuada para el trabajo debido a su conducta. Pero en primer lugar es mejor asegurarse de que dicha persona no alcance un trabajo clave. La retroalimentación temprana sobre la conducta puede tener un importante impacto en tu competitividad.

En muchas organizaciones, para crear la disciplina de ejecución, es necesario realizar cambios de conducta incluso en los niveles más altos. Hace pocos años yo estaba trabajando en una gran compañía ferroviaria donde la conducta del vicepresidente ejecutivo había tenido un increíble impacto negativo en la corporación. Desde el punto de vista social, el hombre —a quien llamaremos Jones— era encantador. Sin embargo, en la oficina era un terror, un autócrata rígido que insultaba a las personas por el sistema de intercomunicación que estaba conectado a varias oficinas en diferentes sitios localizados en diversos estados. Todos sabían que él había violado un valor recientemente reafirmado en la compañía: el respeto por el individuo. Dado que controlaba 80 por ciento del presupuesto y de los empleados, su poder era enorme y tenía la capacidad de crear o destruir carreras.

No era sólo a sus subordinados y compañeros con quienes Jones era grosero. Era grosero también con sus colegas y con el director ejecutivo. El director ejecutivo había abandonado la compañía en otra época de su carrera y había regresado antes de ser designado para el puesto más alto. Jones pensaba que él debía haber obtenido el puesto y por lo tanto tenía poco respeto por el director ejecutivo.

Por su parte, el director ejecutivo era una persona brillante, decente, de buenos modales, que trató gentilmente de cambiar la conducta de Jones pero que no tuvo éxito. Básicamente toleró a Jones debido a sus contribuciones en el pasado.

Un día asistí a la reunión del comité ejecutivo del ferrocarril. El director ejecutivo, en su estilo amable y educado, estaba explicando que el comité ejecutivo debía alcanzar ciertos objetivos de desempeño que requerían una importante reestructuración de costos, principalmente en el área de responsabilidad de Jones. Este último respondió —para mi sorpresa— con un lenguaje vulgar y una actitud condescendiente y le dijo al director ejecutivo en términos claros que eso definitivamente no podría hacerse. Jones no tenía miedo de ser despedido debido a la decencia y suavidad del director ejecutivo y porque pensó que el consejo de administración no apoyaría al director ejecutivo si éste intentaba algo en su contra. Además, Jones pensaba que la compañía quedaría paralizada si se le obligaba a renunciar. Sin embargo, el director ejecutivo reunió ánimos y manejó el problema al solicitar una reunión del consejo y un mes después Jones fue despedido. Un suspiro profundo de alivio tuvo lugar en la compañía. La persona que reportaba directamente a Jones tomó su lugar y como resultado del cambio de conducta y de la reestructuración de costos, el precio de las acciones de la compañía se duplicó en los siguientes cuatro años.

Los ejecutivos como Jones consumen la energía de una organización e impiden que las personas se desarrollen. Los líderes que no se deshacen de ellos no están cumpliendo con su trabajo.

***

Un proceso de personal vigoroso proporciona un marco de referencia poderoso que permite determinar las necesidades de talento de la organización con el paso del tiempo y las acciones de planificación que permitirán satisfacer esas necesidades. Dicho proceso se basa en los siguientes elementos que lo integran:

- Vinculación con el plan estratégico y sus metas de corto, mediano y largo plazo, y con el objetivo general del plan operativo, incluyendo los objetivos financieros específicos.

- El desarrollo de los distintos niveles de liderazgo por medio del mejoramiento constante, la cadena de sucesión y la reducción del riesgo de retención.

- La decisión sobre qué hacer con las personas de bajo desempeño.

- La transformación de la misión y las operaciones de recursos humanos.

Primer elemento: Vincular a las personas con la estrategia y las operaciones

El primer elemento que compone el proceso del personal es su vinculación con las metas estratégicas en el corto plazo (0 a 2 años), mediano plazo (2 a 5 años) y largo plazo, así como con los objetivos del plan operativo. Los líderes de negocio crean esta vinculación para asegurarse de que tendrán la clase y número de personas correctas para ejecutar la estrategia.

Consideremos a la compañía XYZ, que produce componentes para la fabricación de aeroplanos. Su nueva estrategia busca proporcionar no sólo productos sino soluciones, incluyendo servicios postventa que ayudarán a conservar a los clientes y crear ingresos anuales. También busca ganar clientes fuera del sector de las líneas aéreas. El diálogo en el proceso de personal se centra en cambiar la mezcla de habilidades que serán necesarias en el nuevo ambiente de ventas-soluciones. La compañía tiene muchas personas que son muy buenas en lo que hacen. Sin embargo, para ejecutar la nueva estrategia, necesita reevaluar a su equipo de líderes y adquirir nuevos vendedores talentosos. ¿A quién corresponden las habilidades que se volverán obsoletas? ¿Cuánto tiempo será necesario para capacitar a los ingenieros para su nueva misión en el diseño de soluciones y quién será responsable?

La determinación de que algunas de las personas de alto desempeño de una organización no podrán manejar los desafíos de un nuevo futuro estratégico es un proceso social difícil; ¿quién quiere decirle a buenos empleados que no son capaces de avanzar al siguiente nivel? Sin embargo, es algo que debe hacerse y la clase de proceso de personal que estamos describiendo obliga a que los líderes pongan esas cuestiones sobre la mesa.

La vinculación entre personal, estrategia y operaciones también permite determinar los desafíos organizacionales para el año siguiente. XYZ necesita mejorar la administración de la cadena de oferta, una capacidad fundamental cuando se venden servicios a una base de clientes existente. Además de nuevo talento, eso requerirá elevar el servicio postventas al nivel de un nuevo centro de ganancias y pérdidas que reporte directamente al presidente, de manera que tenga el enfoque y la rendición de cuentas que requiere.

Estrategia

Convertir a la compañía en el más importante proveedor a nivel global de sistemas XYZ para varias clases de clientes.

Metas estratégicas

Corto plazo (0 a 2 años)	Mediano plazo (2 a 5 años)	Largo plazo (5 y más años)
• Ampliar la línea de productos existente hacia la venta de souciones	• Ampliar aún más la penetración en segmentos de clientes existentes	• Convertirnos en pioneros en grandes avances tecnológicos
• Lanzar nuevas iniciativas para expandir los servicios a la base de clientes existente	• Desarrollar formas intermedias de venta de soluciones a nuevos segmentos de clientes	• Crear más alianzas útiles
• Asegurar la obtención de nuevos conocimientos en tecnología	• Evaluar y comprometer a socios en alianzas	• Desarrollar nuevas ideas de bajo costo

Segundo elemento: Desarrollar los distintos niveles de liderazgo por medio del mejoramiento constante, la cadena de sucesión y la reducción de retención

El cumplimiento de las metas de mediano y largo plazo depende en gran medida de contar con líderes promisorios y susceptibles de ser promovidos en distintos niveles. Necesitas evaluarlos hoy mismo y decidir qué necesita cada líder para prepararse para asumir responsabilidades más amplias. El diálogo resultante de esa evaluación revelará qué tan adecuados son los líderes en distintos niveles, en términos de calidad y cantidad. Nada es más importante para la ventaja competitiva de una organización.

El resumen de la evaluación del liderazgo Una herramienta útil para desarrollar una imagen general de los distintos niveles es el Resumen de Evaluación del Liderazgo (Cuadro 1). El resumen compara tanto el desempeño como la conducta de un grupo de individuos. En XYZ, por ejemplo, muestra no sólo qué ejecutivos de ventas obtienen los contratos grandes (desempeño), sino quienes colaboran con sus compañeros y quienes trabajan solos (conducta). La venta de soluciones claramente requiere un trabajo en equipo, por lo que los ejecutivos que se precian de ser individualistas heroicos necesitarán desarrollar nuevos patrones de conducta para tener éxito en el nuevo ambiente.

El Resumen de Evaluación del Liderazgo permite tener una visión panorámica de aquéllos en el grupo que tienen un gran potencial y aquellos que pueden ser promovidos; aquellos que tienen ambas cualidades se ubican en el cuadrante localizado a la derecha, en la parte superior. De la misma forma, muestra quiénes superan los estándares en términos de desempeño pero necesitan mejorar su conducta, así como aquellos que están por debajo de los estándares en ambas áreas. El Resumen de Evaluación del Liderazgo es el producto de varias fuentes importantes de información y respaldo, incluyendo el Resumen de Mejoramiento Continuo, el Análisis de la Cadena de Sucesión y el Análisis de Riesgo de Retención.

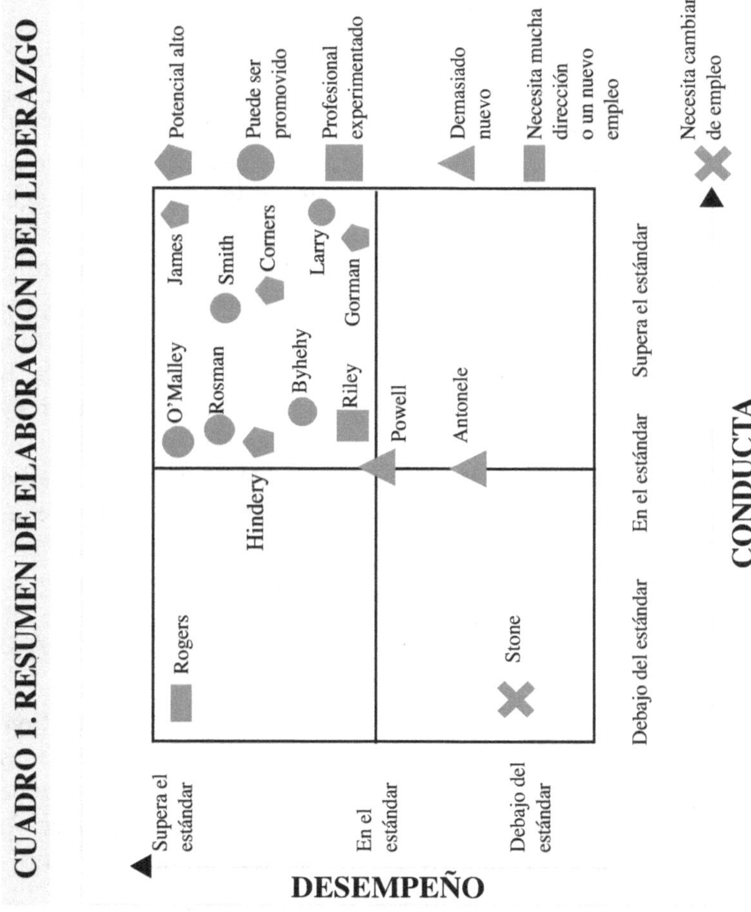

El resumen de mejoramiento continuo: El Resumen de Mejoramiento Continuo (Cuadro 2) se parece mucho a una evaluación de desempeño tradicional. Difiere del mismo en que no sólo incluye los puntos más importantes del desempeño —tanto logros como objetivos no alcanzados— sino que además incluye información clara, específica y útil sobre las necesidades de desarrollo. El Resumen de Mejoramiento Continuo ayuda a que el individuo tenga un mejor desempeño.

A manera de ejemplo, consideremos a Susan James, una vicepresidenta de mercadotecnia que fue identificada como una persona de alto potencial en el Resumen de Evaluación del Liderazgo. Sus aspectos principales de desempeño durante 2001 incluyeron el desarrollo de una estrategia postventas para el nuevo ambiente de ventas de soluciones y la estrategia de mercadeo y de mejoramiento de utilidades para el mercado europeo. Sus desafíos de 2002 incluyeron la ejecución continua de la estrategia postventa, especialmente la administración de la cadena de oferta. A pesar de que está enfocada al cliente y conoce la industria y sus productos, aún tiene importantes necesidades de desarrollo. Debe trabajar en la creación de equipos por medio de la dirección y actuar para mejorar las habilidades de las personas de bajo desempeño, especialmente de quienes sirven al mercado europeo. Dado que tendrán lugar un gran número de contrataciones para el programa de venta de soluciones, debe asegurarse de que integra de manera efectiva al nuevo personal.

El Resumen de Mejoramiento Continuo constituye la base para la sucesión, por medio de la cual las personas talentosas de la organización pueden ascender a puestos de responsabilidad más altos. Susan James estará en su trabajo actual hasta por dos años más; ha sido calificada definitivamente como "alguien que ascenderá", alguien que será presidenta de una división en un futuro muy cercano.

CUADRO 2. RESUMEN DE MEJORAMIENTO CONTINUO

Nombre del empleado: Susan James, Mercadotecnia, vicepresidente — Éxito, cualidades y conductas

HABILIDADES	EXCELENTE	EN EL ESTÁNDAR	DEBAJO DEL ESTÁNDAR
Perspicacia para los negocios	•		
Enfoque en el cliente		•	
Apreciación estratégica	•		
Visión y propósito	•		
Valores y ética	•		
Acción	•		
Compromiso	•		
Trabajo en equipo		•	
Innovación		•	
Manejo de su equipo		•	
Desarrollo de personal		•	
Desempeño	•		

Perspectiva general de los resultados

Aspectos principales del desempeño en 2001

- Desarrolló la estrategia postventa para el ambiente de venta de soluciones.
- Desarrolló la estrategia de mercadotecnia y mejoramiento de utilidades para el mercado europeo.

Objetivos no alcanzados en 2002

- No logró cubrir dos importantes cuentas globales en Hong Kong y Francia.
- No reclutó a un ejecutivo de mercadotecnia chino para el mercado de China.

Desafíos de 2001

- Continuó la ejecución de la estrategia postventa.

Fortalezas del resumen

- Extraordinaria apreciación del negocio.
- Se apega a los estándares más altos y pone el buen ejemplo.

Necesidades de desarrollo

- Necesita mejorar en el reclutamiento de su equipo.
- Debe dedicar energía al desarrollo de su personal.
- Actuar más rápidamente para mejorar al personal débil.

Plan de desarrollo

- Debe trabajar con un director o mentor en el área de sus habilidades de personal.

Siguientes movimientos potenciales (corto plazo, 0 a 2 años)

- Mantenerse en su función actual.

Siguientes movimientos potenciales (largo plazo, 0 a 2 años)

- Con mejoramiento significativo, será capaz de dirigir una unidad de negocios.

Análisis de la cadena de sucesión y el riesgo de retención. El análisis de la cadena de sucesión y el riesgo de retención constituyen la esencia de planificar y crear una cadena de liderazgo integrada por personas de alto potencial. Considerados en su conjunto, le dan significado al eslogan "la gente es nuestro activo más importante" y son la base para discutir necesidades individuales, así como movimientos laterales y de ascenso en el empleo. También se enfocan en lo que se necesita para retener personas importantes y para substituir a quienes se marchan de manera inesperada, son promovidos o fracasan.

El análisis del riesgo de retención considera la facilidad con que una persona puede ser contratada, su potencial para ser transferida y los riesgos que corre un negocio si se marcha. Si esa persona ha estado en su trabajo actual demasiado tiempo, es posible que se sienta bloqueada en lo que se refiere a ascender y por lo tanto sea susceptible al llamado de las agencias de contratación de ejecutivos. Susan James, por ejemplo, es importante para el futuro del negocio y su éxito en lo que se refiere a la ejecución de la nueva misión de soluciones y ventas. XYZ tomará varias medidas para retenerla. Le dará reconocimiento inmediato y recompensas por sus logros y se asegurará de que conozca los planes futuros de la compañía. También considerará seriamente desbloquear una posición de nivel más alto, con el fin de que ella pueda seguir creciendo.

El análisis de la cadena de sucesión determina si la compañía tiene suficiente personal de alto potencial para llenar las posiciones clave. También estudia si existen personas de alto potencial en los trabajos equivocados y si se perderán personas clave si no se desbloquea una plaza a la que aspiran.

El proceso del personal en compañías como GE, Colgate y Honeywell proporciona la fortaleza de "la banca". A mediados de los años noventa, cuando quedó claro que GE era el mejor productor de talento de liderazgo, todos los presidentes de sus divisiones entrañaban riesgos de retención. Fueron enumerados en el informe anual y las agencias de contratación los rodeaban. El proceso de personal de GE proporcionó un foro sobre cómo retenerlos al reunir información y proporcionar recompensas financieras como otorgamiento de acciones que no pudieran ser liquidadas antes del retiro. Sin embargo, cuando una persona clave abandona la compañía, el proceso casi siempre proporciona el reemplazo necesario en las siguientes 24 horas. Por ejemplo, cuando Larry Johnson —presidente de la división de aparatos electrodomésticos de GE— anunció en la primavera de 2001 que se marchaba para convertirse en el director ejecutivo de la cadena Albertson, GE designó a su sucesor el mismo día. También fue capaz de anunciar —el mismo día— quiénes llenarían las posiciones que quedaban vacantes debido al "efecto dominó" de los ascensos relacionados.

La identificación de personas de alto potencial que puedan ser promovidas evita dos peligros. Uno es la inercia organizacional, que consiste en mantener a las personas en los mismos empleos por demasiado tiempo (una práctica común en algunas industrias). El otro es ascender a las personas demasiado rápido (como los veinteañeros de las compañías de tecnología conocidas como "dot-coms", que no tenían la experiencia para manejar posiciones administrativas de alto nivel).

Ram: La relación entre la necesidad de tener una cadena de sucesión, retener a los futuros líderes y enfrentar las realidades económicas inmediatas puede causar muchos problemas a un negocio que no cuente con líderes fuertes en todos los niveles, basados en buena información. Un ejemplo de lo anterior tuvo lugar recientemente en una gran compañía diversificada.

La segunda división más grande de la compañía, en términos de las utilidades que producía, se encontraba en el camino de la expansión. Sin embargo, las condiciones de negocios se habían deteriorado; el crecimiento de la industria se había vuelto negativo, con pocas probabilidades de que resurgiera durante dos o más años. El presidente de la división iba a retirarse al año siguiente y su sucesor encararía desafíos difíciles. Además de tomar otras medidas de reducción de costos, necesitaría reorganizar la división para que los centros de pérdidas y ganancias de cada línea de productos —cada una de las cuales tenía sus propios equipos de mercadotecnia, defensa legal, recursos humanos, finanzas e ingeniería— se integraran en una organización funcional con equipos centrales.

Existían dos candidatos para el trabajo. Paul, de cuarenta años de edad, era un experto en mercadotecnia extremadamente exitoso, quien gozaba de popularidad con los clientes y colegas, provenía del interior de la división y era considerado un candidato con alto potencial para el puesto de director ejecutivo al cabo de siete u ocho años. Roger, de cerca de 55 años de edad, era un gerente experimentado con un gran récord de éxitos en otras dos divisiones. Dado que le faltaban seis años para pasar a retiro, no era un candidato a director ejecutivo.

El director ejecutivo favoreció fuertemente a Paul. Pero el presidente de la división tenía dudas sobre Paul cuando las condiciones de negocios empeoraron. Paul, destacó el presidente, nunca había tenido la responsabilidad de pérdidas y ganancias, y sus evaluaciones hacían surgir dudas sobre si sería lo suficientemente duro para manejar una situación que requería de recorte de costos, redimensionamiento, negociación con los proveedores, incluso reposicionamiento del negocio. Él consideraba que Roger era más adecuado para sucederlo, porque había conducido varios puestos de responsabilidad de pérdidas y ganancias, y había mostrado la capacidad para tomar decisiones difíciles.

Sin embargo, el director ejecutivo estaba preocupado de que la compañía estaría bloqueando la cadena de sucesión si Roger obtenía el puesto. Era muy probable que Paul se marchara y que otras personas talentosas que trataban de avanzar en la cadena pensarían dos veces acerca de su futuro en la compañía. Por otra parte, añadió, los líderes de distintos niveles podrían percibir que la compañía era demasiado reacia a correr riesgos si escogía a Roger. "Probemos a Paul", dijo el director ejecutivo. "Él es muy bueno. Considero que crecerá una vez que esté en el puesto." El presidente de la división objetó: "Si él *no crece* una vez en que esté en el puesto, podríamos sufrir un desastre", respondió. "Esta división es crucial para el desempeño de la compañía y Wall Street se ha vuelto inclemente. Honestamente, no creo que Paul deba estar entre los candidatos a la sucesión de cualquier manera."

El director ejecutivo y el ejecutivo de grupo decidieron que necesitaban más puntos de vista. Llamaron al director financiero y al encargado de recursos humanos. Los cuatro debatieron —en ocasiones acaloradamente— durante cuatro horas. Al final acordaron que Paul no era la persona indicada para el trabajo. La larga discusión reveló la falla en su récord de éxitos. El récord era preciso, pero nunca había tenido que encarar condiciones adversas y al analizar las características de su personalidad, el grupo llegó a la conclusión de que la adversidad sería una prueba ante la cual fallaría. Es más, quedaron convencidos de que no debería ser un candidato potencial a director ejecutivo.

El equipo de liderazgo de alto nivel aprendió una lección importante de esta experiencia. Al darse cuenta de que habían sobrestimado la capacidad de alguien que percibían como un candidato a director ejecutivo de alto potencial, se avocaron a desarrollar criterios nuevos y rigurosos para la cadena de liderazgo.

La revisión de talento en Honeywell

La revisión de talento es el principal mecanismo de operación social del proceso de personal. En Honeywell, esas revisiones son denominadas revisiones de recursos de administración (MRRS, por sus siglas en inglés). Son realizadas en la primavera y el otoño durante dos días, entre las sesiones de estrategia y de operaciones. Son conducidas a lo largo de toda la organización, comenzando con los niveles más altos por el director ejecutivo, hasta los más bajos en las unidades de negocios, por sus gerentes generales. Las revisiones evalúan a las personas en los puestos que ocupan y a las personas que están disponibles para sucederlos. Identifican a las personas que deben ser transferidas durante el año siguiente debido a su potencial. La revisión de talento también se refieren a las personas que no están teniendo éxito y considera alternativas. ¿Les ayudará contar con dirección o están en los trabajos equivocados? Los líderes deben mostrar que cuentan con candidatos de respaldo para las personas que podrían marcharse o ser transferidas. Además de cubrir el desempeño individual, la revisión de talento también se enfoca en el diseño de la organización, el desarrollo general de talento y las carencias de habilidad que la organización necesita cubrir con el fin de ejecutar su estrategia.

Los líderes de Honeywell pasan mucho tiempo preparándose para las reuniones de las revisiones de recursos de administración. Son responsables por las personas que les reportan directamente y por quienes reportan a estos últimos. Deben estar preparados no sólo para presentar sus puntos de vista sino además para discutirlos o para defenderlos en caso de que otros no estén de acuerdo. Se les pregunta qué están haciendo para desarrollar a su personal. ¿Están creciendo y madurando esas personas? ¿Por qué están teniendo mal desempeño algunos de ellos y qué están haciendo los líderes al respecto? ¿Qué han estado haciendo por cada individuo a quien se ha prometido ayuda con sus necesidades de desarrollo? ¿Obtuvieron dirección esas personas o se les asignó para trabajar en esa deficiencia?

Los asistentes a las reuniones de revisión de talento deben presentar sus evaluaciones por escrito una semana después de la reunión. Las evaluaciones que no cumplen con los requisitos son enviadas de regreso para que vuelvan a trabajar en ellas; es obligatorio mantener la honestidad del proceso.

Larry: ¿Por qué se envía de regreso una evaluación? Es posible que contengan un lenguaje "tibio". El asesor afirma que una persona está trabajando "maravillosamente" y en el encabezado de necesidades de desarrollo agrega "ninguna". ¿Está bromeando este gerente? Hasta el buen Señor tiene necesidades de desarrollo. ¿Cómo puede ayudar el líder a una persona si le dice que no tiene necesidades de desarrollo? Suelo decirle a esas personas: "Regresa y realiza la evaluación que se te ha solicitado que hagas." O bien la evaluación puede ser perfectamente sincera, pero el ejecutivo no la ha revisado con la persona evaluada. Eso también es inaceptable.

En ocasiones se omiten aspectos importantes en las evaluaciones, que surgen después en la reunión. Supongamos que la evaluación de un individuo enumera bajo necesidades de desarrollo que es "indeciso, impetuoso y no escucha". Luego, durante la reunión, la persona que presentó esa evaluación agrega: "También tiene otros problemas de conducta." ¿Por qué no las incluyó en el documento? ¿Cómo sabe el gerente sobre esos problemas? Le digo: "No me hables de cosas sobre las que no hayas hablando con él. Si él tiene un problema de conducta, escríbelo en la hoja y haz que lo reconozca."

Un propósito de gran importancia de esas reuniones es que proporcionen múltiples juicios y puntos de vista. Incluso los mejores líderes no siempre pueden confiar en sus propias impresiones. A las personas realmente les cuesta trabajo realizar la evaluación debido a la preocupación de que sus puntos de vista son susceptibles de ser subjetivos en cierto grado. Sin embargo, la dinámica del juicio cambia de manera importante en un grupo. Cuando varias personas que han observado al mismo empleado a lo largo del tiempo reúnen sus observaciones en un diálogo vigoroso, los puntos de vista subjetivos se convierten en objetivos.

Ram: Cuando se trata de revisiones de talento, te asombraría saber qué tan rápido puede un grupo detectar de manera precisa e integral los aspectos cruciales. En una compañía a la que doy asesoría, el ejecutivo más alto estaba reunido con un grupo para considerar la transferencia de Walt, el vicepresidente de mercadotecnia de 34 años de edad, a un puesto en operaciones. Walt era inteligente, amigable, honesto y con mucha energía. Hablaba de manera elocuente. El consejo de administración lo amaba y estaba en la breve lista de candidatos que podían ser alistados para la sucesión del director ejecutivo. El mismo director ejecutivo pensaba que Walt probablemente estaba a la cabeza de la lista. El trabajo en operaciones sería un paso importante en esa dirección.

Varios miembros del grupo habían observado a Walt a lo largo del tiempo y contaban con evaluaciones de otras personas de niveles inferiores que habían trabajado estrechamente con él. Conforme lo analizaban, surgieron tres conductas que no habían sido reveladas en las evaluaciones de Walt y en las que el director ejecutivo no se había enfocado. En primer lugar, resultó que aunque Walt tenía muchas ideas, no les daba seguimiento de manera rigurosa; dejaba la ejecución en manos de otros. En segundo lugar, estaba tan deseoso de conseguir grandes pedidos que ignoraba de manera consistente las implicaciones respecto de inversiones de capital que otros le destacaban; un grave error en una compañía basada en capital intensivo, con una gran deuda y bajos márgenes de utilidad. Finalmente, le gustaba conseguir megaproyectos, pero evitaba los proyectos más pequeños que podían ser más redituables y demandar menor capital.

Se trataba de conductas muy específicas, observadas por los líderes de línea que habían trabajado estrechamente con él, no "términos generales" en rubros abstractos en las listas de revisión. En menos de 20 minutos, los ejecutivos —incluyendo al director ejecutivo— llegaron a la conclusión de que Walt necesitaba más desarrollo y que no era la persona apropiada ni para el trabajo en operaciones ni como candidato a director ejecutivo.

Reúne en una habitación a cinco personas que conozcan al empleado. Haz que se abran, que compartan y defiendan sus observaciones y que lleguen a una conclusión. El diagnóstico será producto de la convergencia de sus diversos puntos de vista. En eso consiste el núcleo del proceso de personal vigoroso.

Larry: Cuando realizo una evaluación, es posible que no pueda expresar mis ideas tan claramente como me gustaría. Si las expongo a los demás miembros del grupo de liderazgo, existen buenas posibilidades de que lograremos definir el pensamiento de manera más precisa.

Por ejemplo, en un grupo de revisión de talento, cuatro de nosotros estábamos evaluando a Will, un ingeniero que contratamos del exterior tres años antes. Will era el encargado de una unidad de negocio. Con base en la información que nos presentó su líder, analizamos sus factores positivos: tenía conocimiento técnico, entendía la satisfacción del cliente, estaba abierto a escuchar sugerencias, era creativo, a la gente le gustaba el ambiente que había creado y tenía otras cualidades positivas. Los factores negativos: en primer lugar, no conocía lo suficiente los números y a menudo no lograba los resultados. En segundo término, no estaba maduro desde el punto de vista del negocio. Era una persona madura, pero no en asuntos de negocios. En tercer lugar, todavía necesitaba buena dirección. La conclusión final: Will tenía un muy buen potencial pero necesitaba desarrollo.

Bien, la mayoría de los presentes estaba de acuerdo excepto un hombre que dijo: "¿Saben? Will tiene mejores resultados financieros de lo que ustedes sugieren. Si analizan la situación, ha tenido que superar un problema técnico con la calidad de un producto y con el campo." Debatimos durante unos minutos. Yo dije: "Él no ha logrado cumplir sus compromisos. Ahora bien, tú dices que existen razones para ello y es posible que estés en lo correcto, pero el hecho es que no lo ha logrado. Trabajemos con él en esa característica y veamos si podemos ayudarlo a mejorar." Los tres acordamos que las circunstancias de Will no cambiarían nuestra apreciación: todos tenemos acontecimientos imprevistos en nuestro camino y las personas que finalmente tienen éxito son quienes logran superarlos.

El hombre que presentó la objeción no cambió de idea, pero eso está bien; estuvimos de acuerdo en estar en desacuerdo. No siempre obtienes un acuerdo, pero mientras más personas escuchas, mejor idea logras tener.

Después de una de esas reuniones de revisión de talento, escribo una carta a cada uno de los participantes, manifestando lo que acordaron hacer sobre su personal. Esas cartas son la retroalimentación esencial para la planificación y creación de talento en diversos niveles de liderazgo. He aquí ejemplos de la clase de comentarios que formulo, tomados de cartas escritas en el pasado. (Los nombres y cargos han cambiado.) Hago mi mejor esfuerzo para ser tan específico como sea posible y luego dar seguimiento durante el año.

"Tienes 1 000 ingenieros y has identificado sólo a siete candidatos con alto potencial para llegar a la Banda 5 [una posición de liderazgo]. ¡Eso no es suficiente! Debes lograr que algo ocurra con tu mapa de desarrollo combinado con un plan de aprendizaje, así como contratación externa.

"John X: si continúa mejorando como describes, lo consideraremos para la Banda 6 [una posición de liderazgo más alta] más adelante en el año, una vez que el producto beta esté en el mercado. Su personal considera que juega sus cartas demasiado cerca al chaleco. Ésa no es una manera sabia de marcar el camino. Ayúdalo a mejorar en su confianza en sí mismo y a ser más abierto. Por favor manténte cerca de John. Sigue trabajando en la relación. Queremos que tenga éxito.

"Brad X: tiene demasiado en la cabeza. Debe arreglar su estructura y no ha llenado funciones críticas en las operaciones lo suficientemente rápido, en consecuencia, está fallando. Reduce su campo de acción. Encuentra una manera de ayudarlo y de darle la ayuda que necesita y al mismo tiempo mantenlo motivado.

"Yo no veo a tu sucesor en tu organización. Debes desarrollar a tu reemplazo. Éste es un negocio mundial complicado, excitante, donde necesitamos a las mejores personas. Conforme crece tu negocio, algunos de tus empleados talentosos serán superados. Debes llenar tu cadena de liderazgo ahora con más gente de alto potencial y crear oportunidades para ellos. Trabaja en los aspectos identificados en la efectividad del equipo y como una acción, establece un proceso en marcha de creación del equipo.

"Pete X: es reactivo, no proactivo. Dale una retroalimentación sincera. No muestra la pasión por la función que necesitamos.

"Julie X: está a punto de quedar exhausta. Ha estado en un trabajo muy duro. Debes identificar a su sucesor y decidir la mejor manera de utilizar sus muchas cualidades.

"Greg X: está más orientado al proceso que a los resultados. No hemos visto la capacidad para trabajar por medio de resultados. Sabe más que los demás pero no tiene buen desempeño. Sus estándares de personal no son lo suficientemente altos y no exige a su gente. Sus habilidades de liderazgo están subdesarrolladas. Asegúrate de que obtenga ayuda.

"Mark X: sus resultados son impresionantes, pero debe atemperar su ego. Sé muy directo sobre lo que necesita hacer para mejorar.

"Todd X: tiene buenas habilidades de liderazgo. La transición al Grupo Z no ha sido fácil. Estoy preocupado de que pienses que él puede implicar un problema de retención. Él necesita saber que quisiéramos transferirlo pronto a una función de utilidades y pérdidas."

Tercer elemento: Manejo de las personas de bajo desempeño

Hasta el mejor proceso de personal no siempre consigue que las personas correctas ocupen los puestos adecuados y no puede convertir a todo mundo en personas que se desempeñen bien. Algunos gerentes han sido promovidos más allá de su capacidad y requieren ser ubicados en puestos de menor nivel. Otros simplemente deben ser despedidos. La prueba final para un proceso de personal consiste en saber qué tan bien distingue entre estos dos tipos y qué tan bien manejan los líderes las dolorosas decisiones que deben tomar.

Larry: Hay una cosa que te despierta a la mitad de la noche después de que has realizado estas selecciones. Has analizado cuidadosamente a alguien, has escuchado todos los puntos de vista y has llegado a una conclusión con la que te sientes bien. Pero no importa qué tan exitosa haya sido una persona hasta ese momento, todo ascenso constituye una nueva decisión. No puedes dar por garantizado que va a tener éxito en su próximo puesto.

Las personas de bajo desempeño son esencialmente aquellas que no logran cumplir con sus metas establecidas. Son incapaces de lograr regularmente aquello por lo que son responsables. Quizá han fallado al ejercitar el liderazgo que se espera de ellos en una situación o muchos otros factores. Supongamos que un líder tiene un problema laboral y los empleados quieren formar un sindicato. No necesariamente es culpa del líder que esto ocurra, pero él debe asumir el liderazgo para tratar de evitar que la compañía tenga un sindicato. Si no logra dar la cara y hacerlo de manera convincente, articulada y persistente, y la planta forma un sindicato, eso es un mal desempeño.

Los fracasos no significan que sean mal personal. Simplemente significan que no están teniendo un desempeño al nivel que es fundamental para el éxito de la compañía. Y debes abordar el problema de manera rápida y justa. Por ejemplo, Rob era un buen empleado de manufactura y lo hicimos gerente de planta. Sin embargo, después de un año quedó claro que no estaba a la altura de la tarea. No había arreglado una estructura de costos demasiado grande y no había cubierto funciones importantes de operación lo suficientemente rápido. Tuvimos que decidir qué hacer con él.

No queríamos despedir a Rob; tiene buenos conocimientos técnicos y es bueno con la gente. De manera que acordamos darle un trabajo diferente donde consideramos que podría tener éxito y a continuación observar cuál sería su siguiente paso. Lo hicimos y Rob todavía está allí.

Otro empleado, Sid, hizo un trabajo maravilloso en su país. Sabíamos que necesitaríamos un nuevo gerente general en ese sitio en algún momento, pero no sería él. Sid era muy bueno en las ventas, pero no era un líder de personal. De manera que fuimos sinceros con él. Le dijimos que su punto fuerte eran las relaciones con los clientes, no la estrategia ni el personal ni las operaciones. Él sabe que nunca dirigirá el negocio, pero todavía está en ese puesto y está haciendo un buen trabajo.

En ocasiones no hay manera de dar la vuelta al problema; tienes que despedir a una persona. Sin embargo, nuevamente debes hacerlo de la manera más constructiva que sea posible. Supongamos que cometí un error al contratar a Doug; simplemente no va a funcionar en ningún puesto. Yo podría ir a verlo y decirle: "Doug, estás despedido. Los resultados no han sido buenos. Vete de aquí." Pero si lo hago, se marchará con un sabor de boca amargo. Él tendrá que ver con Honeywell de alguna manera en el futuro en otro empleo y con personas que son nuestros clientes o nuestros clientes potenciales. No nos reportaría ningún beneficio si no tuviera sino cosas malas que decir de Honeywell.

O bien podría llamarlo y decirle: "Mira, Doug. Los dos hemos cometido un error aquí. Aparentemente no te expliqué el trabajo tan bien como debí hacerlo. No lo has hecho bien. Necesitamos hacer un cambio y vamos a hacerlo de manera que tú salgas bien de esta situación. En primer lugar, voy a darte un año de salario, porque ésta es mi culpa tanto como tuya. En segundo lugar, no voy a mentir si alguien me pide referencias sobre ti; voy a decirles que hiciste mal algunas cosas. Pero tampoco voy a hundirte. Y en tercer lugar, voy a encontrar la manera de que puedas mantener la cabeza erguida con dignidad."

Entonces él probablemente diga: "Larry, quiero renunciar. Quiero decir que prefiero hacer otra cosa." Yo le diría: "Nosotros sabremos que tú no renunciaste, pero si te sientes mejor de esa manera, está bien." Preservar la dignidad de las personas que se marchan de un trabajo es una forma importante de reforzar la naturaleza positiva de la cultura del desempeño.

En ocasiones las personas reconocen antes que tú que no están a la altura del trabajo. Después de que regresé a Honeywell, no desperdicié tiempo para incrementar el ritmo en que la compañía operaba. Las consecuencias del ataque terrorista del 11 de septiembre de 2001 hicieron que la necesidad de actuar rápidamente fuera especialmente urgente. Uno de los gerentes se presentó con uno de nuestros líderes en octubre. Era un hombre de más de 55 años, una buena persona, que había estado haciendo un buen trabajo. Pero no tenía entusiasmo. Él dijo: "No me gusta este ritmo rápido ni la cantidad de interferencia corporativa. Quiero retirarme al final del año." Cuando me informaron de la situación, aprecié su honestidad. Prefiero que una persona me diga eso a que se siente en su lugar y deje que los resultados se deterioren y sea yo quien le diga que debe retirarse. Le dije: "Tenemos un año muy difícil por delante y no va a ser fácil predecirlo. Tenemos que hacer algunas cosas difíciles. Tú estás tomando la decisión correcta y seremos justos contigo." Y lo fuimos.

Cuarto elemento: Vincular a recursos humanos con los resultados de negocio

Si comienzas a pensar que los recursos humanos son menos importantes en una cultura de ejecución, permítenos corregir esa impresión. Es más importante que nunca, pero su función ha cambiado radicalmente. Recursos humanos debe ser integrado al proceso de negocio. Tiene que ser vinculado a la estrategia y las operaciones, y a la evaluación que el personal de línea realiza en última instancia sobre la gente. En su nueva función, recursos humanos se orienta más al reclutamiento y se convierte en una fuerza más poderosa para lograr el avance de la organización, en comparación con su típica función de equipo de trabajo.

Como explica Don Redlinger, el vicepresidente de recursos humanos de Honeywell International: "La paradoja de trabajar para alguien como Bossidy es que él es el director financiero y el jefe de recursos humanos y el jefe de estrategia, pero tiene una visión tan sistemática de la manera en que logras que la organización se desempeñe, que la gente de recursos humanos prospera en ese ambiente. Bossidy exige que la organización utilice toda su capacidad para ganar dinero.

"Él nos dice a los miembros de recursos humanos todo lo que le diría a una persona de mercadotecnia: 'Quiero tener márgenes de utilidad más grandes que nadie más y para lograrlo necesitamos tener buenos empleados y capacitarlos mejor y más rápidamente que nadie más. Necesitamos tener programas educativos que se enfoquen en los principales temas y problemas de negocios, las cosas que importan. La función de recursos humanos es ayudarme a resolver estos problemas.'

"Una de las primeras cosas que Larry hizo cuando llegó a AlliedSignal fue enfocarse mucho en el talento de recursos humanos. La función de recursos humanos era uno de los primeros elementos de la organización que realmente mejoramos. Y eso nos dio una ventaja en toda la compañía.

"Las cosas eran diferentes cuando comencé mi carrera. Los gerentes asignarían a las personas de recursos humanos para reclutar o ejecutar elementos específicos de un plan. Por ejemplo, cuando querían cerrar una planta, negociábamos con el sindicato. La naturaleza de recursos humanos es muy diferente actualmente. Se espera que acudamos con un punto de vista sobre cómo lograr un objetivo de negocios o un plan estratégico y tenemos una función que se parece mucho a la función del director financiero o a la de cualquier otro participante en el proceso de administración. El empleado de recursos humanos no sólo tiene que estar bien capacitado en su tarea —cómo enseñar a la gente, desarrollarla, hacer que se interese por permanecer en la compañía y conocer qué cosa es importante para crear el *momentum* y la moral en la organización, todas esas habilidades tácticas— sino que además debe tener las mismas características que cualquier líder de negocio. Entre ellas se incluyen la perspicacia para los negocios, la capacidad para comprender la manera en que una compañía gana dinero, la capacidad para pensar de manera crítica, la pasión por los resultados y la habilidad para vincular la estrategia y la ejecución."

El número de compañías que tienen equipos de recursos humanos fuertes, orientados a resultados, todavía es pequeña, pero está creciendo. En Baxter International, por ejemplo, recursos humanos desempeña una función central tanto para realizar un riguroso proceso de evaluación, desarrollo y promoción de las personas, como para la planificación estratégica de la compañía.

Baxter es una compañía global de servicios de salud, especializada en importantes terapias para personas que padecen enfermedades que ponen en peligro la vida. La compañía tiene el objetivo de duplicar sus ingresos de US$7 mil millones durante la próxima década al diversificar y ampliar su portafolio en las áreas de biología, productos farmacéuticos, aparatos médicos, información y servicios. Tener a las personas correctas en los trabajos adecuados es un factor fundamental de su estrategia. El director ejecutivo Harry M. Jansen Kraemer Jr. pasó la parte final de la década de los noventa (cuando era director financiero) reestructurando la compañía al vender sus negocios de lento crecimiento y poner las finanzas en orden. Cuando fue designado director ejecutivo en 1999, hizo que el proceso de personal se convirtiera en una de sus tres prioridades más altas (las otras dos son enfocarse en clientes y pacientes, y proporcionar un ingreso superior a los inversionistas). Kraemer y las personas que le reportan directamente, quienes constituyen el equipo ejecutivo de administración, están profundamente involucradas en la selección y desarrollo del personal, y los procesos estratégico, operativo y de personal de la compañía están estrechamente vinculados.

Los planificadores del crecimiento de Baxter, los ejecutivos de línea y las personas de recursos humanos trabajan juntos para identificar las capacidades y habilidades específicas que la compañía necesitará para ejecutar sus estrategias durante los próximos años. Por ejemplo, afirma Mike Tucker, vicepresidente de recursos humanos: "Por medio de nuestro proceso de planificación de crecimiento durante 2001, identificamos el conocimiento sobre temas regulatorios, reembolsos y mercadotecnia clínica estratégica como las áreas que la organización necesitaba ampliar y crear. A continuación establecimos equipos con el objetivo de determinar los detalles de lo que se requería exactamente, qué capacidades teníamos en la actualidad y qué necesitábamos hacer para superar las carencias."

El personal de línea encabezó los equipos: el encargado de la organización de calidad de Baxter dirigió la iniciativa sobre reembolsos, el encargado de asuntos gubernamentales dirigió el esfuerzo en el área regulatoria y el vicepresidente de mercadotecnia dirigió el esfuerzo en esa misma área. Además, el liderazgo proporcionó a los ejecutivos una valiosa experiencia sobre otros negocios y el trabajo de equipos interdisciplinarios.

Identificar y cubrir los trabajos más importantes es una parte clave del proceso de estrategia de Baxter. En una revisión anual que dura medio día, los ejecutivos de línea, sus vicepresidentes de recursos humanos, Kreamer y Tucker, identifican posiciones de importancia estratégica en las unidades de negocios, regiones y funciones, y se aseguran que las personas correctas ocupen esos puestos. Sin embargo, la revisión es sólo parte del proceso; en éste y otros temas importantes, Kraemer y Tucker hablan de manera informal y frecuente entre sí y con los líderes de negocio y de funciones, y sus respectivos líderes de recursos humanos.

Los trabajos clave no necesariamente son los de alto nivel. "Pueden estar en cuatro niveles inferiores en la organización", afirma Tucker. "Por ejemplo, uno de ellos puede ser el de alguien que encabeza una prueba clínica de un producto, donde la aprobación es fundamental para nuestra estrategia de los siguientes tres años. Nosotros diríamos 'Muy bien, con base en la dirección que seguirá el negocio de la terapia renal durante los próximos tres años, ¿cuáles son los aspectos clave que la estrategia debe conseguir y cuáles son los trabajos más importantes para ejecutarlos?' A continuación evaluamos al titular de la plaza, comparándolo con la habilidad que ésta requiere. La lógica es que si tenemos posiciones que son fundamentales para la ejecución de la estrategia durante los próximos tres a cinco años, necesitamos tener a los mejores empleados en esos puestos. Esas personas deben ser identificadas ahora, porque esos trabajos son demasiado importantes para nosotros como para esperar y desarrollar a quienes los ocupen.

"Eso obliga a que los ejecutivos realmente busquen e identifiquen cuáles son los puestos de trabajo más importantes. Durante el primer año les pedimos a los gerentes que identificaran dichos puestos; todos mencionaron a las personas que les reportaban directamente. Tuvimos que decir: 'Espera un momento. Sí. Tu vicepresidente de ventas es muy importante, pero es posible que ella no sea fundamental para la ejecución de tu nueva estrategia.'

"Cuando consideramos si una persona es la adecuada para un trabajo, la ubicamos en una de las siguientes tres categorías: 'adecuada', 'apenas adecuada' o 'requiere acción'. Si la persona es 'adecuada', solamente nos mantenemos atentos y monitoreamos su progreso. Si la persona es 'apenas adecuada', eso significa que confiamos que puede cumplir, pero es posible que necesitemos mejorarle: es posible que no sea bueno en finanzas, por lo que vamos a asegurarnos de asignarle un buen contralor y a proporcionarle el apoyo organizacional que sea necesario. Si la persona es clasificada como 'requiere acción', significa que la persona necesita dejar ese puesto y abandonar la compañía o asumir un puesto de trabajo diferente en la organización, que pueda manejar. Hacemos que el ejecutivo de línea a cargo se haga responsable de resolver ese problema en el curso de seis meses."

"Elaborar la lista" —escoger a los candidatos para los cerca de 325 puestos de vicepresidente— es una tarea que sirve de vitrina para el nuevo proceso de personal de Baxter. "Dado que es muy visible, realmente ha servido para cambiar la cultura", afirma Tucker. Cada jueves, Tucker envía correos de voz a cada uno de los 150 ejecutivos más altos de la compañía y les da a conocer quién ha abandonado la organización, qué posiciones de vicepresidente están vacantes y quiénes han llenado las posiciones que estaban vacantes anteriormente. Señala los criterios del puesto y del candidato para los puestos vacantes, con el fin de que los líderes puedan proponer nombres para elaborar la lista. (Pueden proponerse a sí mismos, si lo desean.)

Los más altos ejecutivos de recursos humanos analizan a los candidatos durante su conferencia semanal, el lunes siguiente, y recolectan una lista inicial. "Podemos tener 15 nombres", señala Tucker, "y todos ellos pasan por el proceso y van siendo eliminados hasta que se elabora una lista más pequeña que incluye a aquellos que consideran que son los más apropiados. Necesitamos mirar por los intereses de la compañía durante esas reuniones. Alguien dice, por ejemplo: 'Bien, estamos de acuerdo en que Steve es un fuerte candidato, pero su gerente de línea está reticente a ponerlo disponible porque realmente es necesario en donde está.' Tenemos que decir: 'Te entiendo, pero este trabajo es más importante para la posición de la compañía y tenemos que hacer que esté disponible.' O quizá por el contrario, podríamos decir: 'Yo sé que ustedes piensan que esta persona debería ser transferida a ese puesto. Pero simplemente no podemos transferirla."

Los vicepresidentes que tienen puestos vacantes trabajan con esa lista durante los siguientes dos o tres días, reuniendo información y obteniendo retroalimentación para realizar las evaluaciones antes de formular sus recomendaciones. A continuación, Tucker lleva la lista final a la siguiente reunión del equipo ejecutivo de administración, donde ocupa el primer lugar en el orden del día.

"El proceso ha acelerado la elaboración de listas", señala Tucker. "Antes de que comenzáramos en 1999, nos tomaba en promedio 16 semanas para llenar un puesto de vicepresidente. Después del segundo trimestre de este año, hemos reducido el tiempo a 7 semanas porque somos mucho más eficientes. Tenemos mucha disciplina. Le damos seguimiento semanalmente. Realizamos el proceso. Y la calidad y número de los candidatos ha mejorado. Solía ocurrir que los mismos cinco nombres se mencionaban para cada puesto.

"También nos ayudó de otras maneras. El equipo ejecutivo de administración tiene mucho mejor conocimiento de los 150 a 300 ejecutivos más altos de nuestra compañía, porque ésos son los nombres que se mencionan como candidatos. Y eso me ha permitido abrir mis propias líneas de comunicación. Esos correos de voz son enviados a toda la organización. Conforme viajo y visito una planta o una oficina, me presento personalmente. Y alguien dirá: 'Oh, sí, usted es el hombre que deja los correos de voz.' De manera que ha ayudado a crear un estilo de comunicación abierta que estamos tratando de alentar."

El diálogo sincero: Las municiones sin detonar

No existe un sistema único para crear y mantener un proceso de personal vigoroso, pero se requiere seguir ciertas reglas: integridad, honestidad, una perspectiva común, lenguaje común y frecuencia. Sobre todo, el diálogo sincero es fundamental. Es lo que Chris Rolfe, vicepresidente de recursos humanos de Duke Energy, denomina "las municiones sin detonar" del proceso del personal. Se trata fundamentalmente del *software* social del proceso de personal.

Duke es una compañía productora, transportadora y administradora de diversas fuentes de energía, con valor de US$49 mil millones (al finalizar el año 2000). Al igual que Baxter, Duke tuvo que buscar una nueva dirección estratégica después de que la desregulación del negocio de la energía eléctrica en la década de los noventa hizo que el viejo modelo del servicio se volviera obsoleto. De sólo generar y vender energía, Duke desarrolló gradualmente una estrategia que incluía una mezcla de activos físicos como las plantas de energía y los ductos, la compra y venta de gas natural y electricidad en el mercado, y las operaciones financieras como el manejo de riesgos.

La creación del nuevo modelo requirió una nueva mezcla de personal. Rolfe señala que "cuando nuestro presidente del consejo, Rick Priory, nos pidió que realizáramos nuestra primera evaluación de toda la compañía a principios de 1998, pudimos ver que no teníamos todo el talento que necesitábamos para ejecutar la estrategia; y probablemente tampoco para derrotar a algunos de nuestros competidores más feroces". En general, el ADN de las personas que pueden ejecutar el nuevo modelo es fundamentalmente diferente al ADN de las personas que dirigían un monopolio regulado. Desde luego que hay un componente operacional, pero también hay enormes componentes financieros, componentes de ventas, componentes de evaluación de riesgos y de mercadotecnia.

En 1999 Duke comenzó a crear un nuevo proceso de personal. "Una de las primeras preguntas fue: ¿cómo será el aspecto del proceso?" afirma Rolfe. "Realizamos un proceso muy riguroso para definir las áreas de capacidad. Comenzamos por hablar con un pequeño grupo de nuestros ejecutivos para crear un marco de referencia para la evaluación. A continuación realizamos una prueba de validación a los 500 ejecutivos más altos y obtuvimos las correlaciones en esas áreas de capacidad, básicamente tan alto como el despacho de consultoría externo había visto jamás; es decir, ésos eran factores de predicción precisos del éxito de negocio, en el nuevo modelo de negocio. Le llamamos a ese modelo de desarrollo-y-evaluación-de-personal, 'el ejecutivo exitoso de Duke.'"

El equipo de Duke identificó cuatro grupos básicos de áreas de capacidad: habilidades funcionales, habilidades de negocios, habilidades administrativas y habilidades de liderazgo. Por ejemplo, señala Rolfe (quien era un ingeniero antes de ingresar a recursos humanos): "Digamos que Duke está considerando contratarme como un ejecutivo de recursos humanos. Debo tener antecedentes técnicos de recursos humanos; conocer la Ley de Seguridad de Ingreso para el Retiro de Empleados de los Estados Unidos (ERISA, por sus siglas en inglés), integración de equipos de trabajo, capacitación, compensación, etc. Ésas son habilidades funcionales. Debo tener habilidades de negocio también, como comprender el modelo de negocios de Duke y la manera en que gana dinero. En tercer lugar, debo ser capaz de administrar. Las habilidades administrativas son un criterio importante en Duke, debido a que el componente operativo de nuestro modelo incluye tareas de administración, planificación, organización, dirección y contraloría. Finalmente están las habilidades de liderazgo; Duke preguntaría '¿Tiene Chris las habilidades fundamentales de liderazgo para ser un ejecutivo de alto nivel en esta empresa?'

"Tardamos cerca de un año en evaluar a nuestra gente en relación con esos grupos de áreas de capacidad. Lo que obtuvimos, más allá de las herramientas de evaluación y ese tipo de cosas, fue lo que llamo un lenguaje común, una manera común de hablar acerca de la gente. De manera que ahora no sólo decimos: 'Él es un buen tipo' o 'Ella es realmente inteligente.' Decimos: 'No vemos en esta persona la capacidad para operar', o 'esa persona es ante todo operacional, y no parece tener una perspectiva estratégica.'"

Dado que Duke es una empresa muy descentralizada, Rolfe centralizó sólo tres componentes del proceso de recursos humanos: la compensación para los aproximadamente 200 empleados de mayor jerarquía, los beneficios domésticos y un sistema de información de recursos humanos basado en internet. "Tratamos de obtener algo del rigor, por ejemplo, de una Sesión C de GE, pero con un estilo menos sistemático, estandarizado y uniformador, porque tenemos un modelo de administración de la compañía diferente. El sistema de información es fundamental para lograr ese rigor y gastamos mucho tiempo y dinero en él. Muy pocas compañías tienen un sistema para toda la empresa, especialmente aquellas que han realizado una serie de fusiones y adquisiciones. Pero cuando he hablado con compañías como GE, me han dicho: 'Por encima de cualquier otra cosa, es mejor que tengas esa pieza de manera correcta porque la pregunta fundamental es ¿Quién trabaja aquí? y sin un sólo sistema global, no puedes responder esa pregunta."

Un beneficio del sistema es su utilidad para la planificación de la sucesión. "Comenzamos a incluir en la base de datos global los currículums de los ejecutivos. Era un sistema común que vinculaba nuestra nómina, nuestro sistema patrimonial y de seguridad, de manera que elaboramos lo que llamo cariñosamente 'las tarjetas de beisbol'; tarjetas de 21.5 cm por 27 cm que incluyen fotografías, compensación, información personal y evaluaciones de cada ejecutivo de alto nivel. Ahora, cuando hablamos con alguien, la información está frente a nuestros ojos y todos nos referimos a la misma hoja de papel, que contiene no sólo un nombre sino sus grados académicos, intereses de carrera, planes de desarrollo, asociaciones, evaluaciones realizadas por terceras personas, si contamos con esos datos, cuál es su compensación actual, cuál ha sido antes.

"Los gerentes también realizan lo que llamamos la evaluación de retención, que consiste en una matriz de 7 x 7 cm sobre la importancia de la función de un individuo en particular y su evaluación sobre si piensan que va a permanecer con nosotros durante los próximos cinco años: baja, mediana, alta. De manera que si eres un ejecutivo de recursos humanos poco activo, por ejemplo, que probablemente no va a avanzar y que agrega poco valor a la compañía, tendrás un riesgo de retención bajo. Pero si eres un maestro en administración de empresas que es muy bueno en finanzas y que podría dirigir un negocio y ser atractivo para otras compañías, serías evaluado como de alto riesgo de retención.

"De manera que en cualquier parte del mundo tenemos una perspectiva, un sistema, basado en la computadora, que alimenta nuestra base de datos común. A eso le llamo deshacernos de la torre de Babel. Todos estamos en sincronía."

El *hardware* del sistema es sólo la base del proceso de personal. El *software* más importante —la munición sin detonar— estriba en los diálogos que tienen lugar en la organización, el proceso de observación de criterios comunes que culmina en la evaluación sincera y la retroalimentación.

"Recursos humanos puede crear todos esos complejos sistemas, pero se requiere que el líder de la compañía los haga realidad; aunado en nuestro caso con el mercado y una escasez fundamental de personas capaces. Rick Priory le enseñó a la empresa cómo ser brutalmente honesta y comenzó a difundir la comprensión de "el aspecto que tiene el bien", según sus propias palabras. Supongamos que mi jefe entrega una evaluación sobre mí y en ella afirma que 'Chris es una maravilla' en cada una de estas áreas de capacidad. El presidente del consejo diría: 'Yo conozco a Chris. Él no es una maravilla en ninguna de ellas, por dios santo. De hecho, apenas es competente en estas dos. Está en el promedio en estas ocho y es muy bueno en estas cuatro.'

"Rich nos hace apegar a los estándares de desempeño más agresivos y responsables que he visto. En comparación con nuestros pares, tenemos algunos de los mejores resultados de medición: retribución sobre capital, retribución sobre activos, crecimiento de las ganancias, etc. Pero si analizas nuestros pagos por bonos, estamos por debajo del promedio. ¿Cómo es posible? La respuesta es que tenemos una cultura de rendición de cuentas. Rick es tan duro acerca de cumplir con las metas —en el sentido correcto, desde luego— que todos sabemos que sin las personas adecuadas simplemente no podremos lograrlo. De manera que yo sigo hablando de 'munición sin detonar' en el mercado. Existe tanta presión en las personas para lograr el desempeño que las palabras suaves se convierten en un lujo que no puedes darte más."

El principal mecanismo de operación social de Duke Energy es el comité de política de Priory, que consta de él mismo, los encargados de los tres principales segmentos de negocio y los encargados de las cuatro funciones principales del equipo de trabajo: legal, finanzas, administración y riesgo. Este grupo se reúne cada dos semanas durante todo un día y habla formalmente sobre el personal y el talento tres o cuatro veces al año. Sin embargo, gran parte del trabajo se realiza en las reuniones bisemanales.

"Es algo más actualizado, en tiempo real" afirma Rolfe. "Estamos actualizando estos planes todos los días debido a que nuestra organización es muy dinámica. Y dado que lo hacemos en un sistema computarizado, eso permite realizar la evaluación de talento y de la nueva sucesión en el lugar.

"El estilo colegiado de administración de Rick incluye que las personas que forman el comité se hagan responsables mutuamente. No hay política, no hay pérdida de tiempo, la opinión de cada uno es importante. No es una democracia, pero debaten un asunto, lo analizan cuidadosamente. Y generalmente hay uno o dos miembros que, sin importar el tema —una adquisición, el retiro de una inversión, una decisión de negocios— que le llaman "pan" al pan. Y ésa es la cultura que reina aquí."

Éste es el *software* social que hace que funcione el sistema de Duke Energy. Rolfe enumera los cuatro elementos: "En primer lugar, una cultura de responsabilidad por el alto desempeño, que hace que exijas a los mejores individuos en tu organización. En segundo término, un líder que no sólo está dispuesto sino también preparado para cuestionar una evaluación. En tercer lugar, una cultura colegiada entre los ejecutivos más altos de la empresa, donde cada uno se hace responsable ante los demás de ser razonable y justo, y en que unos presionan a los otros, de la misma forma que el presidente del consejo los presionará. Y finalmente, el derecho que tengo de presionar también en mi carácter de encargado de recursos humanos, porque poseo una perspectiva fundamentalmente diferente debido al trabajo que realizo. No soy un ejecutivo de menor rango en la compañía, pero tampoco soy del mismo nivel que estas personas. Sin embargo, cuando realizo una observación, todos me escuchan porque no se trata del rango. Se trata de la credibilidad y de la perspectiva del individuo."

***

Las personas correctas ocupan los trabajos adecuados cuando la información sobre los individuos es recolectada constantemente y los líderes conocen a los empleados, la manera en que trabajan juntos y si obtienen los resultados esperados o si fallan en el intento. Es la consistencia en la práctica lo que desarrolla el conocimiento para evaluar y seleccionar a las personas correctas. El proceso del personal comienza con evaluaciones individuales, pero cuando se desarrolla y practica como un proceso total, se vuelve increíblemente efectivo como una herramienta de ejecución. Ahora prestaremos atención al proceso de la estrategia. Está relacionado con el proceso del personal, principalmente porque la estrategia surge de la mente de las personas. Si una compañía tiene a las personas correctas, tiene muchas posibilidades de que sus estrategias estén sincronizadas con las realidades del mercado, de la economía y de la competencia.

Capítulo 7
El proceso de la estrategia: creando el vínculo con el personal y las operaciones

La meta básica de cualquier estrategia es muy sencilla: ganar la preferencia del cliente y crear una ventaja competitiva sostenible, al mismo tiempo que aporte suficiente dinero en la mesa de los accionistas. La estrategia define la dirección del negocio y lo posiciona para avanzar en esa dirección. ¿Por qué fracasan entonces tantas estrategias?

Pocas personas comprenden que un buen proceso de planificación estratégica también requiere de prestar atención cuidadosa a las maneras de ejecutar la estrategia. Una estrategia vigorosa no es la recopilación de números o el equivalente a un pronóstico astrológico cuando las compañías extrapolan números año tras año durante los siguientes diez años. Su esencia y detalle debe provenir de las mentes de las personas que se encuentran más cerca de la acción y que comprenden sus mercados, sus recursos, sus fortalezas y debilidades.

Un plan estratégico contemporáneo debe ser un plan de acción en que puedan confiar los líderes del negocio para alcanzar los objetivos del mismo. Al crearlo, en tu carácter de líder debes preguntar si tu organización puede hacer las cosas que son necesarias para lograr las metas y cómo puede hacerlas. El desarrollo de un plan como ése, comienza con la identificación y definición de los aspectos fundamentales que respaldan la estrategia. ¿Cómo está posicionado tu negocio en el contexto del ambiente de negocios, incluyendo sus oportunidades y amenazas en el mercado, sus ventajas y desventajas competitivas? Una vez que hayas desarrollado el plan, debes preguntar: ¿Qué tan buenas son las premisas sobre las que se basa el plan? ¿Cuáles son los aspectos favorables y desfavorables de las alternativas? ¿Tienes la capacidad organizacional para ejecutar el plan? ¿Qué necesitas hacer a corto y mediano plazo para lograr que el plan funcione a largo plazo? ¿Puedes adaptar el plan a los rápidos cambios que tienen lugar en el ambiente de negocios?

Para tener realismo en tu estrategia debes vincularla al proceso del personal: ¿Cuentas con las personas idóneas para ejecutar la estrategia? Si no es así, ¿cómo vas a obtenerlas? Debes vincular los aspectos específicos de tu plan estratégico a tu plan operativo, de manera que las diversas partes de la organización se coordinen para llevarte adonde quieres ir.

La importancia de los "cómo"

Si una estrategia no define los "cómos", se convierte en un candidato al fracaso. Éste es un error en que cayó AT&T. Cuando Michael Armstrong se convirtió en director ejecutivo en 1997, la principal fuente de utilidades de la compañía era la transmisión a larga distancia de voz e información, y en menor medida, aunque cada vez más importante, la telefonía inalámbrica. Los estados financieros de AT&T estaban limpios, tenía una deuda baja y el precio de sus acciones era de cerca de US$44. Sin embargo, las condiciones externas estaban cambiando. Las tarifas de larga distancia estaban cayendo debido al ingreso de nuevos competidores en el mercado. Wall Street permitía que las compañías de tecnología (conocidas como "dot-coms") y de cable tuvieran proporción más alta entre precios e ingresos, en la creencia de que estaban posicionadas para lograr un crecimiento mayor.

Armstrong se dispuso a crear una estrategia que pondría a su compañía en los nuevos mercados en crecimiento. Llegó a la conclusión de que la oportunidad de AT&T estaba en ofrecer a los clientes una gama de servicios de transmisión de información: transmisión local y de larga distancia de voz e información, por medio tanto del teléfono como de internet y servicios de multimedia que requerían de banda ancha. Sin embargo, la oferta de esos servicios requería que AT&T tuviera acceso directo a los clientes; pero ese acceso estaba en manos de las compañías telefónicas regionales que habían sido separadas de AT&T en 1984, cuando se dividió al antiguo monopolio telefónico. La compañía ponderó diversas opciones, que iban desde construir sus propias infraestructuras locales en las principales áreas metropolitanas, hasta adquirir compañías de cable.

La estrategia que Armstrong diseñó tenía cuatro elementos constitutivos: (1) adquirir compañías de cable, para ganar acceso directo y físico a los consumidores; (2) proporcionar a los clientes un servicio integral, que le permitiría a AT&T conquistar una porción más grande del mercado de las comunicaciones de la que podrían obtener sus competidores; (3) ejecutar esos movimientos lo suficientemente rápido para generar el crecimiento de los ingresos que contrarrestaría la disminución de los ingresos en larga distancia, y (4) confiar en la implementación regulatoria de la Ley de Telecomunicaciones de EE.UU. de 1996, que supuestamente bloquearía a las empresas de telecomunicación local de entrar en competencia por la larga distancia hasta que abrieran completamente sus redes a las empresas de transmisión de larga distancia.

Se trataba de una estrategia muy atractiva. Los analistas de valores apoyaron la idea y la respuesta inicial del mercado fue positiva. Sin embargo, la estrategia fracasó estrepitosamente. En diciembre de 2001 la compañía vendió sus activos de cable, por los que había pagado US$100 mil millones, a Comcast, a cambio de sólo US$44 mil millones en acciones y de que Comcast asumiera la deuda por US$25 mil millones. Ese movimiento dejó a la compañía fundamentalmente en donde había comenzado y las acciones de AT&T se cotizaron en alrededor de US$18.

¿Qué salió mal? Para que la estrategia tuviera éxito, los cuatro elementos constitutivos debían ser sólidos. Sin embargo, resultó que estaban basados en premisas falsas. AT&T Broadband estaba compuesta de dos compañías de cable de alto perfil que habían sido adquiridas, TCI y Media One, y de algunas de las líneas de negocio existentes. La adquisición de las compañías de cable fueron costosas: AT&T pagó más dinero de lo que valían. Al mismo tiempo, los precios de larga distancia disminuyeron más rápidamente de lo esperado y cuando eso ocurrió el precio de las acciones de AT&T también cayó. Eso hizo que las adquisiciones fueran aun más costosas y agregó una enorme deuda a la hoja de estados financieros. Los clientes no estaban tan interesados en la gama de servicios integrales como AT&T había esperado y la compañía no ofreció el paquete de manera adecuada o lo suficientemente rápido. A AT&T le tomó mucho más tiempo de lo esperado ejecutar su plan. Finalmente, los reguladores no implementaron la Ley de

Telecomunicaciones tan bien como AT&T había esperado, lo que significó que la compañía recibió dos golpes: las compañías de telefonía local entraron al mercado de larga distancia y las compañías de larga distancia tuvieron menos acceso al mercado local de lo que el plan había supuesto.

AT&T también cometió varios errores de importancia en la selección de personal. Tres grupos de ejecutivos dirigieron sucesivamente el negocio de clave a lo largo de un período de tres años y ninguno de ellos lo hizo de manera efectiva. El precio de las acciones recibió otro golpe cuando inversionistas importantes como CalPERS (el sistema de ahorro para el retiro de los empleados públicos de California) y TIAA-CREF (el sistema de ahorro para el retiro de los maestros) expresaron su insatisfacción con la ejecución de AT&T Broadband.

La estrategia de AT&T estaba aislada tanto de las realidades externas como de las internas. No puso a prueba sus premisas más importantes para confirmar que eran ciertas y no tenía un plan alternativo para el caso de que una o más resultaran falsas. La compañía no tomó en cuenta su incapacidad organizacional para competir contra rivales agresivos en un mercado que se transformaba rápidamente. Su cultura, que no había cambiado mucho desde la época en que era monopolio, no podía ejecutar lo suficientemente bien y rápido para lograr que el plan funcionara lo suficientemente pronto.

Los elementos constitutivos de una estrategia

La esencia de cualquier estrategia puede resumirse en sus elementos constitutivos: la media docena o menos de conceptos clave y de acciones que la definen. El señalamiento de los elementos constitutivos obliga que los líderes sean claros cuando debaten y discuten la estrategia. Les ayuda a juzgar si la estrategia es buena o mala, y por qué. Les proporciona una base para analizar alternativas en caso de ser necesario.

Si los elementos constitutivos están definidos con claridad, la esencia hasta de la estrategia más compleja puede ser expresada en una página. Por ejemplo, en 1991 una unidad de negocios de una compañía industrial, con valor de US$500 millones, proveedora de los más importantes fabricantes de automóviles, no estaba teniendo ganancias ni pérdidas. Su producto era considerado una mercancía y se encontraba bajo continua presión de precios por parte de sus clientes. La unidad desarrolló una nueva estrategia basada en tres elementos constitutivos. El primero era reducir los costos al trasladar la producción fuera de Estados Unidos, a la red de plantas posicionadas para servir tanto a los consumidores globales como a los mercados locales. El segundo consistía en rediseñar continuamente el producto para lograr una diferencia tecnológica, lo que añadiría valor al producto y permitiría fijar precios más altos. El tercero era crear una nueva estructura organizacional integrada cuidadosamente con equipos gerenciales seleccionados. La mercadotecnia se mantuvo en el mismo sitio, pero el desarrollo de productos, la tecnología, la fabricación y las finanzas se convirtieron en organizaciones globales.

La unidad ejecutó los tres elementos constitutivos de manera simultánea y logró excelentes márgenes de utilidad. Actualmente es el proveedor seleccionado por los diez fabricantes de automóviles más importantes del mundo.

A lo largo del proceso, los líderes de la unidad se mantuvieron en contacto con la realidad. Por ejemplo, el plan original establecía trasladar el programa de tecnología de Estados Unidos a un país que tuviera menores costos. Sin embargo, cuando los ingenieros estadounidenses se opusieron a la mudanza, la unidad abandonó la idea. Los líderes también mantuvieron actualizada la estrategia, revisaron el plan tres veces al año y lo refinaron conforme cambiaron las condiciones.

***

El enfoque de este capítulo se encuentra en la estrategia de la unidad de negocios, pero es importante comprender la diferencia entre la estrategia al nivel de una unidad de negocios y la estrategia a nivel corporativo.

La estrategia a nivel corporativo es el medio de asignar recursos entre todas las unidades de negocios. Sin embargo, no debe ser simplemente la suma de esas partes. Si lo fuera, entonces las unidades de negocios podrían simplemente actuar de manera independiente (lo cual sería mejor para ellas, porque no tendrían que llevar la carga del liderazgo corporativo). Los líderes corporativos deben agregar valor a las estrategias creadas al nivel de las unidades de negocios. En GE, por ejemplo, la eliminación de barreras que implementó Jack Welch aseguró un constante intercambio de ideas y de mejores prácticas entre los distintos gerentes de negocios, lo que multiplicó de manera significativa el capital intelectual de la compañía.

Una estrategia corporativa también define los límites de una compañía; es decir, los negocios en que quiere participar y el mercado general en que va a desarrollarse. Honeywell, por ejemplo, es una compañía industrial; los productos al consumidor no funcionan bien en ese entorno, sin importar qué tan interesantes puedan ser.

La estrategia a nivel corporativo analiza la mezcla de negocios y toma decisiones sobre si esa mezcla debe cambiar con el fin de obtener las mejores utilidades sostenibles sobre el capital de la compañía. Por ejemplo, GE abandonó el sector aeroespacial cuando concluyó la presidencia de Reagan, anticipando la disminución relativa en el gasto de defensa y la rápida consolidación de la industria. Jack Welch consideró que los recursos financieros y gerenciales podrían obtener mejores ganancias en otras partes. El valor estratégico también es agregado a las iniciativas con el fin de mejorar el desempeño de toda la compañía, como los seis procesos "sigma", la digitalización y la implementación de un buen proceso de personal. El famoso proceso de personal de GE comenzó como una iniciativa de Jack Welch encaminada a que recursos humanos produjera una forma sistemática de evaluar el talento que permitiría desarrollar a los líderes futuros. Más recientemente, GE formalizó la búsqueda de los "diamantes en bruto" de GE, personas de valía que pueden no haber sido capacitadas como algunos de sus compañeros y que podrían haber sido pasadas por alto en otras compañías. Es posible que esas personas tengan dificultades en sus trabajos actuales debido a circunstancias que no pueden controlar, como trabajar para un mal jefe. La iniciativa ayudará a transferir a esas personas a ambientes mejores donde puedan crecer y prepararse para asumir responsabilidades mayores en el futuro.

La creación del plan estratégico

Cuando una unidad de negocios crea su estrategia, la misma establece en términos específicos la dirección de la unidad: dónde está ahora, hacia dónde se dirigirá en el futuro y cómo llegará allí. La estrategia considera el costo de los resultados estratégicos que desea lograr en términos de los recursos de capital que requiere; analiza los riesgos involucrados e incluye flexibilidad para el caso de que se presenten nuevas oportunidades o de que el plan fracase. La formulación de la estrategia describe el posicionamiento del negocio en el contexto del panorama de su segmento del mercado y analiza las fortalezas y debilidades de sus competidores.

La estrategia de una unidad de negocios debe tener una extensión menor a 50 páginas y debe ser fácil de comprender. Es necesario que sus aspectos esenciales puedan ser descritos en una página que incluya sus elementos constitutivos, como mostramos en los casos de AT&T y del fabricante de partes de la industria automotriz. Si no puedes describir tu estrategia en 20 minutos, en lenguaje sencillo y claro, no cuentas con un plan. "Pero", podría decir la gente, "tengo una estrategia compleja. No puede ser resumida en una página". Eso no tiene sentido. Eso no es una estrategia compleja. Es un pensamiento complejo acerca de la estrategia. La estrategia en sí misma no es compleja. Toda estrategia se reduce en última instancia a unos cuantos elementos constitutivos sencillos.

Larry: Un buen plan estratégico es un conjunto de direcciones que debes seguir. Es como un mapa que consta de pocos detalles, de manera que te dé mucho margen de maniobra. Debes ser específico cuando estés decidiendo la parte de acción del plan, donde lo vinculas con el personal y las operaciones.

¿Quién elabora el plan?

Para que sea efectiva, una estrategia debe ser creada por quienes la ejecutarán, es decir, el personal de línea. Las personas del equipo de trabajo pueden ayudar mediante la recolección de información y el uso de herramientas analíticas, pero los líderes de negocios deben estar a cargo de desarrollar la esencia del plan estratégico.

Esos líderes conocen el ambiente de negocios y la capacidad de la organización porque viven con esos elementos. Se encuentran en la mejor posición para incluir ideas, para saber qué ideas funcionarán en su mercado y cuáles no; para comprender qué nuevas áreas de capacidad organizacional pueden ser necesarias; para ponderar los riesgos; para evaluar las alternativas y para resolver aspectos críticos que la planificación debe considerar pero que frecuentemente ignora. Desde luego, no cualquier persona puede aprender a ser un buen pensador estratégico. Sin embargo, al trabajar en grupo, bajo la guía de un líder que comprenda integralmente al negocio y su ambiente, y al utilizar el diálogo que es un elemento central de la cultura de ejecución, todos pueden aportar algo; y todos se beneficiarán al formar parte del diálogo.

Un buen proceso estratégico es uno de los mejores instrumentos para enseñar a la gente la cultura de la ejecución. Hace que la mente sea mejor para detectar el cambio; las hojas de papel no lo hacen. Las personas aprenden sobre el negocio y el ambiente externo; no sólo información y hechos, sino cómo analizarlos y hacer uso del criterio. ¿Cómo se elaboró el plan? ¿Cómo está sincronizado? Las personas descubren perspectivas nuevas y desarrollan su juicio y su intuición. Aprenden de los errores: "¿Por qué, cuando establecimos las premisas, no pudimos ver los cambios que ocurrieron?" La discusión de estos aspectos crea entusiasmo y espíritu de equipo. Por su parte, la energía que se crea por medio de la discusión fortalece el proceso.

Larry: El líder de un negocio debe apropiarse del desarrollo de la estrategia. No debe dejar en manos de un planificador estratégico todo el trabajo y luego conocer el tema el día en que la estrategia es presentada. El líder debe asumir la responsabilidad de la creación del plan y obtener ayuda, y entonces —una vez que todos están de acuerdo con la estrategia— debe asumir la responsabilidad de desarrollar los planes de acción.

Para comenzar el proceso de planificación en Honeywell, llamó al encargado de cada unidad, así como al planificador estratégico y quizá a alguno de los miembros del equipo corporativo y acordamos los aspectos más importantes relacionados con el plan. Una vez que el plan ha sido elaborado, pero antes de que yo lo revise a nivel corporativo, cada líder habrá revisado ese plan con sus subordinados e incluido sus aportaciones. Después de todo, ésas son las personas que tendrán que implementar el plan.

Preguntas para un plan estratégico

Larry: Los planes estratégicos para los negocios de Honeywell prestan especial atención al ambiente, la competencia y la razón por la que algunas compañías en un negocio particular son más exitosas que otras. Un plan comenzará con una base de datos que refleje la salud del ambiente de negocios: ¿Está creciendo o no el mercado? Si el negocio está en un ambiente que está creciendo a, digamos, una tasa de 2 por ciento anual, no va a crecer muy por encima de ese nivel a menos que tenga un producto nuevo o una estrategia que sea realmente única. El negocio automotriz de Honeywell, por ejemplo, está en un ambiente de bajo crecimiento, por lo que somos precavidos sobre nuestras expectativas sobre el mismo y la cantidad de recursos que le asignamos.

A continuación, el plan estratégico estipula la participación de mercado para ese negocio e indica si se encuentra en una posición importante o insignificante en el mismo. La participación de mercado es en última instancia la medida principal y obviamente influirá en la estrategia. Si la participación de mercado del negocio es pequeña y se encuentra en un ambiente de alto crecimiento, el plan especificará qué puede hacerse para mejorar la participación de mercado. También detallará si el negocio ha ganado o perdido participación de mercado en el año anterior.

El plan estratégico también contiene una breve sinopsis de las fortalezas y debilidades de cada competidor de importancia del negocio. Las personas deben comprender que el mundo no va a inmovilizarse y observar mientras hacen algo: los competidores también van a hacer algo. En el negocio de electrónica para la aviación de Honeywell, el análisis competitivo se enfoca en compañías como Rockwell Collins y la empresa francesa Thalen.

A continuación, el plan analiza qué clase de compañías son exitosas en el ambiente de ese negocio. ¿Se trata de compañías de costos bajos? ¿Tienen tecnologías innovadoras, sistemas de distribución en expansión o son empresas de alcance global? En otras palabras, ¿qué diferencia a las compañías exitosas de las demás compañías en la misma industria?

No se trata sólo de elaborar un plan y luego regresar para ver si puede servirte de algo. Debes decidir sobre los objetivos desde el principio: "¿Qué deseamos hacer?

¿Cuáles son los aspectos críticos que necesitamos comprender mejor? ¿Por qué va a sernos de utilidad al final?" En tanto elabores el plan en torno a esos objetivos, tienes una oportunidad de lograr algo.

***

Un poderoso plan estratégico debe responder las siguientes preguntas:

- ¿Cuál es la evaluación del ambiente externo?
- ¿Qué tan bien comprendes a los mercados y clientes existentes?
- ¿Cuál es la mejor manera para hacer que el negocio crezca de manera redituable y cuáles son los obstáculos para el crecimiento?
- ¿Quién es la competencia?
- ¿Puede el negocio ejecutar la estrategia?
- ¿Se encuentran equilibrados el corto y el largo plazo?
- ¿Cuáles son las metas de importancia para la ejecución del plan?
- ¿Cuáles son los aspectos más importantes que encara el negocio?
- ¿Cómo ganará dinero el negocio de manera sostenible?

¿Cuál es la evaluación del ambiente externo?

Todo negocio opera en un contexto político, social y macroeconómico en constante cambio y el plan estratégico debe contener de manera explícita las premisas externas que la gerencia está formulando. Los líderes de una unidad de negocio deben analizar cuidadosamente su ambiente y comprenderlo bien. Deben examinar todo, desde las tendencias económicas y demográficas y los cambios regulatorios hasta las nuevas tecnologías, las alianzas entre los competidores, los factores que incrementan o disminuyen la demanda de sus productos, etc. La evaluación que hizo AT&T de su ambiente externo no anticipó que las autoridades reguladoras podrían no comportarse como se esperaba y que el *boom* en el mercado de capitales de las empresas "dot-coms", de telecomunicaciones y de medios de comunicación, podría no seguir siendo fuerte.

El ambiente general es el mismo para todos los participantes en el mercado. Lo que diferencia a los exitosos son sus apreciaciones, percepciones y habilidades para detectar los patrones del cambio y relacionarlos con su entorno, sus industrias, su competencia y su negocio. Por ejemplo, cuando la crisis asiática estalló en 1997, la mayoría de las compañías no detectaron el cambio hasta marzo de 1998. GE y AlliedSignal la percibieron al final de 1997 y modificaron sus planes operativos de 1998 con el fin de estar en posibilidades de cumplir con los resultados que habían prometido a pesar de las nuevas circunstancias. Muy pocas compañías reaccionaron adecuadamente a la crisis.

¿Qué tan bien comprendes los mercados y clientes existentes?

Quizá no los comprendes tan bien como piensas. En lo relacionado con clientes industriales, por ejemplo, la decisión de compra es más compleja que la simple tarea del gerente de compras del cliente que negocia los precios. El gerente de división de una gran compañía industrial propuso recientemente una estrategia de crecimiento que requería una inversión de capital de US$300 millones. La estrategia adaptaría una tecnología existente a un nuevo producto que sería vendido a un nuevo conjunto de clientes. El plan que propuso era interesante por la forma en que respondía las preguntas de estrategia usuales con información sobre la competencia, la industria y el ambiente externo. El director ejecutivo escuchó pacientemente por veinte minutos, un período inusualmente largo para él. Sin embargo, no pudo esperar más antes de formular las siguientes preguntas. En primer lugar, ¿quién comprará este producto? El gerente de la división respondió que lo harían los gerentes de compras de las compañías clientes. El director ejecutivo dijo: "¿De verdad? Déjame volver a formular la pregunta. ¿Quién especifica que el producto debe ser adquirido?" El gerente de la división respondió que se trataba obviamente de los ingenieros. La pregunta final del director ejecutivo, formulada en tono rígido, fue: "¿Con cuántos ingenieros has hablado?" El silencio que siguió a la pregunta significó que el proyecto fue rechazado.

Las personas tienden a considerar sus negocios "de adentro hacia afuera"; es decir, se enfocan tanto en elaborar y vender sus productos que dejan de tener conciencia de las necesidades y conductas de compra de sus clientes.

La clave consiste simplemente en comprender a las personas específicas que toman las decisiones de compra y su conducta de compra. En las grandes compañías industriales, por ejemplo, los ingenieros y los agentes de compras realizan generalmente las adquisiciones. Pero en las compañías pequeñas, el director financiero o incluso el director ejecutivo participan, debido a que deben prestar atención cuidadosa al flujo de efectivo. Esto requiere adoptar una aproximación muy diferente hacia el cliente.

¿Cuál es la mejor manera para hacer que el negocio crezca de manera redituable y cuáles son los obstáculos para el crecimiento?

¿Necesita tu negocio desarrollar nuevos productos? ¿Necesita llevar los productos existentes a nuevos canales y a nuevos clientes? ¿Necesita adquirir otros negocios? ¿Cómo se comparan sus costos con los de los competidores y qué programas de productividad has implementado para mejorar tu posición de costos?

A principios de los años noventa, GE Medical —el negocio de sistemas médicos de GE— tuvo un tropiezo en Estados Unidos. No logró crecer porque las políticas de reembolso desalentaban a los hospitales para la compra de equipos nuevos. El gerente de la unidad de negocios, John Trani y su equipo desarrollaron un plan de crecimiento para incursionar en los segmentos adyacentes y proporcionar mantenimiento y otros servicios a los propietarios de equipos médicos, ya fuera los vendidos por GE o sus competidores. Enfrentaron obstáculos: algunos de los equipos que no habían sido elaborados por GE Medical no podían ser revisados por la maquinaria de alta tecnología de GE Medical y la unidad tendría que convencer a los clientes potenciales que su oferta tenía valor. La unidad superó el primer obstáculo mediante la adquisición de una compañía especializada en equipo de baja tecnología que GE no fabricaba y al enfocarse en el mejoramiento del proceso para incrementar la productividad de su propio personal. La unidad superó el segundo obstáculo al hacer una apuesta empresarial en un pequeño hospital de Ohio: celebró un contrato para dar mantenimiento a todo el equipo y garantizó al hospital que ahorraría dinero. Una vez que tuvo éxito, GE Medical fue capaz de acudir ante los clientes potenciales con el registro de lo realizado. Esa original iniciativa de crecimiento convirtió una porción creciente de los ingresos de GE Medical a los servicios de alto margen de utilidad con niveles más altos de flujo de efectivo.

Una herramienta que es útil para definir las oportunidades de crecimiento es la segmentación del mercado. La herramienta es muy simple; cualquier negocio puede ser segmentado. Muchas compañías que elaboran bienes para el consumidor la utilizan de manera ventajosa. Sin embargo, muchas otras no lo hacen y sólo la usan unas cuantas compañías industriales. Los planificadores hablan de segmentos del mercado, pero menos del 5 por ciento de los planes que hemos visto contienen una segmentación útil.

Para comprender cómo funciona, analicemos la segmentación de A.T. Cross en el mercado de las plumas de lujo. Un análisis sencillo de los segmentos de mercado de Cross permite identificar tres consumidores diferentes. El primero es un individuo que quiere comprar una pluma para sí mismo; el segundo es una persona que compra una pluma para regalársela a otro individuo; la tercera es una corporación que compra miles de plumas con su logo en ellas y que las utiliza como regalos institucionales. El producto es esencialmente el mismo para cada segmento del mercado, pero la demanda es diferente y también lo es la estrategia. Cada una requiere que Cross tenga distintos competidores, canales, manejo económico y fijación de precios.

Un nuevo segmento del mercado en la industria aeroespacial ha modificado la dinámica para los fabricantes y proveedores. En los últimos siete u ocho años, conforme el servicio de aviación y los itinerarios se deterioraron y los precios se elevaron, despegó el negocio de los jets corporativos. En 1996 Executive Jets fue el pionero en implementar la propiedad parcial, que es el equivalente del "tiempo compartido" en el cielo, con su programa NetJet. El nuevo segmento que creó se convirtió rápidamente en el de más rápido crecimiento en la industria. Entre los fabricantes el gran ganador fue Bombardier, de Canadá, debido a que Bombardier fabricó los aviones correctos para el mercado: más grandes que los de rivales como Beech Aviation y Cessna, pero más pequeños que Boeing o McDonnel Douglas, y los competidores extranjeros.

¿Quién es la competencia?

En ocasiones los negocios no perciben el surgimiento de nuevos competidores que tienen ofertas de valor más atractivas para sus clientes. Por ejemplo, mientras Staples, Office Depot y OfficeMax estaban compitiendo entre sí, no percibieron las incursiones que Wal-Mart estaba haciendo en el mercado de suministros de oficina con descuento. Desde entonces, las tres empresas han perdido participación en el mercado y como resultado sus precios han disminuido.

Ram: Con mucha frecuencia las compañías subestiman la reacción de sus competidores. En diciembre de un año recibí la llamada del director ejecutivo de una compañía con valor de US$5 mil millones. Me dijo: "Anuncié hace nueve meses que tendríamos ingresos de cinco dólares por acción para el año siguiente. Pero por la forma en que marchan las cosas actualmente, no tendremos ingresos superiores a tres dólares y cincuenta centavos. Se trata de un buen mercado y la demanda no está disminuyendo. Estoy avergonzado."

Pasamos el día juntos y he aquí lo que aprendimos. Una división clave era responsable de que la compañía no pudiera cumplir su pronóstico de ingresos. La persona que dirigía la división era brillante y tenía buen manejo interpersonal; era un académico prestigiado de la Escuela de Negocios de Harvard que había trabajado para un importante grupo de consultoría. Había estado en esta compañía durante cinco años. A pesar de que no había sido anunciado, se le consideraba como el sucesor del director ejecutivo.

Su estrategia consistía en ganar participación de mercado al reducir los precios. Había agregado capacidad de producción durante los tres años previos, lo que consumió mucho dinero debido a que la industria es de capital intensivo y tiene estrechos márgenes de utilidad. El ejecutivo calculó que el incremento del volumen que resultaría de reducir los precios disminuiría significativamente los costos. Cuando el director ejecutivo revisó la estrategia, consideró que tenía sentido.

Pasamos revista a lo anterior y finalmente pregunté: "¿Qué fue lo que no tomaste en cuenta?" Para entonces, el director ejecutivo lo había descubierto. "No le pregunté cuál sería la reacción de sus competidores", dijo. El competidor más importante igualó la reducción de precios casi inmediatamente y los demás lo siguieron. Los precios de toda la industria habían disminuido. La compañía tenía la participación de mercado más grande y fue la más afectada.

El director ejecutivo reemplazó al encargado de la división y el nuevo titular incrementó los precios gradualmente, inició programas de productividad y redujo los costos. Los competidores siguieron los incrementos de precios y al final del año siguiente el director ejecutivo logró la meta de US$5 por acción.

En ocasiones las personas tienen el problema opuesto; sobrestiman a la competencia porque no han formulado las preguntas correctas y han perdido oportunidades que deberían estar aprovechando. Por ejemplo, yo estaba trabajando con un pequeño participante de la industria de los programas de computación. Su producto era excelente —está en el centro de un conjunto de paquetes de programas que permite que las computadoras se conecten entre sí y con internet— pero la compañía no lograba nada con él. Conforme hablé con los líderes, se hizo evidente que estaban tan aterrados de Microsoft, que no se atrevían a dar el golpe. Microsoft no tenía un producto que compitiera, pero cada vez que hacían el análisis de la competencia, ellos decían: "Una vez que Microsoft escuche lo que estamos haciendo, vendrán en contra nuestra con todos sus recursos." Lo que no comprendían es que en realidad Microsoft tenía un muy mal récord de ejecución en su área. Ellos sabían cómo ejecutar. Si actuaban rápidamente para obtener a los clientes iniciales clave que serían sus referencias para otros clientes, podían asumir un firme control del mercado.

La compañía siguió adelante y ahora tiene éxito. Con el fin de ejecutar aun mejor, también está cambiando su estructura organizacional y cambiando a las personas clave tanto en ventas como en diseño. Está reenfocando a la fuerza de ventas para atacar varios segmentos del mercado y mejorar la duración del ciclo de ventas.

¿Puede el negocio ejecutar la estrategia?

Un asombroso número de estrategias fracasan debido a que los líderes no realizan evaluaciones realistas sobre si la organización puede ejecutar el plan. Éste fue uno de los problemas en Xerox, Lucent y AT&T. Otro ejemplo es el de Joe, el director ejecutivo del que hablamos al principio del capítulo 1; el hombre no podía comprender por qué su estrategia cuidadosamente planificada fracasó y estaba a punto de ser despedido como resultado de ese fracaso. Él y su equipo de líderes nunca hubieran estado en esa posición si hubieran evaluado la capacidad de su organización. Hubieran descubierto que no era capaz de ejecutar la estrategia. Los dos niveles más altos de las filas de liderazgo no tenían suficientes personas que cumplieran con sus compromisos. El personal de producción no sabía cómo mejorar el proceso de flujo en sus plantas, lo que provocó que el producto no fuera entregado como debería. El área de producción también carecía de procesos de mejoramiento continuo, de manera que no pudieron realizar las mejoras consistentes de costo y calidad que los compradores esperaban. Finalmente, tenían poca capacidad para trabajar con los proveedores para reducir los costos en las primeras etapas de la cadena de provisión (lo cual constituye, por cierto, un problema para muchas compañías manufactureras).

¿Cómo puedes realizar una evaluación como ésa en tu negocio? En cierto sentido, ésta no debería ser siquiera una pregunta. Si estás haciendo tu trabajo como líder —si estás íntimamente involucrado en los tres procesos básicos y dirigiendo diálogos vigorosos que permitan evaluaciones sinceras— es imposible que no tengas una idea sobre tu capacidad. Pero no te detengas allí. Escucha a tus clientes y a tus proveedores. Haz que todos los líderes de tu compañía hagan lo mismo y pídeles que informen lo que hayan escuchado. Y no olvides a los analistas de valores, que estudian tu negocio cuidadosamente desde el exterior. Algunos son buenos, otros no lo son, pero después de algún tiempo sabrás de quiénes puedes aprender.

Larry: Tu puedes medir tu capacidad organizacional al formular las preguntas correctas. Si tu estrategia requiere contar con capacidad de manufactura a nivel mundial, por ejemplo, necesitas preguntar: "¿Tenemos personas que tengan experiencia global? ¿Tenemos gente que sepa cómo obtener los insumos? ¿Contamos con empleados que puedan dirigir una cadena de proveedores que se extienda a nivel mundial?" En una escala del uno al diez, si tus respuestas son de seis, no tienes suficiente capacidad.

Si tienes un negocio de ingeniería mecánica que está expandiéndose hacia la electrónica (como la mayoría lo está haciendo), ¿con cuántas personas cuentas que tengan experiencia en electrónica y cuál es esa experiencia? ¿Tienes capacidad relacionada con la tecnología de los microprocesadores (llamados *chips*) o con la tecnología de la información? Si se va a incluir programas de computación en el producto, ¿cuentas con suficientes expertos en programas de computación? Y si tu respuesta es siete u ocho, ¿qué necesitas para llegar a diez? ¿Cuentas con empleados que comprendan los seis procesos "sigma", por ejemplo, y que hayan alcanzado el nivel cinco sigma? Las organizaciones de ingeniería frecuentemente no están a la vanguardia en su campo. ¿Puedes colocar un nuevo producto en el mercado y esperar que tu personal esté a la altura del reto? Si la respuesta es no, necesitas buscar nuevas personas con talento o adoptar otras medidas correctivas, como acuerdos de mercadotecnia con alguien que pueda elaborar el producto. En el área de finanzas, ¿necesitas una actividad básica de contabilidad de costos o requieres de personas más preparadas que puedan manejar las cosas que necesitas hacer a nivel global, como las operaciones compensatorias?

Puedes ciertamente incrementar tu capacidad; no sólo tienes la vista fija en la actualidad, sino a dos años en el futuro. Pero lo que discernirás y ganarás del proceso es la comprensión de lo que necesita hacerse.

¿Cuáles son las metas de importancia para la ejecución del plan?

La fijación de metas proporciona realismo al plan estratégico. Si el negocio no cumple con las metas conforme ejecuta el plan, los líderes deben reconsiderar si después de todo cuentan con la estrategia correcta. En el negocio automotriz de Honeywell que mencionamos anteriormente, las metas de corto y mediano plazo consistían en desarrollar programas para trasladar las operaciones a sitios de bajo costo de fabricación, así como crear y ejecutar un diagrama de tecnología para diferenciar al producto e incrementar los márgenes de utilidad. La misión a largo plazo (más de cinco años) era posicionar al negocio de manera que pudiera desligarse parcialmente de la industria automotriz y adaptar la tecnología para atender clientes en otros mercados.

Un buen plan estratégico es adaptable. La planificación que se realiza una vez al año puede ser peligrosa, especialmente en negocios de ciclo corto donde los mercados no esperan a que se cumpla tu cronograma de planificación. Las revisiones interinas periódicas pueden ayudarte a comprender lo que está ocurriendo y qué acciones van a ser necesarias. Ésta es otra razón por la que los líderes de tu negocio deben participar en el plan desde el principio. Dado que ayudaron a elaborarlo, lo tienen en mente todo el tiempo; a diferencia de un libro de planificación dirigido por tu equipo de trabajo, que pasará un año en los libreros antes de ser desechado. De esa manera los líderes pueden cotejar el plan con la realidad de manera regular. Y dado que has cristalizado la esencia del plan, no se requiere de mucho tiempo para implementar los cambios.

¿Se encuentran equilibrados el corto y el largo plazo?

La planificación de la estrategia debe ser conducida en "tiempo real", debe estar vinculada a los cambios que ocurren en el ambiente de competencia y a las fortalezas y debilidades cambiantes del negocio mismo. Eso significa definir la misión en el corto y mediano plazos, así como en el largo plazo. Dividir la misión en esos períodos ayuda a aportar realidad al plan; al pensar qué hará posible que se cumpla con los resultados en el corto y el mediano plazo, dispondrás de una base sobre la cual construir para el futuro.

Todo puede cambiar en un momento, desde las preferencias de los clientes hasta el flujo de efectivo. Los negocios deben prepararse a sí mismos para adaptarse a una economía en constante cambio. Al desarrollar tu plan, necesitas considerar situaciones que probablemente cambiarán antes de que tu plan sea implementado.

Si, por ejemplo, decides trasladar algunas de tus plantas a países que tengan costos más bajos, no es necesario decidir con mucha anticipación qué plantas serán trasladadas. Es posible que actualmente sea atractivo abrir una planta en China, por ejemplo, pero dentro de un año puede no ser la mejor alternativa. Lo importante es primero lograr transmitir el principio; en este caso, la necesidad de reducir costos al trasladar una parte de la operación a un sitio nuevo. A continuación puedes tomar la decisión concreta, conforme te acerques a la fecha fijada.

En consecuencia, es fundamental equilibrar las partes correspondientes al corto y al largo plazos de un plan estratégico. La mayoría de los planes no contemplan lo que la compañía debe hacer en el período que va del momento en que el plan es diseñado hasta el momento en que supuestamente debe obtener los resultados más importantes. Un plan que no toma en consideración los aspectos de corto plazo de costos, productividad y personal hace que el traslado de aquí a allá sea inaceptablemente riesgoso, y a menudo imposible.

Larry: No puedes limitarte simplemente a decir *mañana*. Debes tener un plan que al mismo tiempo siembre y coseche, que pueda lograr tus objetivos financieros en el corto plazo y que al mismo tiempo realice cosas que amplíen la vida del negocio en el largo plazo.

Un gerente, Jerry, presentó un plan que tenía el aspecto de un bastón de *hockey*: los ingresos se desplomaban inicialmente debido a pérdidas operativas, pero luego aumentaban drásticamente. Jerry dijo: "Nuestros ingresos serán bajos durante tres años mientras logramos lanzar esta estrategia." Le dije: "Jerry, no puedo tener ingresos bajos durante tres años *para la compañía*. ¿Quién va a compensar la diferencia? Si quieres embarcarte en algo que contiene un aspecto de pérdidas operativas sustanciales, entonces te corresponde explicar cómo vas a compensar esas pérdidas de aquí a que el proyecto se vuelva redituable. Si no puedes superarlo, entonces el entusiasmo por invertir en este proyecto disminuirá."

Cuando presionas a las personas en este tipo de asuntos y les dejas claro que no vas a permitir una reducción de los ingresos mientras ponen en marcha su proyecto, su imaginación e innovación crecen de manera notable. Jerry regresó y me dijo: "Puedo obtener mayores utilidades de esta línea de productos en el corto plazo, porque no creo que tenga de cualquier manera un potencial a largo plazo. Y puedo vender un negocio pequeño y obtener una utilidad, porque no creo que sea el mejor negocio en que podemos participar. Puedo reducir los costos diez por ciento durante el período como una forma de generar mayores utilidades. Puedo hacer cuatro o cinco cosas para superar esta pérdida relacionada con el nuevo producto.

Un resultado importante que se obtiene de este tipo de aproximación es que todo el equipo del negocio se apropia del nuevo proyecto. Dado que todos están realizando algún tipo de contribución para apoyarlo, todos están comprometidos con él.

Ram: Intel dominó el arte de equilibrar el corto y el largo plazos desde la época en que era una compañía con valor de US$200 millones. Ellos comprendieron que para ganar en su campo, debían invertir en el mejoramiento de los procesos y equipos de manufactura para anticipar la tecnología de nueva generación, de manera que pudiera ser puesta a prueba. De esa manera están preparados para la siguiente generación y por lo tanto logran las metas de corto plazo y también crean a largo plazo.

Para lograr ese equilibrio se requiere creatividad y generación de ideas, encontrar los recursos fuera de la corporación si es necesario para el largo plazo. Eso es común actualmente en la industria farmacéutica. Al desarrollar la droga Lipitor que reduce el colesterol, Warner-Lambert necesitaba recursos así como una cobertura de ventas más amplia a nivel global. Negoció con Pfizer para financiar de manera conjunta el desarrollo y lanzamiento de Lipitor. Warner-Lambert obtuvo un cheque por US$250 millones de Pfizer, de manera que obtuvo los recursos del exterior y al mismo tiempo mejoró su posición en el mercado con mayor cobertura de ventas.

Cada año compañías como Colgate-Palmolive y Emerson Electric generan recursos para construir el futuro mediante programas de mejoramiento de la productividad. Colgate es uno de los mejores ejemplos de una compañía que obtiene resultados de corto plazo trimestre tras trimestre. Tiene un récord envidiable en lo que se refiere a incrementar los márgenes de utilidad cada año y superar a sus principales competidores en crecimiento de ganancias, ventas y generación de efectivo. No sólo es su línea de productos de pasta dental total lo que la convierte en la número uno en ventas y participación de mercado, sino que también sus prácticas consistentes de desarrollar y ejecutar cada año programas de productividad permiten financiar los proyectos de crecimiento para el futuro. Colgate es una compañía única entre las empresas de bienes al consumidor y actualmente cuenta con un grupo global que trabaja en ideas para mejorar el crecimiento y la productividad.

¿Cuáles son los aspectos más importantes que encara el negocio?

Todo negocio tiene alrededor de media docena de aspectos críticos; aquellos que pueden dañarlo gravemente o impedirle aprovechar nuevas oportunidades o alcanzar sus objetivos. Para enfrentar esos problemas se requiere generalmente de investigación y reflexión. Delinear los aspectos críticos en el plan estratégico permite enfocar la preparación y el diálogo cuando es el momento de revisar la estrategia.

Larry: En Honeywell, durante las llamadas telefónicas que sostengo con los gerentes antes de una revisión, les pido que piensen cuáles son los aspectos más importantes. A continuación les digo cuáles *pienso* que son esos aspectos; no porque mi perspectiva sea necesariamente diferente, sino porque necesitamos tener claro qué aspectos debe considerar el plan estratégico. Más tarde volvemos a llamarnos por teléfono y reiteramos esos cuatro o cinco aspectos. Finalmente digo: "Elaboren el plan y asegúrense de que podemos responder estas preguntas cuando tengamos la revisión."

Cuando llega el momento de hacer la revisión, comenzamos la reunión con los aspectos que hemos identificado. Los gerentes proporcionarán alguna información, desde luego; qué tan grande es el negocio, qué participación de mercado tienen, qué tan rápido está creciendo el mercado, quiénes son los competidores. A continuación hablamos sobre qué programas de crecimiento y productividad prevemos para los siguientes tres años. Sin embargo, el enfoque está en los problemas que obstruyen al negocio, así como en las oportunidades que debemos aprovechar.

Por ejemplo, identificamos tres aspectos críticos en uno de nuestros productos automotrices en 2002. No estábamos teniendo los resultados que esperábamos en Japón; ¿cómo podíamos mejorar nuestro desempeño allá? ¿Cual sería la siguiente evolución tecnológica del producto? (Se trata de un mercado de alta tecnología que está cambiando rápidamente). ¿Cómo podíamos hacer que creciera el sector postventas más rápidamente?

También debes conocer qué aspectos deben quedar fuera de la discusión. Supongamos que se presenta la cuestión de si es conveniente construir una planta para elaborar un nuevo producto. La inclusión de esa cuestión en el plan es apropiada, pero no debemos tomar una decisión sin tener suficientes detalles como para realmente formular un juicio tan cuidadosamente como sea posible. Es posible que tengamos tres o cuatro asuntos de este tipo. Deseo tener una revisión de todo el plan y luego sostener una sesión separada para resolver esos importantes asuntos.

Puede resultar embarazoso hablar de esos asuntos "inmencionables" frente a otras personas; la mayoría se relacionan con fallas de administración. La historia de Xerox que mencionamos en el capítulo 2 es un ejemplo. Las enormes necesidades de efectivo de esa compañía altamente endeudada y su pérdida de participación de mercado la condujeron a una crisis financiera en el año 2000 debido a que los administradores fracasaron al ejecutar sus planes para reorganizar a su fuerza de ventas por industria y en consolidar sus centros administrativos. Aspectos críticos como ésos deben ser materia de un diálogo vigoroso durante la elaboración del plan. Si se presentan problemas, éstos deben ser puestos sobre la mesa de discusión al incluirlos en el plan. "¿Por qué perdimos participación de mercado el año pasado en este negocio correspondiente a un producto clave? ¿Por qué no podemos lograr una mejor productividad? ¿Por qué no podemos crecer más rápidamente en China? ¿Por qué seguimos teniendo problemas de calidad? ¿Cómo podemos mantener el crecimiento de nuestro mercado?" Analizas cinco o seis aspectos para proporcionar información, hacer recomendaciones y debatir, y en última instancia logras una solución. Eso es parte de un ejercicio productivo de planificación estratégica.

***

Muchas estrategias fracasan debido a que los aspectos críticos correctos no son tomados en consideración. Los aspectos críticos de AT&T incluían la disminución de los ingresos en larga distancia y la capacidad organizacional para ejecutar un importante cambio en la estrategia. El consorcio Iridium —fruto del esfuerzo conjunto de Motorola y TRW para desarrollar un sistema de satélites de telecomunicaciones capaz de conectar a los teléfonos a nivel mundial— enfrentó dos problemas fundamentales. El primero era cómo crear suficiente demanda para abatir los precios lo suficiente como para crear un mercado de tamaño importante; el otro (relacionado con el anterior) consistía en desarrollar unidades portátiles lo suficientemente pequeñas para que los consumidores pudieran llevarlas consigo de manera conveniente. La estrategia fracasó en ambos casos.

En 2001, la compañía Dell Computer estaba comenzando a encarar su problema crítico; el panorama sombrío de largo plazo para las computadoras personales. Sin importar qué tan grande fuera la ganancia en la participación de mercado de Dell, el mercado no tenía perspectivas de crecimiento. Un primer paso en la dirección correcta fue formar una alianza con EMC para comercializar el equipo de almacenamiento de EMC. Una opción extraña consistió en ampliarse al segmento de mercado adyacente, los servidores, donde el potencial de crecimiento era mucho más grande que en el de las computadoras personales. Sin embargo, el modelo de Dell —de bajo margen y alta velocidad—, que funciona tan bien para las computadoras personales, ¿sería capaz de ser efectivo en el caso de los servidores, de tecnología más sofisticada? A la fecha de publicación de este libro el resultado es incierto.

En el nivel de las unidades de negocio, los aspectos abarcan una gama más pequeña pero no menos importante en relación con el futuro de la organización. Por ejemplo, en la unidad automotriz de Honeywell, los siguientes eran algunos de los aspectos críticos que fueron considerados en el plan del año 2001.

1. ¿Podemos tener costos lo suficientemente bajos como para obtener márgenes adecuados, tomando en cuenta la disminución de los precios en el segmento automotriz? ¿Qué necesitamos para mantenernos adelante en la curva de costos?
2. ¿Debe el equipo de líderes considerar el traslado de la manufactura a un sitio de bajo costo como China? ¿Cuáles son los riesgos al tomar esa decisión?
3. ¿Cuáles son los aspectos regulatorios? ¿Estamos al tanto de algún aspecto negativo, y de ser así, qué vamos a hacer al respecto? ¿Estamos haciendo lo suficiente para apoyar las restricciones más rígidas

en emisión de contaminantes que incrementarán la demanda del producto?

¿Cómo ganará dinero el negocio de manera sostenible?

Toda estrategia debe incluir claramente los detalles específicos de la anatomía del negocio, cómo ganará dinero ahora y en el futuro. Para lograr lo anterior es necesario comprender las siguientes bases, la mezcla de las cuales es única en cada tipo de negocio: los factores de efectivo, margen de utilidad, velocidad, crecimiento de los ingresos, participación de mercado y ventaja competitiva. Por ejemplo, el gerente de discusión al que nos referimos anteriormente, que proponía una inversión de US$300 millones en un nuevo producto, necesitaría presentar la siguiente información para responder la pregunta sobre cómo lograría su estrategia para obtener dinero y proporcionar una adecuada retribución sobre la inversión:

- La fijación de precios de acuerdo con niveles diferentes de demanda. ¿Pagará el cliente una prima por lo que tú consideras que es una diferencia?

- Costo y estructura de costo, actual y en el futuro.

- Cantidad de efectivo que se requiere como capital de trabajo.

- Acciones necesarias para impulsar el crecimiento de los ingresos.

- Inversión para comercializar el nuevo producto.

- Inversión continua en tecnología para preparar la siguiente generación del producto.

- Reacciones de los competidores ante la fijación de precios.

***

Al llegar a este punto esperamos que puedas apreciar que un plan estratégico contiene ideas que son específicas y claras. No es un ejercicio de números. Obviamente los números son necesarios, pero aquellos que se detallan rubro por rubro y que son aplicados mecánicamente a los siguientes cinco años son de poca utilidad. Los números que necesitas son aquellos que fortalecen las ideas contenidas en el plan estratégico.

Las preguntas tampoco son mecánicas. Las preguntas que son importantes serán diferentes de una situación a otra y de un año a otro. Lo mismo ocurrirá con las respuestas; lo que es bueno para un negocio actualmente puede no ser bueno para otro negocio o para el mismo negocio en otro momento.

Un plan preparado de acuerdo con los lineamientos y preguntas perfilados en este capítulo proporciona la base para un diálogo vigoroso que vincule la estrategia con los procesos del personal y las operaciones. Ese diálogo tiene lugar durante la revisión de la estrategia que se detalla en el siguiente capítulo.

Capítulo 8
Cómo conducir una revisión de estrategia

Es posible que hayas asistido a una o más revisiones de estrategia como la que describimos a continuación. Los participantes se reúnen. Los planificadores presentan el libro, grande y grueso, que han elaborado y avanzan página por página, explicando los detalles y sin dar mucha oportunidad para las preguntas. El director ejecutivo formulará algunas seguramente. A menudo ha recibido información de manera anticipada por parte del equipo de planificación, de manera que pueda demostrar que conoce el tema (y de que quizá pueda sorprender a algunas personas). Los asistentes se esfuerzan para permanecer despiertos durante ese ritual mortal. Después de cuatro horas, ha habido poca o ninguna discusión constructiva y casi no se han tomado decisiones sobre qué acciones permitirán que el negocio avance. De hecho, nadie comprende realmente mucho de lo que han oído; los aspectos críticos no destacan entre la abrumadora cantidad de detalles. Las personas se llevarán los libros a sus oficinas, donde terminarán colocados sobre las credenzas, acumulando polvo durante el resto del año.

Ésta es la revisión de estrategia de la unidad de negocios. Es la manera en que las revisiones eran conducidas en GE antes de que Jack Welch se hiciera cargo de la compañía hace más de dos décadas. Otros han adoptado desde entonces el estilo que Welch aportó a GE: prohibir los libros gruesos y hacer que todos piensen y hablen sobre la realidad. Sin embargo, el mensaje no ha sido realmente transmitido aún. Demasiadas revisiones todavía están dominadas por discusiones estériles sobre los números y por personas que maniobran para obtener poder y que evaden las preguntas difíciles.

Ésta no es la manera de ejecutar. La revisión de estrategia de la unidad de negocios es el principal Mecanismo de Operación Social del proceso de estrategia. Proporciona la penúltima oportunidad de poner a prueba y confirmar la estrategia; la última oportunidad de entender las cosas antes de que el plan enfrente la prueba más importante, la del mundo real. En consecuencia, debe ser inclusiva e interactiva: debe incluir un debate sólido, conducido a la manera del diálogo vigoroso de la cultura de ejecución, con la presencia de todos los participantes clave que proporcionen su opinión.

La revisión debe ser un ejercicio creativo y no un ejercicio en que la gente regurgita información. Si la creatividad no está presente en la conversación, los participantes bien podrían permanecer en sus oficinas. Las personas deben marcharse con conclusiones de la discusión y una vez que han asumido la responsabilidad por sus partes en el plan, el líder debe dar seguimiento para asegurarse de que todos tienen claro el resultado de la revisión.

Larry: Mi hijo Paul, vicepresidente de financiamiento de equipo comercial de GE Capital, vino a verme un día. Iba a participar en su primera sesión de planificación en ese nuevo cargo y me preguntó: "Papá, ¿qué consideras que están buscando?" Le dije: "Están buscando nuevas ideas. No sólo te presentes para entregar una repetición del plan del año pasado. Haz que tu idea sea lo mejor posible y no te preocupes si alguien dice que es una mala idea. Conviértelo en un proceso creativo donde surgan nuevos pensamientos que de otra manera no surgirían. Ése es un elemento de un buen proceso de planificación." Aunque generalmente deseas evitar "mirar el espejo retrovisor" —es decir, enfocarte demasiado en el plan estratégico del año anterior—, debes dedicar algo de tiempo a analizar qué tan bien fue ejecutado. ¿Qué tan cerca estuvimos de lograr sus metas? Yo nunca le pido a la gente que me proporcione muchos números; sólo los números que señalan tendencias. Pero a continuación tienes que preguntar, ¿son similares los números que marcan tendencias e hizo la gente lo que dijeron que iban a hacer, o se trata solamente de otro día para mencionar las cosas que no ocurrieron? Busca la manera de vincular tantos de esos eventos como sea posible, como una base para establecer la credibilidad.

***

La revisión de la estrategia es también un buen lugar para que el líder aprenda sobre las personas y las desarrolle. Descubrirás su capacidad para concebir pensamiento estratégico, tanto de manera individual como en grupo. Al final de la revisión, tendrás una buena perspectiva de las personas que participaron y una evaluación sobre su potencial para recibir un ascenso. Y tendrás oportunidades para dirigir a las personas.

Preguntas por formular durante la revisión de la estrategia

En la revisión de la estrategia volverás a analizar los mismos aspectos críticos que desarrollaste al crear el plan estratégico (capítulo 7). Sin embargo, en este grupo más amplio, obtendrás una gama diversa de puntos de vista novedosos. El equipo del director financiero analizará el realismo financiero del plan. El personal de recursos humanos cuestionará las implicaciones del plan en lo relacionado con el desarrollo de liderazgo, etc.

Al final, la discusión debe responder las preguntas clave: ¿Se trata de un plan viable y realista? ¿Es consistente desde el punto de vista interno? ¿Corresponde a los aspectos críticos y a las premisas? ¿Están comprometidas las personas con el plan?

También formularás nuevas preguntas y volverás a plantear viejas preguntas para que tengan nuevos niveles de especificidad. Por ejemplo:

- ¿Qué tanto conoce de la competencia cada equipo de la unidad de negocio?
- ¿Qué tan fuerte es la capacidad organizacional para ejecutar la estrategia?
- ¿Está dividido el enfoque del plan o tiene el enfoque correcto?
- ¿Estamos seleccionando las ideas correctas?
- ¿Están claros los vínculos con el personal y las operaciones?

¿Qué tanto conoce de la competencia cada equipo de la unidad de negocio?

No es necesario señalar que la revisión de estrategia requiere analizar a la competencia. Sin embargo, frecuentemente el análisis de la competencia se enfoca solamente en el pasado: la dinámica de la industria, la estructura de costos, la participación de mercados, la diferenciación de marcas y el poder en los canales de distribución. Lo que realmente cuenta no son las páginas de información sobre aquello que la competencia ha hecho en el pasado, sino la información "en tiempo real" de lo que están haciendo y de lo que probablemente harán a continuación.

- ¿Qué están planificando nuestros competidores para atender sus segmentos de clientes e impedir que nosotros los atendamos?

- ¿Qué tan buena es su fuerza de ventas?

- ¿Qué están haciendo nuestros competidores para incrementar su participación de mercado?

- ¿Cómo reaccionarán a la oferta de nuestros productos?

- ¿Qué sabemos sobre los antecedentes de los líderes de la competencia? (Si provienen de mercadotecnia, es más probable que reaccionen a programas de mercadotecnia; si provienen del área de producción, tratarán de aumentar la calidad.)

- ¿Qué sabemos sobre el líder de un tenaz competidor y sobre sus motivaciones y qué significa eso para nosotros? (Si un competidor tiene incentivos poderosos para ganar participación de mercado, su motivación podría ser impedir que ingresemos en ese segmento, incluso si sus utilidades disminuyen. Es posible que no resista durante mucho tiempo la disminución de sus utilidades, pero bloqueará nuestro ingreso).

- ¿Qué adquisiciones realizarán nuestros principales competidores que podrían afectarnos?

- ¿Podría alguno de los competidores integrar una alianza para atacar nuestro segmento? (Por ejemplo, Sun Microsystems debe evaluar cuidadosamente la alianza de Dell con EMC para acelerar su penetración en los mercados de servidores y almacenamiento).

- ¿Qué personas nuevas han incorporado los competidores que podrían alterar el panorama competitivo? Ford y Chrysler, por ejemplo, deberían analizar cuidadosamente lo que significa el nombramiento de Bob Lutz como vicepresidente del consejo de General Motors. GM ha estado realizando progresos constantes en la reducción de costos desde que Rick Wagoner se convirtió en presidente y luego en director ejecutivo. Ahora, al contratar al mejor encargado de desarrollo de automóviles del mundo, GM ha dado un enorme paso adelante en su intento de reconquistar participación de mercado. Lutz no sólo es el flamante "tipo de los carros", que comprende bien las necesidades del consumidor, sino además una persona que sabe trabajar en equipos y que está consciente de los costos. Su récord tanto en Ford como en Chrysler, relacionado con el diseño y desarrollo de nuevos productos con ciclos de desarrollo más cortos, no tiene paralelo. Un análisis efectivo de la competencia en cada compañía automotriz requeriría una perspectiva honesta desde el punto de vista intelectual por parte del equipo sobre lo que la incorporación de Lutz significa para cada compañía considerada individualmente y para la industria en su conjunto.

¿Qué tan fuerte es la capacidad organizacional para ejecutar la estrategia?

Es en este punto donde se vuelve muy importante contar un vínculo estrecho y consistente entre la estrategia y los procesos de personal. Por ejemplo, una compañía líder en los servicios de programas de computación ha crecido rápidamente durante los últimos tres años, incrementando sus contratos de US$4 mil millones en 1999 a US$12 mil millones en 2001. Su equipo de ventas ha vendido la mayor parte de los servicios a gerentes de tecnología de la información de las 1 000 compañías que integran la lista de la revista *Fortune*. Sus contratos individuales con esas compañías han estado en el rango de US$500 millones. Para mantener esa tasa de crecimiento, la compañía necesita actualmente convertirse en la dominante en el ámbito de las 50 compañías de la lista de la revista *Fortune* e incrementar el tamaño de sus contratos hasta el rango de US$2 mil millones. Para alcanzar el siguiente nivel requerirá vender a los directores ejecutivos y directores financieros y hacer énfasis en los beneficios contantes y sonantes que dichos servicios rinden a las compañías que son sus clientes. Ése nuevo objetivo implica la necesidad de contar con equipos multifuncionales que puedan crear propuestas de valor que vinculen los servicios vendidos con los resultados financieros de los clientes. Este tipo de ventas puede tardar hasta un año antes de que se firme el contrato. Y el nuevo equipo debe tener un porcentaje de ventas mejor al 50 por ciento, superior al estándar anterior de una de cada tres. La ejecución de la nueva estrategia requiere de vendedores con la capacidad mental para visualizar las necesidades totales del cliente como el de la lista de 50 compañías de la revista *Fortune*. Las preguntas que es necesario formular acerca de la capacidad organizacional en situaciones como ésta incluyen las siguientes:

- ¿Tenemos la fuerza de ventas para ganar en los nuevos segmentos de mercado o se trata de gente obsoleta? La respuesta requiere de buenas aportaciones del proceso del personal, donde debe discutirse a fondo la nueva estructura organizacional, las capacidades de los líderes y los criterios para juzgarlos en la etapa inicial de la estrategia.

- ¿Conocemos la tecnología y tenemos un esquema de la manera en que cambiará con el paso del tiempo?

- ¿Tenemos una estructura de costos que nos permita competir de manera redituable?

¿Está dividido el enfoque del plan o tiene el enfoque correcto?

Conforme los negocios buscan el crecimiento al ampliar sus ofertas, a menudo terminan tratando de proveer más bienes y servicios de los que pueden manejar de manera cómoda. General Motors, Procter&Gamble y muchas otras compañías han sido víctimas de esa reacción exagerada. Después de dos décadas de crecimiento sin enfoque, Unilever terminó con cerca de mil 600 marcas. En el año 2001, decidió enfrentar el problema y redujo el número de marcas a cerca de 400. Los resultados ya se han reflejado en el incremento de los márgenes de utilidad y el crecimiento de los ingresos.

Preguntas por formular:

- ¿Es demasiado ambicioso el plan? ¿Cuáles son nuestras prioridades para evitar la fragmentación del esfuerzo?

- ¿Está atacando nuestro equipo de líderes demasiados segmentos de mercado de manera simultánea? ¿Diluirá nuestro enfoque en nuestro segmento de mercado original, hasta el extremo de que podríamos perder a la gallina de los huevos de oro con el que financiamos los nuevos segmentos?

¿Estamos seleccionando las ideas correctas?

Muchas personas fijan estrategias en los negocios equivocados. No importa qué tan bien ejecutes, el riesgo de fracasar se incrementa notoriamente cuando las ideas que desarrollas no se ajustan a tu capacidad existente o si la fuerza que adquieres en relación con esa capacidad tiene un costo muy alto.

Por ejemplo, una gran compañía industrial con valor de US$6 mil millones, con altos márgenes de utilidad, utilizó una red de pequeños distribuidores para vender sus productos a sus clientes. En su intento por crecer, la compañía reunió a muchos de esos distribuidores con el fin de crear una cadena de tiendas. Trajo a uno de sus propios ejecutivos de Europa para dirigirla y los empresarios que fundaron a las distribuidoras se marcharon. Ingresar a la venta al menudeo fue una idea equivocada para esta compañía. No tenía conocimientos sobre la venta al menudeo, ni comprendía cómo ganar dinero en un negocio de bajo margen de utilidad que requería de muchos conocimientos de logística y no estaba preparada para gastar el dinero. necesario para crear la capacidad necesaria para manejar un negocio de un tipo completamente diferente. Como resultado de lo anterior, la compañía comenzó a perder dinero y el precio de sus acciones se redujo en un tercio de su valor.

¿Cómo hacer la selección correcta? Puedes tener una buena noción de cuán específicas, claras y vigorosas son las ideas. A continuación necesitas mucho diálogo para asegurarte de que incluso las ideas que parecen buenas, tengan sentido. Debes comenzar al formular cuatro preguntas básicas acerca de cada una:

- ¿Es esta idea consistente con las realidades del mercado?
- ¿Es coherente con la capacidad de nuestra organización?
- ¿Estamos poniendo en práctica más ideas de las que podemos manejar?
- ¿Ganaremos dinero con esta idea?

Obtendrás las respuestas como producto de un diálogo vigoroso entre los líderes del negocio, con ayuda del equipo de planificación. A continuación pueden tomar una decisión conjunta sobre qué ideas poner en práctica.

Larry: Por ejemplo, supongamos que un líder de negocios quiere ingresar a un nuevo segmento del mercado pero no cuenta con el producto correcto. Tú deseas saber quién participa en este segmento y cuál es la tasa de crecimiento de los segmentos que lo componen. Además de evaluar la idea, tienes que visualizar cómo va a ser adaptada en tu propio ambiente. No deseas entrar en un negocio en el que no has tenido buenos resultados en el pasado. La gente hace esto todo el tiempo. Su pensamiento es: "No hemos participado en este negocio, pero hemos estado en uno que se le parece mucho y pensamos que podemos asimilar las habilidades correctas para lograrlo." Esa clase de pensamiento incrementa el nivel de riesgo de manera considerable.

Durante los años que pasé en AlliedSignal, alguien vino a verme y me dijo: "Acabamos de desarrollar casi por accidente una nueva pantalla plana en uno de nuestros laboratorios y queremos ingresar al negocio de las pantallas planas." Analicé la tecnología y parecía hacer lo que ellos decían que haría. Le dije: "Eso es maravilloso. Sin embargo, no tenemos tecnología básica en la fabricación de pantallas planas. Tú me dices que podemos hacerlo, pero no tenemos antecedentes de haberlo producido anteriormente. Es posible que no tengamos la cultura necesaria para realizar esta tarea de la manera correcta. Algunos otros participantes en el mercado cuentan con el conocimiento.

¿Qué tan probable es que seamos capaces de vencerlos en la competencia con el paso del tiempo?" Al final, después de un inicio problemático, otorgamos la licencia de la tecnología a una compañía que tenía el conocimiento relacionado con el campo.

En otras palabras, no sólo debes evaluar la idea sino tratar de anticipar cómo va a ajustarse a tu ambiente. Una buena idea relacionada con un producto o servicio puede funcionar en una compañía como aquella a la que le otorgamos la licencia de la pantalla plana, pero no en una compañía como AlliedSignal o Honeywell. Las buenas ideas no son las mismas para todos.

Otra cosa de la que debes estar pendiente es emprender demasiados proyectos. Digamos que en el curso de la revisión de los planes estratégicos para un mes a lo largo de toda la compañía, cuatro maravillosas ideas nuevas destacan entre las muchas que son propuestas. En términos del trabajo que se requiere realizar, todas ellas tardarán entre 5 y 7 años para madurar. Muchas personas seguirían adelante y desarrollarían las cuatro ideas. Pero todos los programas arrojan grandes pérdidas, porque ésa es la naturaleza de las cosas y entonces la gente comienza a impulsarlas con menor entusiasmo con el fin de reducir el costo de los lanzamientos. Eso prolonga el tiempo de maduración de los proyectos.

Cuando aprecias cuatro ideas como ésas, tienes que decir: "Mira, nuestra compañía no es lo suficientemente grande para realizar todo esto. Tendremos que seleccionar las dos mejores y desarrollarlas. Podemos asumir las pérdidas relacionadas con esas dos ideas. Sin embargo, tenemos que tomar algunas decisiones sobre las otras dos. Quizá hayan dejado de ser relevantes para el momento en que las abordemos o quizá debamos otorgar licencias sobre ellas actualmente, pero no vamos a comenzar cuatro proyectos para luego quedarnos sin recursos y no obtener nada de ellas." Sin embargo, compañía tras compañía, el apetito es mucho más grande que la capacidad de digerir y se toman las decisiones equivocadas. Se emprenden demasiados proyectos que no rinden frutos.

La revisión de la estrategia ayuda a articular más la dirección del negocio. Proporciona la base para asignar el capital a las cosas que tienen un futuro atractivo y para reducir el capital destinado a las cosas que son menos atractivas.

¿Están claros los vínculos con el personal y las operaciones?

El logro de todo lo que hemos mencionado hasta ahora depende de vincular correctamente el proceso de la estrategia con los procesos del personal y de las operaciones. Mientras más conozcan tú y tu gente de los tres procesos, mejores juicios e intercambios tendrán sobre qué tan bien se adapta la estrategia a tu capacidad y si tiene una oportunidad razonable de ser redituable.

El vínculo entre estrategia y operaciones se vuelve totalmente transparente cuando las primeras páginas del plan operativo (ver capítulo 9) describen la nueva dirección estratégica, los recursos necesarios y los programas que serán ejecutados trimestre tras trimestre durante el año siguiente.

El proveedor de partes automotrices al que nos referimos en el capítulo 7 había ejecutado una estrategia que le permitió trasladarse del negocio de artículos sin pérdidas ni ganancias hasta convertirse en el proveedor seleccionado por los diez principales clientes industriales a nivel mundial. Actualmente desea pasar al siguiente nivel al atender nuevos clientes en segmentos adyacentes. El tipo de preguntas que deben formularse durante la revisión de estrategia en relación con la vinculación deben incluir las siguientes:

La estrategia de una unidad de negocio describe con claridad la manera en que conseguirá un nuevo grupo de clientes y las maneras de hacer llegar el producto calificado al nuevo segmento.

- Si se requiere una nueva estructura organizacional, ¿qué nuevas habilidades de administración de ventas serán necesarias?

- ¿Se han asignado los recursos financieros en el presupuesto del próximo año para crear lo que sea necesario para ingresar en el nuevo segmento?

- ¿Cuáles son los programas para cada trimestre? ¿Cómo serán financiados los programas trimestre tras trimestre? ¿Afectará a los programas la necesidad de obtener utilidades trimestralmente? (Los mejores líderes realizan los intercambios entre el corto y el largo plazos).

O bien, supongamos que deseas avanzar al siguiente nivel, al avanzar hacia el segmento de mercado adyacente. ¿Cómo te presentas a la puerta de los clientes potenciales? ¿Cómo puedes lograr que su personal califique el nuevo producto, es decir, que se asegure que cumple con sus especificaciones y necesidades? Cada uno de estos aspectos se relaciona con el personal y las operaciones, por lo que implica preguntas como las siguientes:

- ¿Cuentas con el número y la clase de personas correctos para hacer estas cosas?
- ¿Has asignado tiempo suficiente para realizar las acciones necesarias?

Larry: Un buen plan estratégico debe ser suceptible de ser convertido en un plan operativo. No se trata de ejecutarlo todo en un año, pero debe tener un componente relacionado con la acción. En ocasiones te involucras con estos dos procesos y te hacen pensar en dos compañías diferentes. Revisas el plan estratégico y no reconoces ninguno de sus aspectos cuando revisas el plan operativo, y viceversa.

Con el fin de revisar las operaciones, me gusta hacer una revisión rápida del plan estratégico para confirmar que el vínculo entre ambos ha sido establecido. Deseo que las primeras tres páginas del documento sea un resumen del plan estratégico. Los componentes acordados del plan estratégico deben tener una transición suave al plan operativo. Supongamos que en el plan estratégico determinamos que vamos a gastar dinero para lanzar un nuevo producto que complementará nuestros productos existentes y determinamos cuáles serán sus costos, el nivel de éxitos que esperamos que tenga y que será puesto a prueba con los clientes. En el plan operativo, necesitamos asegurarnos que se incluye un plan de acción de investigación y desarrollo que está financiado al nivel suficiente para implementar la meta estratégica.

¿Se ajustan tus premisas estratégicas a tus mediciones internas? Tienes que definir en qué deseas y no deseas invertir y las recopilaciones estratégicas tienen que estar de acuerdo con esos juicios. Los indicadores internos incluyen en qué negocios deseas participar, en cuáles no deseas participar, en qué negocios deseas invertir, y en qué negocios deseas cosechar.

Supongamos que alguien se presenta ante ti con un plan para lograr el crecimiento de los ingresos de su negocio a una tasa de 15 por ciento anual. Se trata de un buen líder, uno que siempre cumple sus compromisos. Sin embargo has notado que su segmento del mercado está creciendo sólo 3 por ciento. ¿Cómo va a lograr el crecimiento de 15 por ciento y a qué costo? ¿Merece el logro de este crecimiento, en la participación en un mercado de lento crecimiento que realices la inversión que tienes que hacer en desarrollo de producto, mercadotecnia, adquisiciones o cualquiera que sea el rubro que supuestamente impulsará este crecimiento? Quizá puedas destinar el capital a algo mejor.

O supongamos que alguien se presenta ante ti y afirma que el negocio debe tratar de poner en práctica esas cuatro buenas ideas que mencioné anteriormente. Al considerar las otras partes del negocio tengo la suficiente información para preguntar: "¿Cuánto capital vas a invertir en esas cuatro nuevas ideas y cuáles serán las pérdidas operativas?" Si esa persona no puede darme buenas respuestas, quizá deba decirle: "Mira, no podemos llevar a cabo las cuatro ideas. Escoge dos y las financiaremos, luego veremos si podemos realizar las otras dos, dependiendo de..." lo que sea. No deseo terminar de leer el plan estratégico que plantea el desarrollo de las cuatro ideas y a continuación analizar el plan operativo y tener que decir: "Oh, dios mío, mira esto. No podemos hacer las cuatro." Esa persona diría: "Bien, teníamos todas las ideas en el plan estratégico y tú dijiste que te gustaban. Las pusimos en el plan operativo. Ahora vienes y las desechas."

Cuando un negocio decide adoptar una nueva estrategia, necesita tener un diálogo sobre la calidad y aptitud de las personas involucradas. En Honeywell decidimos ingresar en el negocio de los paquetes electrónicos, es decir, el diseño y desarrollo de microprocesadores para tarjetas maestras electrónicas (conocidas como *motherboards*). Sin embargo, no teníamos a las personas con los antecedentes técnicos correctos y el conocimiento de fabricación. Ingresamos al negocio y perdimos dinero, pero nunca tuvimos que demostrar que teníamos la capacidad correcta. Habíamos tenido un diálogo efectivo en que reconocimos esa carencia en nuestra capacidad, pero decidimos que podíamos superarla. Resultó que no pudimos hacerlo. La persona que propuso el programa había sido muy convincente y no tuvimos el coraje para decir no. Apostamos a ese hombre en la organización y en ningún caso fue suficiente para hacer felices a los accionistas.

***

A lo largo del proceso descrito anteriormente, la formulación de las preguntas permite mantener constantemente los aspectos más importantes en mente: ¿Tenemos a los líderes correctos en los trabajos adecuados? ¿Qué tan bien trabajan juntos? ¿Tienen suficiente personal del tipo que necesitan? ¿Tienen los recursos financieros, tecnológicos y de producción para ejecutar la estrategia?

El seguimiento

Al final de la revisión de estrategia, escribe una carta para cada uno de los líderes que consolide y confirme los acuerdos a que llegaron, de manera que puedas utilizarlas después como la base para revisar el progreso. La carta debe hablar sobre el crecimiento y los nuevos productos, y debe establecer el vínculo entre estrategia, personal y operaciones. La siguiente carta es típica de las cartas que los líderes de las unidades de negocio de AlliedSignal recibían y de las que reciben actualmente los de Honeywell:

Fecha: 22 de junio de XXXX
Para: Jane Smith
De: Larry Bossidy
Asunto: Revisión del plan estratégico de X sistemas

Éste es un gran negocio y un buen plan. He aquí algunos comentarios específicos.

- Debemos reconocer que somos un objetivo para nuestros competidores. Debes considerar cómo podríamos atacar nosotros mismos si fuéramos la competencia. Se trata de compañías muy competentes y no podemos ser complacientes. Recuerda, la mayoría de compañías cuya sustancial posición en el mercado es dañada, son afectadas ya sea en costos o en tecnología. Debemos estar preparados para competir en ambas áreas.

- Debemos defender nuestra actual posición en Europa. Esta región todavía parece tener mucho potencial de crecimiento, y no queremos crear oportunidades fáciles para que nuestros competidores obtengan entrada allí.

- Debemos identificar las metas y la visión de nuestros clientes. Esto nos facilitará planificar para el futuro y mejorará nuestra capacidad para anticipar y satisfacer las necesidades de nuestros clientes.

- El otorgamiento de licencias sobre nuestras marcas puede ser un buen programa. Necesitamos ser cuidadosos sobre la manera y el lugar en que se realiza, para evitar efectos adversos en nuestros negocios.

- La relación con el cliente A y la recuperación del cliente B son magníficas. La situación de B en el sur de Europa fue un gran motivo para llamar la atención y parece que has reaccionado correctamente. Ahora necesitamos ser más consistentes en nuestro servicio al cliente, especialmente si esperamos mantener un buen precio.

- Obviamente no podemos financiar todos los proyectos contenidos en este plan. Tienes que asignar prioridades a tus oportunidades y, para aquellas que se encuentran en la parte inferior de la lista, buscar formas creativas de financiamiento, como los programas gubernamentales.

- El gráfico de "círculo" de nuestro portafolio es una buena manera de ver nuestra posición. Debes utilizarla para dar seguimiento a nuestro progreso.

- Debes contar con una base de clientes muy receptiva para el producto. Los clientes D, E y F necesitan encontrar las formas de mejorar su desempeño en ese segmento y éste es un producto que puede ayudarles.

- Conforme implementamos nuestra estrategia post-venta, debemos asegurarnos de que seguimos satisfaciendo las necesidades de nuestros clientes. Los pequeños talleres de post-fabricación deben ofrecer el mismo nivel de servicio que actualmente proporcionamos.

- El grupo K ha hecho un buen trabajo, aunque no está claro que podamos mantener nuestra ventaja aquí.

- El negocio Z es un objetivo. Debemos estar atentos a la aparición de nuevos competidores y cuidar nuestros costos.

- Necesitamos un plan detallado y bien concebido para nuestras plantas, uno que considere el programa ZZ así como los productos actuales. Es importante hacer esto bien desde el principio.

- Necesitamos socios de distribución que agreguen valor a ZZ. No necesitamos corredores para nuestro producto.

- Es importante mantener la vista en la capacidad de los sistemas de nuestros competidores y encontrar al socio correcto para desarrollar los nuestros.

- Debes seguir participando con nuestro grupo de cabildeo para mostrar a los líderes del congreso las ventajas del producto y disipar algunas de las ideas equivocadas actuales.

- Necesitamos mejorar nuestra capacidad de manufactura antes de ofrecer nuevos productos. Aunque hemos logrado mejoras, la tasa de entrega de partes sueltas todavía es inaceptable.

- Necesitas lograr que los seis procesos "sigma" se conviertan en una productividad más alta. Al final de cuentas estamos compitiendo en costos, calidad y tecnología. Necesitamos estar en una posición que nos permita ganar en costos. Debemos desarrollar una estrategia progresiva de manufactura para mantener bajos nuestros costos.

- Conforme agregamos capacidad a la que tenemos actualmente, debemos pensar en capacidad flexible. Debemos estar preparados para una eventual disminución en el tamaño de este mercado. Tiene sentido Tailandia, pero no estoy seguro del Medio Oeste.

- Antes de establecer nuestra manufactura y provisión en Asia, debemos comprender los efectos de los cambios en las tasas de intercambio de monedas. Necesitamos decidir si todavía tendría sentido en caso de que las monedas asiáticas incrementaran su valor. También debemos determinar qué componentes pueden ser obtenidos en el sitio y cuáles no. Debemos tener la confianza de que nuestros principales proveedores pueden satisfacer nuestras necesidades, tanto en calidad como en cantidad. Esto es particularmente importante en lo relacionado con nuestra decisión sobre el sitio X.

- El programa BBB es impresionante. Debe mejorar mucho la duración de nuestro ciclo y la eficiencia de la ingeniería. La biblioteca de partes estándar será una gran oportunidad para nosotros.

- Tenemos que ser agresivos en la obtención de patentes y en la defensa de nuestra propiedad intelectual. Analiza cuidadosamente al competidor X para averiguar si está infringiendo nuestras patentes.

- La oportunidad CCC es buena, pero todavía está lejana. El competidor Y tiene tanta tecnología como cualquier otro en este mercado. Debes analizarlo para obtener ideas.

- Conforme avanzamos hacia la tecnología DDD, debemos tratar de mantenerla tan sencilla como sea posible. Todavía podemos obtener la mayor parte del valor sin añadir toda la complejidad potencial de estos programas.

- Mantén la capacitación en un sitio importante de la lista de prioridades; hazla tan amplia como sea posible.

- Debemos desarrollar a nuestro equipo de líderes para que satisfagan las necesidades globales de este negocio.

- Éste es un buen plan y requerirá de mucho trabajo y liderazgo. Éste es un negocio maravilloso con muchas oportunidades. Necesitas fijar prioridades para tus proyectos de crecimiento, con el fin de obtener las utilidades más altas sobre nuestra inversión. Finalmente, asegúrate de comunicar tu pensamiento estratégico y tus programas a toda tu organización. Su compromiso y participación impulsarán tu éxito.

***

En estos capítulos sobre estrategia y en nuestra discusión previa sobre el proceso de personal hemos establecido procesos para determinar adónde quieren los líderes llevar al negocio y quién va a hacerlo. A continuación abordaremos los detalles específicos en una escala temporal de corto plazo, de cuatro trimestres. El resultado de este proceso, que denominamos "las operaciones", es un compromiso. Este proceso es donde las partes en movimiento de una organización funcionan de manera sincronizada.

Capítulo 9
El proceso de las operaciones: creando el vínculo con la estrategia y el personal

Tu jefe te ha pedido que manejes desde Chicago hasta Oskaloosa, Iowa, un viaje de 510 kilómetros. Ha preparado un presupuesto para ti, con mediciones claras. Tú no puedes gastar más de US$16 dólares en gasolina, debes llegar en 5 horas y 37 minutos y no puedes manejar a más de 96 kilómetros por hora. Sin embargo, nadie tiene un mapa que incluya la ruta a Oskaloosa y no sabes si enfrentarás una tormenta de nieve en el camino.

¿Ridículo? No más que la manera en que muchas compañías convierten sus planes estratégicos en operaciones. Lo hacen por medio de un proceso presupuestal que detalla los resultados que supuestamente debes lograr, como los ingresos, el flujo de efectivo y las ganancias, así como los recursos que te han asignado para lograrlos. Sin embargo, el proceso no señala la manera en que puedes obtener los resultados —o si puedes obtenerlos—, por lo que está desvinculado de la realidad. Lo que necesitas es lo que encuentras en una compañía que ejecuta: un proceso operativo vigoroso, centrado en un plan operativo que vincula la estrategia y el personal a los resultados.

El proceso de la estrategia define a dónde quiere ir el negocio, y el proceso del personal define quién lo va a llevar a ese lugar. El plan operativo proporciona el camino para esas personas. Divide la meta de largo plazo en objetivos de corto plazo. El cumplimiento de los objetivos de "aquí y ahora" obliga a que se tomen decisiones y que las mismas sean integradas en toda la organización, tanto inicialmente como en respuesta a los cambios en las condiciones de negocios. Coloca a la realidad detrás de los números. El plan operativo no es un presupuesto encaminado a lograr que digamos "tuvimos mejores resultados que el año pasado". Un presupuesto como ése "mira el espejo retrovisor" para fijar sus metas; un plan operativo mira hacia adelante y se enfoca en los *cómos*.

Un plan operativo incluye los programas que tu negocio va a completar en el curso de un año para alcanzar los niveles deseados en objetivos como las ganancias, las ventas, los márgenes de utilidad y el flujo de efectivo. Entre esos programas se encuentran el lanzamiento de productos, el plan de mercadotecnia, un plan de ventas que aproveche las oportunidades del mercado, un plan de manufactura que estipule los niveles de producción y un plan de productividad que mejore la eficiencia. Las premisas sobre las que se basa el plan operativo están vinculadas a la realidad y son debatidas entre el personal de finanzas y los líderes de línea que tienen que ejecutar. Por ejemplo: ¿qué efectos tendrá el crecimiento o disminución del producto interno bruto (PIB) y el nivel de las tasas de interés e inflación en los negocios específicos cubiertos por el plan? ¿Qué ocurrirá si un cliente importante cambia sus planes de manera importante? El plan operativo especifica la manera en que las diversas partes de un negocio se sincronizarán para lograr los objetivos, contempla las modificaciones que será necesario realizar y prevé las contingencias sobre las cosas que pueden salir mal o que pueden ofrecer oportunidades inesperadas.

Hemos señalado en varias ocasiones que los líderes deben estar íntimamente involucrados en los tres procesos básicos y conocer el negocio, lo cual se logra en gran medida como resultado de ese involucramiento. En el plan operativo, el líder es fundamentalmente responsable de supervisar la transición sin contratiempos de la estrategia a las operaciones. El líder debe fijar las metas, vincular los detalles del proceso de las operaciones con los procesos del personal y de la estrategia, y encabezar las revisiones operativas que agrupan a la gente en torno al plan operativo. Debe realizar juicios oportunos e incisivos, y correcciones de cara a una gran cantidad de posibilidades y cuestiones inciertas. Debe conducir un diálogo vigoroso que saque a luz la verdad. Y también debe enseñar a su gente la manera de hacer todas estas cosas. Al mismo tiempo, el líder está aprendiendo sobre sí mismo, sobre las personas y sobre la manera en que se comportan una vez que las cosas están en marcha, así como sobre los obstáculos que se oponen a las buenas estrategias.

No se trata de que sólo el líder esté presente y participe. Todas las personas responsables de la ejecución del plan necesitan ayudar a elaborarlo.

Larry: Un plan operativo no tiene que ver con personas ojerosas que se sientan a escribir números. Se trata de una responsabilidad total. Vincula a las personas, la estrategia y las operaciones y se traduce en fijar metas y objetivos para el año siguiente.

Tú deseas que el plan operativo sea propiedad de todos. Mientras más personas participen en el plan, ya sea mediante los planes y proyectos de contingencia que deban ser implementados en el año siguiente, y mientras más gente esté consciente de las expectativas que se tienen de ellos, más podrás lograr.

***

Un proceso de operaciones como ése no podría ser distinto al típico pleito por el presupuesto. Percibimos tres grandes fallas en la elaboración del presupuesto o el proceso de operaciones en la mayoría de las compañías. En primer lugar, el proceso no permite un diálogo viogoroso sobre las premisas del plan. En segundo término, el presupuesto es elaborado en función de los resultados que los gerentes de más alto nivel desean, pero no especifica los programas de acción que permitirán que esos resultados se conviertan en realidad. En tercer lugar, el proceso no proporciona oportunidades para dirigir a las personas de manera que éstas aprendan sobre la totalida del negocio, ni permite desarrollar la arquitectura social que consiste en trabajar juntos por una causa común.

Estos planes operativos están basados típicamente en un presupuesto que ha sido preparado previamente. Esto está al revés: el presupuesto debería ser la expresión financiera del plan operativo y de los planes subyacentes generados por los componentes del negocio, en vez de que éstos sean la expresión de aquél.

Los presupuestos a menudo tienen poco que ver con la realidad de la ejecución debido a que son ejercicios de números, donde las personas pasan meses tratando de encontrar la manera de proteger sus intereses en vez de enfocarse en los aspectos críticos del negocio. Frecuentemente los objetivos financieros no son otra cosa que incrementos de los resultados del año anterior, que los gerentes de más alto nivel creen que los analistas de valores esperan. En los niveles inferiores, las personas hacen su menor esfuerzo para superar esos resultados. A menudo se protegen proponiendo números más bajos que aquellos que consideran que pueden lograr. A continuación negocian con sus jefes. Es posible que acepten cantidades mayores y que sus jefes acepten cantidades menores. O bien sus jefes dirán: "No, éstos son nuestros objetivos y tú vas a cumplirlos." Nadie sabe necesariamente cómo y por qué se fijaron esos números, pero a pesar de eso se convierten en las cifras por alcanzar durante el siguiente año fiscal.

El proceso consume energía, al desviarla hacia un juego inútil. Y el rígido presupuesto que resulta del proceso puede ocasionar que se pierdan oportunidades en el curso del año. Digamos que durante el segundo trimestre diseñas un plan viable que podría incrementar la participación de mercado de tu negocio en dos puntos antes de que concluya el año. El cumplimiento del plan requeriría una pequeña inversión, pero las posibilidades de éxito son tan grandes que podrían colocarte entre los primeros sitios en participación de mercado y la recuperación de la inversión tendría lugar en menos de un año. Le presentas el plan a tu jefe y te sientas en silencio mientras lo lee. Finalmente te mira con ojos tristes y dice: "Es una gran propuesta, Bob. Pero no hay dinero en el presupuesto para llevarla a cabo."

Un presupuesto como ése también puede obligar a que las personas tomen malas decisiones cuando están desesperadas por alcanzar los objetivos. Una práctica común, por ejemplo, consiste en cargar el inventario en la línea de distribución antes de terminar el trimestre —frecuentemente en tiempo extra— para lograr cifras más altas. Sin embargo, el negocio pagará el precio al siguiente trimestre, cuando los gerentes tendrán que ofrecer descuentos o comprometer la eficiencia de la fabricación o reducir la producción.

Ram: Muchas compañías elaboran sus presupuestos o planes operativos con un sistema diseñado por el personal de contabilidad. Los líderes fijan las metas utilizando eslogans como "quince-cinco": 15 por ciento de crecimiento anual durante los siguientes 5 años. Todos lo repiten como pericos. Los líderes dicen que la mitad del crecimiento se producirá "orgánicamente", lo que significa que vendrán de negocios que la organización ya tiene y que la otra mitad vendrá de la adquisición. Esas aspiraciones muestran a los líderes como visionarios. El director financiero calcula que los márgenes de utilidad mejorarán, la deuda será reducida y el precio de las acciones se cuadruplicará. Sin embargo, pregunta a esos líderes cómo van a conseguir esas metas y en qué premisas se basan las metas, y no tendrán idea al respecto. "Vamos a trabajar en eso" explican. A continuación cada unidad de negocio realiza su planificación en comparación con el año anterior y de manera desvinculada con la imagen total, sin una comprensión común o conexión y sin sostener un diálogo simultáneo.

Este tipo de proceso de presupuesto es contraproducente para el propósito mismo de la planificación. En los meses que transcurren entre el momento en que comienzan los preparativos para el presupuesto y su aprobación final (en ocasiones tardan hasta cuatro meses), el ambiente probablemente ha cambiado. Sin embargo, las premisas en que se asienta el presupuesto se mantienen. Un documento estático en un mundo activo reduce la flexibilidad de la organización para reaccionar ante el cambio. Y no ayuda a que las personas sincronicen las diversas partes en movimiento de la organización.

Un director ejecutivo está enfrentando este problema actualmente. Su compañía tiene cinco negocios y el precio de las acciones ha estado estático durante los cinco años anteriores. Hace dos años el director ejecutivo llegó procedente de otra compañía y ha hecho un buen trabajo en el mejoramiento de la productividad, pero el crecimiento ha sido mucho menor al esperado. A menos que su desempeño mejore y que el mercado de valores recompense su más alta proporción entre precio y utilidades, la compañía tendrá dificultades para realizar muchas grandes adquisiciones.

El director ejecutivo ha establecido las metas a cinco años para inspirar a que la gente vea qué es posible hacer. Con el fin de darle contenido a su plan estratégico ha reunido a sus 200 ejecutivos más importantes durante dos días para generar ideas y ponerlas a prueba. Actualmente ha pedido a sus unidades de negocio que piensen en nuevas maneras para generar el crecimiento: nuevas propuestas de valor, nuevos canales, nuevos clientes. Está cambiando las creencias, las conductas, el personal y la asignación de recursos. Está integrando a la compañía de manera horizontal al hacer que las unidades de negocio vendan juntas en los mismos canales. Actualmente está elaborando un plan operativo que tiene etapas de acción trimestre tras trimestre.

Cómo elaborar un presupuesto en tres días

La mayoría de los negocios de grandes dimensiones dedican semanas o meses a la preparación de sus presupuestos. Esto es innecesario y constituye una gran pérdida de tiempo. Probablemente reconozcas que esto puede y debe hacerse mucho más rápidamente. Pero... ¿Crees que puedas preparar tu presupuesto en tres días? Conocemos a varias compañías que lo hacen.

El punto de inicio es un diálogo vigoroso entre todos los líderes de negocio de importancia, que se sientan juntos para comprender toda la perspectiva corporativa, incluyendo todas las relaciones entre sus partes. A esto le llamamos el principio de simultaneidad.

Casi todos los ejercicios de planificación de presupuesto o de operaciones se realizan de manera secuencial, de abajo a arriba y de arriba a abajo: las metas y las premisas generales vienen de arriba y los negocios aportan los detalles. Sin embargo, la presupuestación secuencial desaprovecha el poder del diálogo simultáneo, que genera opiniones sobre la totalidad del negocio y vincula sus partes en un todo.

El diálogo tiene lugar en una sesión de tres días que incluye a todas las personas que reportan directamente al líder de la unidad de negocios, tanto de línea como de equipo de trabajo. Previamente, todos han recibido información sobre las premisas generales respecto del ambiente exterior, con un grupo de análisis de la competencia y los objetivos financieros y de otro tipo para el año, trimestre por trimestre.

La reunión se enfoca en aproximadamente 20 rubros que, en casi cualquier presupuesto, representan 80 por ciento del efecto en los resultados del negocio. Entre esos rubros, por ejemplo, están los ingresos por la mezcla de producto, los márgenes de operación, los gastos de mercadotecnia, los costos de producción, los gastos de ingeniería y desarrollo, etc. El líder comienza la reunión al pedir que cada función presente sus planes de acción para cumplir con el presupuesto que ha sido propuesto. El líder cuestiona las premisas para probar su validez y pregunta cómo afectará cada plan de acción a los otros negocios. Por ejemplo, si un gerente desea reducir su precio para generar más volumen, eso debe encender la alerta para el área de manufactura: ¿Cuáles serán los costos agregados? ¿Repercutirá en tiempo extra? Otras funciones deben formular otras preguntas.

Una vez que todos expresaron su opinión, el grupo se divide durante una hora y cada gerente discute la información con su equipo de trabajo. El personal de producción, por ejemplo, tratará de encontrar la manera de reducir costos en función de un volumen más alto y en consecuencia qué tanto pueden reducirse los precios. Los miembros del equipo discutirán las alternativas: ¿Debemos agregar un tercer turno o encargar la producción a una fuente externa? ¿Donde podrán obtenerse más componentes?

Cuando el grupo vuelve a reunirse, todos vierten su información en un programa computarizado de hoja de cálculo común. Unos momentos después obtienen una imagen del aspecto que tendrá el presupuesto. Pueden ver "en tiempo real" qué cosa tiene sentido y qué cosa no lo tiene, y qué tan bien pueden sincronizar los componentes. A continuación realizarán nuevamente el proceso, lo cuestionarán, volverán a darle forma y lo refinarán. Generalmente terminarán de hacerlo después de cuatro ciclos. De esa manera obtienen sus planes básicos de presupuesto y de operaciones; llenarán el resto de los rubros del presupuesto y darán contenido a los planes después de regresar a sus oficinas.

No te molestes en intentar lo anterior si no puedes manejar un diálogo que revele conflicto o negociar de manera convincente los intercambios; o si eres el tipo de individuo inseguro que obtiene su poder mediante el acaparamiento de la información. Pero si estás dispuesto a hacerlo, este proceso te proporcionará un presupuesto basado en la realidad que puedes seguir con confianza y adaptar a los cambios en el ambiente de negocios conforme se presentan. Todos comprenderán cuál es su acomodo en el negocio total. Descubrirás que las personas son capaces de moverse más rápidamente y estarán más dispuestas a experimentar con buenas ideas si saben que no están atrapadas en una estructura presupuestal rígida y probablemente obsoleta.

También descubrirás que se trata de un poderoso ejercicio de creación de equipo.

La importancia de la sincronización

La sincronización es fundamental para lograr la excelencia en la ejecución y para proporcionar energía a la corporación. La sincronización significa que todas las partes en movimiento de la organización tienen premisas comunes sobre el ambiente externo para el año de operaciones y una comprensión común; la mano izquierda sabe lo que la mano derecha está haciendo. La sincronización incluye hacer que las metas de las partes interdependientes correspondan entre sí, y lograr que haya una vinculación de sus prioridades con otras partes de la organización. Cuando las condiciones cambian, la sincronización vuelve a alinear las múltiples prioridades y reasigna los recursos.

Por ejemplo, consideremos una compañía automotriz con diez marcas y cerca de tres millones de combinaciones de opciones y colores, y más de cien plantas en todo el mundo, cientos de proveedores, miles de distribuidores y media docena de agencias de publicidad. Cada uno de esos componentes toma decisiones diariamente, todos se encuentran en movimiento y siempre están cambiando. Cuando las tasas de interés descienden, no todos los segmentos del mercado crecen de la misma forma, no todas las marcas deben ampliar su producción de la misma manera y no todos los distribuidores venderán más coches en la misma cantidad. De manera que deben estar sincronizados para aprovechar los segmentos del mercado diferenciados por geografía, distribuidor, etc.

En una gran compañía, ésa es una tarea compleja. Por ejemplo, cuando alguien decide promover un nuevo artículo, necesitan contar con seis meses de anticipación para ordenarlo. Las partes en movimiento son publicidad, promoción, almacenamiento y logística (que frecuentemente se realiza de manera externa). Si algo cambia en el exterior, las relaciones tienen que cambiar. Por ejemplo, si la demanda disminuye, las relaciones entre publicidad, promoción, planificación para la producción y niveles de inventario tienen que cambiar. ¿Pero cambiar cómo? ¿Qué se vuelve más importante y qué es menos importante? Los sistemas operativos en las compañías que ejecutan bien, como GE, Wal-Mart, Dell y Colgate-Palmolive, sincronizan esas cosas mejor y más rápidamente que otras.

Los ataques terroristas del 11 de septiembre de 2001 provocaron verdadera preocupación en Detroit, en el sentido de que la demanda de vehículos se desplomaría. Y de hecho desapareció durante unos días. Ron Zarella, el vicepresidente para Norteamérica de General Motors, concibió la idea de ofrecer financiamiento a cero por ciento de interés y su implementación impulsó la demanda al máximo. Ningún otro momento hubiera sido mejor que ése. En noviembre, la Reserva Federal de EE.UU. continuó reduciendo los intereses, hasta alcanzar el 1.75 por ciento, el punto más bajo en 40 años. Los consumidores pudieron refinanciar y obtener efectivo para dar pagos iniciales. La demanda se disparó de una tasa de 16 millones de unidades al año hasta más de 21 millones.

La medida requirió de un plan operativo para reprogramar y reasignar recursos y para sincronizar las diversas partes en movimiento de GM. ¿Cuántos vehículos y de qué tipo debía construir GM? ¿En qué plantas? ¿Qué regiones requerirían qué mezcla de productos? ¿Cuánto dinero debía gastar la compañía en publicidad y dónde, y en qué productos? Si la producción y la publicidad no guardaban un equilibrio, el resultado sería doblemente negativo: con los márgenes reducidos por el financiamiento al cero por ciento de interés, un desequilibrio entre producción y publicidad provocaría la pérdida de ventas y la elevación de los costos.

Este programa abrió una gran oportunidad para GM. Aunque otros fabricantes de automóviles se unieron rápidamente, la rápida ejecución de GM le dio a la compañía un impulso inmediato en la participación de mercado. Y GM se avocó a aprovechar la oportunidad porque consideró que el programa podría ser no sólo una medida pasajera, sino la oportunidad de revertir tres décadas de pérdida de participación de mercado. El recorte de costos había comenzado a mejorar la productividad de la compañía. El vicepresidente del consejo, Bob Lutz, el célebre "tipo de los carros" que encabezó la racha de productos favorecidos, ya estaba tomando decisiones que tendrían efecto en la publicidad de ese año y en los vehículos del año siguiente. La premisa de GM era que el impulso del mercado y la moral alta que había generado el programa ayudarían a conservar las ganancias, incluso a incrementarlas.

Premisas sólidas: la clave para fijar metas realistas

Un plan operativo toma en consideración los aspectos críticos de la ejecución al crear un presupuesto basado en la realidad. ¿Qué esperan los mercados de capital y cuáles son tus premisas sobre el ambiente de negocios? Si la perspectiva es brillante, ¿cómo puedes aprovechar las oportunidades mejor que tus competidores? Si la perspectiva es ominosa, ¿qué acciones necesitas realizar para sortear la tormenta mejor que ellos?

¿Qué tan bien comprenden esto tus líderes de negocio y qué tan creativos son para aprovechar los cambios? ¿Qué tan buenos son al entablar un diálogo vigoroso, por medio del cual puedan conocer la realidad y actuar sin necesidad de esperar la aprobación de ejecutivos de nivel más alto?

***

El debate sobre las premisas es una de las partes más importantes de una revisión de operaciones; no sólo las premisas generales, sino las que se vinculan específicamente con sus efectos en el negocio, segmento por segmento y artículo por artículo. Ésa es una parte clave de lo que suele faltar en una revisión de presupuesto tradicional. No puedes fijar metas realistas hasta que hayas debatido las premisas sobre las que se basan.

En las negociaciones del presupuesto y del plan operativo, existe un conflicto de intereses inherente. Las personas acuden a la negociación con premisas que dependen de sus funciones y puestos. Por ejemplo, una persona de producción quiere tener los costos más bajos posibles, por lo que quiere elaborar la mayor cantidad de producto y mantener un nivel de producción estable. Al líder de ventas también le gusta la idea de tener mucha producción; mientras más artículos tenga en los estantes, más oportunidades tiene de vender. ¿Y por qué no deberían presionar con base en sus premisas? Ambos incentivos están vinculados a sus logros funcionales específicos.

El funcionario de finanzas, por el contrario, afirma: "Esperen un minuto. Yo no percibo esta clase de crecimiento en la economía. Terminaremos con un inventario muy grande, lo que reducirá nuestro efectivo. Entonces tendremos que ofrecer descuentos y gastaremos mucho dinero extra en promoción para deshacernos de él."

En una revisión de presupuesto tradicional, todos negociarán con base en sus premisas y alcanzarán alguna clase de compromiso. Sin embargo, lo que tú realmente deseas hacer es ventilar esas premisas, con la presencia de todos, mientras un líder formula preguntas incisivas. A continuación deseas someter esas premisas a prueba, al acudir a los clientes o a otra fuente, para asegurarte de que son válidas. Con esta clase de información, el grupo puede realizar negociaciones inteligentes con base en la realidad. Eso es lo que haces en una revisión de operaciones.

El debate sobre las premisas y la negociación abierta en un grupo es una parte importante del *software* social. Ese debate crea capacidad de liderazgo en todas las personas involucradas. Conforme crean y comparten una imagen común y amplia de lo que está ocurriendo afuera y adentro de la compañía, afinan su capacidad para sincronizar sus esfuerzos de ejecución. Y asumen públicamente sus compromisos para ejecutar.

Larry: Debes debatir las premisas básicas antes de que siquiera comiences a pensar en la expresión financiera de las cifras. En tu carácter de líder, debes cuestionar en todos los niveles si las personas han pensado cuidadosamente en todos los ingredientes del plan. Necesitas ser capaz de identificar cualquier premisa que pudiera ser problemática, en caso de que ellos no la identifiquen. No vas a quedarte pensando en silencio "No hay manera de que estos tipos elaboren el plan", para luego sonreír y decir "se los dije". Tú deseas hacer todo lo posible para ayudarles a elaborarlo.

Por ejemplo, si advierto un gran incremento de ventas en el cuarto trimestre del plan de alguien, le preguntaría: "¿Por qué? ¿Qué va a pasar en el cuarto trimestre que va a provocar eso? No deseo que implementes tu plan con un desafío que no sea realista. Deseo que sea ambicioso. Deseo que sea relativamente difícil de lograr, pero quiero que sea posible lograrlo."

Necesitas una gama de premisas, algunas negativas y algunas positivas. Por ejemplo, supongamos que se aproximan las negociaciones laborales en tu negocio. Si las negociaciones marchan mal, necesitas un plan para acumular inventarios en caso de huelga. ¿O qué hacer si tu gasto para investigación supera lo presupuestado en US$5 millones? O, en el caso positivo, ¿qué ocurrirá si tus ventas se duplican? ¿Cómo realizas los ajustes en la organización de la manufactura para poder producir ese tipo de volumen? ¿Qué hacer en caso de que tengas escasez de partes que deben ser solicitadas con mucha anticipación?

Por cierto, no deseas sostener estos debates demasiado pronto. Es importante hacer que el plan operativo sea tan oportuno como sea posible. Las personas a menudo reúnen las cifras demasiado pronto. Me gusta ver que la planificación comienza en agosto, pero no los detalles sobre las cifras. Comienza con algunas ideas sobre cuáles serán las ganancias y las ventas de cada componente (puedes desarrollar las ideas y las cifras de manera independiente unas de otras), pero recuerda que esas cifras estarán en las nubes. El plan no debe ser expuesto en detalle hasta que toda reflexión sobre sus componentes esté completada. Nosotros terminamos de elaborar nuestro plan en noviembre.

***

¿De qué tipo de premisas estamos hablando? Las premisas cubren muchos campos; todo aquello que pueda afectar tu negocio requiere de algún tipo de premisas.

En primer lugar y más importante: ¿Quién es el cliente? ¿Cómo compra y por qué? ¿Cuál es la necesidad? ¿Cuánto durará la necesidad? ¿Qué está haciendo la competencia? ¿Es tu propuesta de valor lo suficientemente buena?

Y si estás en un negocio industrial: ¿Quién es el cliente del cliente? Incluso... ¿Quién es el cliente del cliente, del cliente? Sus problemas y necesidades van a afectar a tu cliente. Muchas personas se concentran en forma miope en sus clientes primarios y no prestan suficiente atención a los clientes que determinarán en última instancia la demanda de sus productos.

Ram: Después de que explotó la burbuja de las telecomunicaciones, Cisco Systems fue lenta para enfrentar la realidad. Cuando la compañía finalmente cambió su rumbo, la mayoría de sus proveedores quedaron atrapados con enormes cantidades de inventario que habían estado acumulando con base en el optimismo incondicional de la compañía. Eso no le ocurrió a un pequeño proveedor de Portland, Oregon. Mucho antes de que Cisco anunciara finalmente sus recortes, el director ejecutivo de esa otra compañía había preguntado a los miembros del consejo de administración qué sabían sobre los planes de expansión de capital de clientes de Cisco, como Verizon, AT&T y British Telecom. También observó la conducta de los clientes más importantes de esas compañías, como GM y American Express. Como resultado de la información que reunió, llegó a la conclusión de que el optimismo de Cisco estaba equivocado. Cerró temporalmente una de sus plantas de manera anticipada y fue capaz de preservar su liquidez.

***

¿Cómo reaccionarán tus competidores ante tus acciones? ¿Modificarán sus precios? ¿Qué sabes acerca de los productos que piensan introducir al mercado? ¿Lanzará alguno de ellos una campaña de mercadotecnia para atacar tu territorio?

Tus proveedores: ¿serán capaces de entregar suficientes insumos, justo a tiempo, a los precios correctos? Si se encuentran en otros países, ¿cómo afectarán las fluctuaciones de tipo de cambio a tus costos?

Tus canales de distribución: ¿Están entregando tus productos a tiempo y facturando con precisión? ¿Son sólidos desde el punto de vista financiero o tendrás que darles crédito? ¿Cuentas con los mejores canales o existen nuevos canales de distribución que los están superando, en internet, por ejemplo? ¿Qué harás si un competidor se presenta ante uno de los distribuidores que utilizas con un volumen más grande, colocándote en una posición de desventaja?

La economía: ¿cuál es la perspectiva no sólo en su conjunto, sino en los diversos segmentos de mercado y regiones que tú atiendes?

Después de los ataques terroristas del 11 de septiembre de 2001, las compañías en todas partes se apresuraron a volver a elaborar sus presupuestos y planes estratégicos. El equipo de administración de alta jerarquía de Honeywell revisó su plan operativo, como lo analiza Larry a continuación. Algunas de las reacciones pudieron ser predecibles, pero es conveniente destacar las cosas que fueron debatidas y que hubiera sido fácil pasar por alto en los procesos tradicionales de presupuesto y planificación de una compañía que no ejecuta.

Larry: Teníamos un plan operativo preliminar para 2002 en etapa de elaboración y habíamos revisado varias premisas. Advertimos que la industria aeroespacial comenzaba a pasar por un mal período incluso antes de los acontecimientos del 11 de septiembre de 2001, por lo que tratamos de tomar eso en consideración al recortar nuestra fuerza laboral.

Tras los acontecimientos del 11 de septiembre de 2001, gran parte del trabajo bien hecho fue desechado. La industria de las aerolíneas estaba en crisis repentinamente, con pérdidas proyectadas de US$4 mil millones tan sólo en el cuarto trimestre. Existía la preocupación sobre si serían solventes, debido a la necesidad de reembolsar una enorme cantidad de boletos a las personas que eligieron no volar. Por otra parte, el gobierno había mostrado al menos algún interés en proporcionar una forma de subsidio; la cantidad exacta y el momento en que sería otorgado todavía eran desconocidos. Al mismo tiempo, las aerolíneas afirmaron que probablemente volarían algo así como el 80 por ciento de sus vuelos regulares programados en 2002. El negocio de las refacciones, la parte más redituable de nuestro negocio aeroespacial, quedó detenido casi inmediatamente debido a que las aerolíneas dejaron de hacer pedidos cuando cerraron por varios días.

La pregunta que teníamos ante nosotros era cómo realizar una evaluación realista tanto del cuarto trimestre como del año 2002. Reunimos mucha información, hicimos muchas llamadas telefónicas y finalmente llegamos a la conclusión de que probablemente perderíamos ventas cercanas a US$1.2 mil millones; gran parte de ellas en el segmento postventa, de alto margen de utilidad. Las ventas correspondientes al sector de la defensa probablemente no se recuperarían hasta avanzado el año 2002, debido a que siempre existe un lapso entre la movilización de las fuerzas armadas y la recopilación de material.

Consideramos que el segmento de la aviación de negocios —jets corporativos— mejoraría en algún momento del año siguiente, una vez que las restricciones sobre dónde podrían volar quedaran resueltas. Debido a la inconveniencia de volar en jets comerciales se incrementaría, llegamos a la conclusión de que un número mayor de personas compraría sus propios aviones o la copropiedad de jets de negocios, un concepto similar al "tiempo compartido". De manera que tuvimos una reducción menor en el sector postventa en los segmentos de aviación comercial y aviación de negocios, que son aproximadamente del mismo tamaño.

Con base en esas consideraciones, señalamos que las ganancias disminuirían aproximadamente en el rango de US$500 millones debido a menores márgenes de operación. A continuación tuvimos que preguntarnos cómo obtendríamos una reducción de costos de US$500 millones en nuestro negocio. No hubiera sido realista tener aspiraciones de crecimiento en este ambiente, de manera que nuestro objetivo era mantener el nivel de ganancias del año 2000.

Obtuve un plan detallado de los negocios, sobre qué iban a hacer en relación con los costos para enfrentar esa disminución en las ventas y en última instancia en los márgenes de operación. Una vez que acordamos eso, lo distribuimos entre los cuatro trimestres. Muchas personas en ese momento defendían la idea de que, a pesar de que el cuarto trimestre de 2001, el primer trimestre de 2002 y quizá incluso parte del segundo trimestre de ese año serían peores debido a los ataques del 11 de septiembre, la segunda mitad probablemente sería mejor; la recuperación podría acelerarse después de que la economía cayó más de lo que originalmente habíamos anticipado antes del 11 de septiembre. Sin embargo, no elaboramos nuestro pronóstico con base en esa idea. Si ése hubiera sido el caso, hubiéramos tenido que movilizarnos más rápidamente. Posiblemente perderíamos algunas ventas. Sin embargo, es mejor correr ese riesgo en vez de tratar de anticiparse a una recuperación que se retrasa.

Al mismo tiempo, las líneas aéreas solicitaban extensión en los plazos para cubrir sus obligaciones financieras y tuvimos que aceptar esas peticiones. De manera que pedimos extensión en los plazos a nuestros proveedores; no queremos convertirnos en el último recurso de financiamiento.

La mayoría de los demás negocios iba a sufrir daño debido al debilitamiento general de la economía, de manera que realizamos la misma tarea. ¿Cuáles serían las ventas probables? ¿Cuáles serían las pérdidas de margen de utilidad? Algunos negocios tenían objetivos de crecimiento de utilidades. ¿Qué gastos tendrían que ser eliminados? ¿Qué programas podríamos utilizar para impulsar a nuestros equipos de ventas durante la desaceleración económica? ¿Cuáles serían los programas de productividad? ¿Qué programas de digitalización podrían ayudarnos a lograr un crecimiento de la productividad correspondiente con lo que necesitábamos para cumplir nuestro objetivo?

Por otra parte, teníamos algunas áreas que ofrecían un panorama promisorio a pesar del estado general de la economía. Me referiré a una en detalle, a continuación y en las siguientes secciones. Se trataba de un producto de la industria automotriz con potencial de crecimiento a nivel global.

Al preparar nuestras premisas económicas para este producto de la industria automotriz, tomamos en consideración cuatro áreas. En primer lugar analizamos la situación legislativa, toda vez que el producto se relaciona con el control de emisiones en cada mercado de importancia. ¿En qué parte serían más rígidas las regulaciones? En segundo término, analizamos el ambiente macroeconómico o crecimiento mundial del producto interno bruto (PIB). En tercer lugar consideramos el ambiente económico correspondiente a los vehículos automotores, específicamente en cada área geográfica.

En cuarto lugar analizamos cada mercado automotriz de importancia en el mundo —Europa, América, Asia— dado que cada uno tiene necesidades diferentes. Nuestro producto también tiene efectos en la eficiencia en el consumo de combustible, por lo que analizamos los requerimientos en ese rubro en cada país de los mercados más importantes. Aunque no abordaré los detalles que respaldaban cada una de esas premisas, tomadas en su conjunto desempeñaron un papel muy importante en la evaluación del potencial del producto.

Por ejemplo, la combinación de rápido crecimiento económico en China, el establecimiento de estándares de emisiones más rígidos y el continuo crecimiento de la demanda de vehículos pequeños, hacía que el mercado asiático tuviera un alto potencial. El mercado europeo tenía buenos aspectos económicos fundamentales, pero nuestro segmento del mercado no está creciendo.

A pesar de que otro segmento del mercado en Norteamérica se contraería en 14 por ciento, la penetración en las Américas es baja, y el incremento en el uso en algunas partes del segmento es favorable al producto. También podíamos ver crecimiento redituable como resultado de la introducción de la nueva tecnología.

Asimismo analizamos cuidadosamente la creciente consolidación entre nuestros clientes de vehículos comerciales. Proyectamos ingresos para 2001 correspondientes a cada cliente y prestamos especial atención a los acontecimientos clave que les afectarían. Preveíamos una mayor competencia entre dos competidores clave por un cliente importante y analizamos la capacidad de crecimiento, el lanzamiento de programas de producto y la posibilidad de que existiera mayor o menor interés en nuestro producto entre todos nuestros clientes.

La elaboración de un plan operativo

Una vez que se han fijado las premisas, el siguiente paso en el proceso de las operaciones es la creación del plan operativo mismo, que tiene lugar en la revisión operativa. Es un proceso de tres partes que comienza al fijar los objetivos.

En la segunda parte desarrollas los planes de acción, incluyendo los cambios necesarios entre los objetivos de corto plazo y las metas de largo plazo. También tratas de identificar áreas en que las personas puedan desarrollar planes de contingencia. Finalmente, obtienes el acuerdo de todos los participantes, estableces medidas para dar seguimiento con el fin de asegurarte que las personas están cumpliendo con sus compromisos o para implementar medidas correctivas si no lo hacen.

El plan operativo comienza mediante la identificación de los objetivos clave: ingresos, margen de operaciones, flujo de efectivo, productividad, participación de mercado, etc. (ver Cuadro 3). Los detalles variarán de un negocio a otro, pero lo que es importante es que cuenten con una perspectiva de una página, enfocada en las cosas que producirán el mejoramiento de los resultados. Estos rubros son incluidos "de afuera hacia adentro" y "de arriba hacia abajo". "De afuera hacia adentro" significa que las cifras deben reflejar tanto el ambiente económico como el competitivo y lo que los inversionistas necesitan ver para quedar satisfechos en el sentido de que vale la pena ser propietario de las acciones de tu compañía, en vez de las de tus rivales. "De arriba hacia abajo" significa que los objetivos también son fijados "del todo hacia las partes", es decir, para el negocio en su conjunto, con apartados para sus diversos componentes. Muchas compañías hacen esto al revés y utilizan el proceso de presupuesto para elaborar planes de los diversos niveles de cada negocio y luego reunirlos en un todo. Esto provoca mucho trabajo desperdiciado, porque es necesario volver a trabajar en las cifras una y otra vez conforme las personas negocian entre sí.

CUADRO 3. RESUMEN DE ASPECTOS FINANCIEROS

	2002	2003	2004
Ingresos			
SG&A (% de ventas)			
RD&E (% de ventas)			
Margen de operaciones (utilidades)			
Flujo de efectivo			
Productividad			
Gastos de capital			
Retribución sobre capital			
Censo de empleados Salario Por hora			

Esta perspectiva financiera de una página reúne información que generalmente no está incluida en la revisión de operaciones: productividad, censo de empleados, las inversiones realizadas este año que tendrán efecto en los años porvenir.

El objetivo financiero final consiste generalmente en las ganancias por acción de la compañía. Ese objetivo depende mucho de los objetivos correspondientes a los ingresos, que son los cimientos sobre los que se construyen los planes para la acción. Las personas cometen un enorme error cuando incrementan automáticamente algún número correspondiente al año anterior sin discutir antes los desafíos que entraña alcanzar objetivos de ingresos más altos y sin obtener ideas creativas. Esas discusiones deben tomar en cuenta cosas como la fijación de precios, la mezcla de clientes, la mezcla de productos y canales de distribución, publicidad y promoción, la calidad, cantidad y devolución del equipo de ventas, y las premisas sobre la economía, la competencia y las reacciones de los competidores.

De mayor importancia es el hecho de que las discusiones deben prestar especial atención a los márgenes brutos. Muchas personas tratan de obtener ganancias en los ingresos sin elaborar planes tendientes a crear o proteger los márgenes brutos al mismo tiempo. Sin embargo, los márgenes brutos son lo que determinan el resultado final; todos los gastos operativos son deducidos de los márgenes brutos, no de los ingresos. Todo fluye a partir de los márgenes brutos. Si no puedes fijar los precios necesarios para lograr dichos márgenes, entonces tendrás que recortar costos.

Ram: Una compañía industrial con valor de US$10 mil millones, una de las más importantes en su industria a nivel global, fue afectada duramente por la recesión incluso antes de los ataques terroristas del 11 de septiembre de 2001, así como por el ingreso de un nuevo competidor de Asia. La compañía anticipó que los ingresos se reducirían en 2002 en alrededor de US$1 mil millones y el director ejecutivo elaboró su plan operativo en torno a esa premisa. Sin embargo, no se enfocó en los márgenes brutos. Uno de sus colaboradores más cercanos analizó sus proyecciones y señaló que los márgenes serían considerablemente más afectados que los ingresos y que se reducirían entre 20 y 25 por ciento debido al ambiente deflacionario de la industria. El amigo le recomendó volver a elaborar su plan para enfrentar esa carencia: acelerar el mejoramiento de la productividad relacionada con los costos variables, recortar a la mitad el equipo de trabajo de las oficinas matriz y eliminar uno de los niveles gerenciales. El director ejecutivo aceptó esa recomendación y una semana después tenía un plan diseñado para alcanzar el nivel fundamental deseado de margen bruto de operación.

***

El plan operativo cubre todos los programas principales del año siguiente: mercadotecnia y ventas, producción, operaciones funcionales, gastos de capital, etc. En una corporación que tiene varias unidades de negocio, esos planes se originan con las mismas, como respuesta a los desafíos impuestos por los objetivos. Analizamos anteriormente la manera en que un plan como ése es elaborado, al describir la reacción de Honeywell ante la crisis del 11 de septiembre de 2001. A continuación nos referiremos a la manera en que el plan es desarrollado para el producto automotriz específico.

Larry: Las premisas que acordamos para el plan que había preparado el gerente de la unidad de negocio de ese producto indicaban un crecimiento de los ingresos de entre 15 y 19 por ciento para los mercados de Asia y Sudamérica. El plan proyectó ingresos y márgenes de operación para cada región y las principales iniciativas que apoyarían dicho crecimiento. Por ejemplo, en el mercado asiático planificamos apoyar a los clientes a enfrentar las crecientes preocupaciones ambientales de esa región. También teníamos un programa para desarrollar nuevos clientes en China y para promover ventas de alta tecnología a nivel global, utilizando a China como una base de oferta de bajo costo.

Otro programa se refería al sector postventa independiente —es decir, fabricantes que proporcionan equipos de reemplazo— que de acuerdo con nuestro análisis era un segmento redituable con una significativa oportunidad de crecimiento. La iniciativa se centró en los siguientes aspectos fundamentales:

- Arreglar el sistema de entrega y mejorar la disponibilidad del producto.
- Implementar revisiones semanales de desempeño para impulsar la planificación de acciones tácticas.
- Implementar un sistema sincronizado con las estrategias de inventario de clientes y distribuidores.

Determinamos los ingresos mediante el análisis de la mezcla de productos y clientes, segmento por segmento y región por región. Al elaborar los objetivos para los ingresos y los márgenes de operación correspondientes a cada uno de esos segmentos, determinamos qué factores o premisas incrementarían o reducirían la demanda. Al mismo tiempo queríamos saber si podíamos incrementar los precios o si los precios enfrentarían presiones a la baja. La respuesta a esas preguntas fue diferente entre los distintos segmentos y regiones, de acuerdo con las diferencias de la dinámica de competencia y de la salud de las industrias de los clientes.

Otros factores diversos pueden afectar los ingresos. Por ejemplo, al determinar el objetivo correspondiente a una división de Honeywell para 2001, los factores incluyeron la introducción de nuevas aplicaciones en un segmento de producto y una adquisición en otro segmento. Este crecimiento global sería compensado por la falta de crecimiento en otro segmento, especialmente en Norteamérica. Sin embargo, las condiciones generales del mercado implicaban que esperábamos tener un crecimiento neto significativo. Las tasas de cambio y las consideraciones relacionadas con la fijación de precios también influyeron en la cifra final.

Al establecer los objetivos para los márgenes de operación, prestamos atención especial a las iniciativas clave, como la oferta de productos nuevos y muy diferenciados, que pueden conducir a mejores precios y márgenes.

El arte de hacer compensaciones

Al convertir las estrategias en acción, los planes operativos se enfrentan al tipo de compensaciones que señalamos en los capítulos 7 y 8. Algunas estrategias contienen ideas claras y muy específicas que permitirán el crecimiento redituable del negocio pero que requerirán inversión en el actual período de operaciones. En esos casos los líderes deben realizar compensaciones.

El lugar en donde el negocio realiza la inversión (ya sea en tecnología, productos, segmentos de clientes o regiones geográficas) es deducido y se encuentra directamente vinculado con el diálogo de la estrategia. En las operaciones, el líder se asegura mediante el seguimiento que la dirección de la estrategia es clara, específica y aún relevante; y que las fuentes de esos recursos son explícitas. También se asegura que se asigna la responsabilidad y que se da seguimiento a la misma en las revisiones subsecuentes.

Si tu negocio tiene que recortar costos durante el período de operaciones, el gerente no puede recortar esta inversión de manera unilateral. La decision tiene que ser tomada en un debate que incluya al director ejecutivo, quien es el vínculo con el plan estratégico. ¿Qué líneas de producto financiarás y cuáles no? ¿Puedes aplicar cierta creatividad para encontrar los recursos que te permitirán construir el negocio para el futuro? Quizá puedas obtener más productos de alto margen en la mezcla o dar un impulso vigoroso a las ventas con el fin de generar un incremento en los volúmenes. O quizá querías cerrar una planta este año y transferir la producción a un país que tenga costos más bajos. ¿Debes posponer esa acción por un año, lo que evitaría tener que enfrentar los costos de corto plazo, incluyendo el pago de las indemnizaciones por despido? En una compañía que elabora bienes para el cliente, ¿debes asumir el riesgo de incrementar los gastos de publicidad con la esperanza de generar volumen? De ser así, ¿utilizarás más anuncios o usarás más la emisión de cupones?

El diálogo también debe enfocarse en la calidad de las personas que harán que esta inversión sea exitosa. Nuevamente, el director ejecutivo debe participar en él, porque es el vínculo con el proceso del personal.

Una fuente duradera de recursos constituye un impulso constante para incrementar la productividad. Las compañías como GE, Emerson Electric y Colgate-Palmolive, que han mostrado incrementos en su relación entre las ganancias y el precio de sus acciones durante 15 o más años consecutivos, son muy buenas en lo que se refiere a invertir dinero en el corto plazo para generar crecimiento en el futuro debido a que han implementado la disciplina año tras año gracias a las mejoras de la productividad. En un año, una división de Honeywell con valor de US$1 mil millones obtuvo US$30 millones como producto de la reducción de gastos generales y administrativos. Esa división utilizó ese dinero, con US$7 millones que obtuvo al mejorar la mezcla de productos, para invertir en el desarrollo de nuevos productos. Con el paso del tiempo, este tipo de atención a la productividad está creando una ventaja competitiva acumulativa para la división. Por lo tanto, US$37 millones para el desarrollo de productos en una división con valor de US$1 mil millones proporciona una enorme ventaja competitiva.

Algunas compensaciones son realizadas entre las unidades de negocio y no siempre se trata de elecciones sencillas. Debes comprender todos los factores que contribuyen al valor relativo de cada unidad que está a consideración. Si la economía está desacelerando, por ejemplo, ¿qué unidades deben adoptar recortes más profundos y cuáles menos? Aunque la respuesta puede parecer obvia —no afectar a la unidad que obtiene las utilidades más altas—, puede tratarse de la respuesta equivocada. Si el mercado de capitales valora esa unidad en particular en una proporción precio-ganancia más baja y sostenible —digamos, porque se encuentra en una industria mediocre y está obteniendo esas utilidades actualmente sólo porque fuiste el primero en recortar los costos—, entonces será preferible que favorezcas a la unidad que tiene más valor a largo plazo.

Los resultados del proceso de las operacioes

Un resultado del proceso de las operaciones consiste en identificar objetivos que reflejan de manera clara y específica no sólo lo que el negocio desea lograr sino aquello que tiene *probabilidades* de lograr, debido a que están basados en premisas más realistas y en las maneras de lograr dichos objetivos.

Los cuadros 4 y 5 muestran los resultados de la unidad de negocios a que nos hemos referido. Son claros y específicos. Muestran las fuentes del cambio en las ganancias y los ingresos operativos durante los siguientes doce meses y su proporción relativa. (De la misma forma, en el cambio de solución estratégica de componentes y ventas a que nos referimos en el capítulo 6, el gerente de cuenta y el personal de ingeniería dependían mutuamente para formular la propuesta de valor.)

Además de los objetivos claros, el proceso de las operaciones reditúa mucho aprendizaje. Los líderes que participan en las revisiones están pensando y debatiendo sobre las entrañas mismas del negocio. Esos líderes logran percibir a la compañía en su conjunto y la manera en que cada una de sus partes tiene su acomodo. Además aprenden la manera de asignar y reasignar recursos cuando el ambiente cambia.

Las revisiones operativas son soberbias sesiones de dirección. Las operaciones pueden tener 500 rubros en el presupuesto: ¿Cuáles son las más importantes? ¿Cuáles son sus relaciones? No existe una fórmula para responder estas preguntas y nunca existirá una. En el proceso de resolver estos aspectos con el líder, las personas obtienen práctica en la realización de las compensaciones, equilibrando el corto y largo plazos.

En este ambiente social, las personas también aprenden la manera de formular preguntas incisivas y los líderes ejercitan sus habilidades para alentar la investigación y obtener todos los puntos de vista. La vinculación de los diálogos en un todo permite construir relaciones entre los líderes que dirigen las diversas partes de la compañía. Los líderes pueden aportar entonces las mismas habilidades a sus propias revisiones, transmitir energía a su personal y ampliar su capacidad. Esto crea el *software* social de la organización.

Finalmente, el proceso de las operaciones crea confianza. El equipo sabe que puede alcanzar los objetivos. Sus miembros cuentan con flexibilidad para adaptarse a los cambios y han realizado las acciones necesarias para tener éxito en todas las circunstancias, salvo las que hayan sido modificadas de la manera más importante. En efecto, se han capacitado en un "simulador de vuelo".

CUADRO 4. PUENTE DE INGRESO OPERATIVO

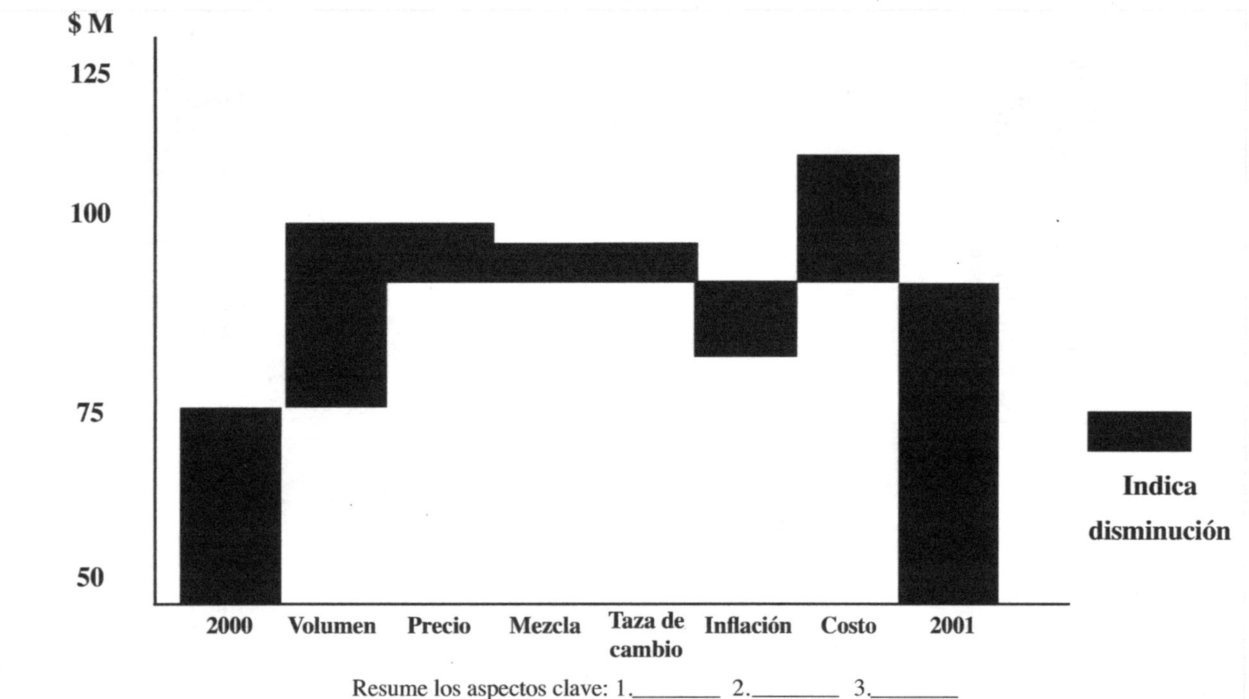

Resume los aspectos clave: 1.________ 2.________ 3.________

CUADRO 5. PUENTE DE INGRESOS 2001
600
150
(5)
10
9
(34)
(10)
780
$ M
800
700
600
500
Indica disminución
2000
Segmento X
Segmento Y
Regulación A
Producto Y
Precio
Tasa de cambio
2001
Resume los aspectos clave: 1. ________ 2. ________ 3. ________ 4. ________

Después de la reunión: el seguimiento y las contingencias

Cualquier buena revisión termina con las conclusiones y el seguimiento. Sin esos elementos, lo que obtendrás es una de esas reuniones en que las personas asienten con la cabeza y unos días después comienzan a desentenderse de los acuerdos. El líder debe estar seguro de que cada persona se ha llevado de la reunión la información correcta y ha asumido la responsabilidad por lo que él o ella ha acordado.

Una técnica poderosa consiste en enviar a cada persona un memorándum que mencione los detalles de los acuerdos. A continuación reproducimos fragmentos de una carta como ésa, enviada por Larry a un componente de AlliedSignal después de la revisión del plan operativo de 1999. Las ventas del negocio en cuestión habían sido buenas y estaban mejorando, de manera que el enfoque principal estaba puesto en impulsar la obtención de márgenes de utilidad más altos.

25 de noviembre de 1999
Para: Los líderes del Grupo X
De: Larry Bossidy

Gracias por una buena revisión de su plan operativo anual de 1998. He aquí algunas observaciones que debes compartir con los líderes de tu negocio.

- Para 1999, elabora un plan que te permita reaccionar ante diferentes escenarios, debido al alto nivel de incertidumbre económica.

- Debido a esa incertidumbre, necesitamos un plan ambicioso para incrementar la productividad, que supere el objetivo.

- Desarrolla una propuesta para reducir tu estructura de costos. Quiero saber qué harías, cuánto costaría y cuál sería el efecto en el censo de empleados y en los aspectos financieros del plan operativo anual de 1999.

- Nuestros problemas de calidad son perturbadores. Continúa trabajando para mejorar la calidad. Estoy especialmente preocupado por nuestros problemas con el cliente X. Desarrolla un programa para X que los convenza de que estás atendiendo esos problemas. Un componente clave de la solución consiste en una mayor reducción de nuestra base de oferta.

- Buen trabajo en lo relacionado con reducir los envíos atrasados. Sin embargo, el nivel de envíos atrasados todavía está entre los más altos de la compañía, por lo que todavía hay oportunidad de mejorar.

- El proceso de la cadena de proveedores es nuestra prioridad número uno. No resuelvas los problemas de manera individual; resuelve el proceso. Por favor asegúrate de que tenemos un camino definido para lograr la reducción en el cuarto trimestre.

- La reducción de precios por US$36 millones es un área que necesita revisión constante con el fin de encontrar formas creativas de aminorar el impacto.

- La reducción de costos constituye una gran oportunidad para ti. Un punto de los costos te llevará de una posición incómoda a una posición cómoda.

Negocio A

- Necesitas hacer algo con respecto a la calidad. La devolución de treinta por ciento por parte de los clientes es demasiado alta. Dedica más recursos a ingeniería para resolver los problemas de calidad.

- No parece que estemos tomando en consideración los aspectos negativos asociados con los incrementos de precios en el sector postventa. Comprendamos por qué no estamos tomando eso en consideración y, si existen problemas de costos, desarrolla planes para mitigarlos.

- Necesitamos obtener mejores resultados de la línea de productos Z.

- Dado que los riesgos que has identificado son probables, necesitamos un plan de contingencias bien diseñado que se enfoque en los costos.

Operaciones de producción

- Bajo condiciones económicas normales, tus planes materiales estarían bien, pero en un ambiente deflacionario necesitamos más. Trabaja con el ejecutivo A para adaptar tus planes. Tienes muchas oportunidades en esta área. Me gustaría que tus objetivos fueran más agresivos.

- Tu objetivo de inventario no es lo suficientemente agresivo. Trabaja con los ejecutivos A y B para determinar el inventario al que tienes derecho y desarrolla un plan más creíble con objetivos más agresivos. Recuerda que no puedes reducir los inventarios sin reducir los períodos de rotación. Una reducción significativa es necesaria en el cuarto trimestre para lograr el objetivo de flujo de efectivo.

- Me gustaría que te enfocaras más en los proyectos de los seis sigma. Asegurémonos de que aprovechamos el valor de los recursos de cinta negra y cinta verde.

- Hemos tenido éxito al mejorar la productividad en la línea de productos B, pero ese éxito ha sido obtenido a expensas del capital de trabajo. Averigua la forma en que podemos mejorar la productividad utilizando menos capital de trabajo.

Objetivos del plan operativo anual de 1999

Éstos son tus objetivos revisados (basados en premisas que son consistentes con el plan que sometiste a consideración):

En general tuviste una gran presentación del plan operativo anual la semana pasada. Fue evidente que el componente A de manufactura tiene una buena comprensión de su negocio. Me gustaría agradecerte y agradecer a tu equipo por el buen trabajo. Volvamos a reunirnos el 9 de diciembre para discutir los aspectos específicos sobre la manera en que lograremos los objetivos, así como las alternativas para nuestros negocios D, E y F.

***

Otras dos partes del seguimiento son los planes de contingencia y las revisiones trimestrales.

Planes de contingencia

Las compañías que ejecutan pueden poner en práctica un plan de contingencia de manera inmediata; recuerda cómo Honeywell reaccionó ante la crisis del 11 de septiembre de 2001. Cuando la crisis asiática afectó a las economías de todo el mundo en 1997, tanto AlliedSignal como GE crearon planes de contingencia y rediseñaron sus preupuestos en seis semanas. Esas compañías tienen esa capacidad porque han pensado en ello con anticipación y han estado practicando el proceso durante años.

Larry: El plan operativo está terminado. Los líderes analizan ahora las premisas que pueden ser más vulnerables y los planes de contingencia en caso de que los resultados comiencen a ser insuficientes. Por ejemplo, habremos calculado que si nuestro negocio no logra su objetivo de crecimiento del 10 por ciento, eso será equivalente al costo de nuestros ingresos de X y nuestros márgenes de utilidad de Y. De manera que tendremos una idea de la magnitud de los costos que tendríamos que eliminar y de las ganancias de productividad que tendríamos que incrementar para compensar esa insuficiencia. No somos demasiado específicos, pero nuestro personal es muy adaptable. Ellos saben qué clase de acciones tendrán que realizar para ajustarse, cuándo y si deben hacerlo.

Revisiones trimestrales

Las revisiones trimestrales permiten mantener actualizados los planes, además de reforzar la sincronización. También le proporcionan al líder una idea correcta acerca de las personas que están al tanto de sus negocios, de quiénes no lo están y de lo que estas últimas necesitan hacer para responsabilizarse.

Larry: Iré de visita con mi encargado de recursos humanos a un negocio, especialmente a uno que no conozco bien y antes de comenzar con el plan de negocio nos reuniremos con el gerente general y su encargado de recursos humanos para analizar al personal y los planes de desarrollo de la organización. También trataré de transmitir el mensaje de que la estrategia es apropiada y está siendo convertida en el plan de negocio. A continuación revisaremos los planes de operaciones en lo que se refiere al trimestre más reciente: ventas, crecimiento del mercado, factores externos, márgenes de operación, niveles de gasto. Me gusta hacer eso con muchas personas, de manera que pueda dialogar con una audiencia más amplia. He descubierto que mientras mejores sean los empleados, más gustan de esas revisiones. Más tarde acudo a un foro público, en que reunimos a un grupo de personas en un auditorio, en un sitio de embarque o en donde sea, para hablar sobre lo que la compañía está tratando de lograr y para responder preguntas. Al volar de regreso a casa, escribo una nota sobre lo que acordamos en relación con la revisión trimestral.

La revisión misma es una base para comparar el desempeño del gerente general, en relación con el plan del primer trimestre. Es posible que yo descubra que necesitamos ajustar el plan. Quizá me diga: "No he logrado mi objetivo de ventas en el primer trimestre debido a que se trata de una temporada lenta." Yo le respondería: "Bien, espera un momento, el primer trimestre del año pasado también fue una temporada lenta. ¿Qué tiene que ver eso?" Y él quizá responda: "Pero yo sé que voy a mejorar las ventas en el segundo trimestre. Me habré puesto al corriente con lo planificado al final del segundo trimestre o en el tercero." Entonces yo tendré que preguntar: "Supongamos que no lo logras. Eso significa que yo no haré nada acerca de esto hasta el cuarto trimestre, después de que tú no te pongas al corriente en el tercer trimestre. Bien, no hagamos eso. Hagamos algo ahora, como si no fueras a lograr el presupuesto de ventas. Si lo logras, mucho mejor y estarás avanzando mejor de lo planeado; pero si no, estarás protegido." Lo mismo en relación con la productividad. Si alguien dice: "No tuve un buen primer trimestre, pero tendré un buen segundo trimestre." Nuevamente tengo que decir: "Bien, supongamos que no es así. ¿Qué vas a hacer al respecto ahora mismo?"

Mi propósito es implementar con él las acciones tendientes a lograr lo planificado para el final del año. Analizo el primer trimestre detalladamente para ver qué tanto saben de él y qué es lo que van a hacer al respecto. Y hago énfasis en actuar pronto.

Lo que digo es: "Señores, estamos hablando acerca de los planes operativos. Esto no se refiere a esperanzas y sueños. Esto se refiere a las realidades. No me digan que 'esperan' que vaya a mejorar. No me digan lo que 'sueñan' para hacer que mejore. La realidad es que durante el primer trimestre no fue mejor. Ésa es la base de información sobre la cual vamos a avanzar y ésa es la base de información sobre la cual vamos a actuar."

Ahora bien, si ocurre que prevemos algunos problemas de efectivo al final del segundo trimestre, puedo reducir un poco el presupuesto de capital. En ese caso diría: "Muy bien, aprobamos US$50 millones en gastos de capital en tus planes operativos, pero voy a reducirlos a US$45 millones para mantener nuestro plan de flujo de efectivo. Ahora debes seleccionar los proyectos de capital que sean más benéficos para tu negocio. Si te pones al corriente con el plan al final del trimestre, magnífico, volveremos a revisar este tema y es posible que volvamos a dejar las cosas en su estado original."

Este proceso no garantiza que vas a cumplir con todo plan en la corporación; no es así. Sin embargo, te sorprendería el número de personas que están muy cerca de lograrlo bajo condiciones muy distintas a las que fueron consideradas cuando el plan fue elaborado.

Metas para la vida

Como señalamos anteriormente, un gran problema con los procesos de presupuesto tradicionales consiste en que los objetivos que no guardan relación con la realidad pueden carecer de significado para las personas que deben alcanzarlos. Un proceso de operaciones que funciona con base en el *software* social de la ejecución resuelve este problema, debido a que las personas mismas ayudan a fijar objetivos realistas. Y dado que dichos objetivos son el elemento al que se encuentra vinculada su recompensa, el plan operativo hace que traten de obtenerlos a toda costa. Ésta es la base de la rendición de cuentas.

Larry: Supongamos que hemos elaborado el plan operativo y a la corporación le faltan US$50 millones para cumplir con las estimaciones de los analistas de Wall Street, etc. Yo les digo: "Como compañía, pensamos que éste es un objetivo realista. Esto es lo que hemos hecho creer a la gente. Les hemos pedido que se ajusten a lo que habíamos acordado previamente, pero aún existe una diferencia entre lo que ustedes consideran que pueden obtener en los diez negocios operativos y lo que nosotros pensamos que debemos obtener."

No puedo simplemente darles las cifras que no pueden cumplir, porque eso no va a ayudarles. Necesitamos hablar sobre la manera de eliminar esa diferencia. Les digo: "¿Qué ideas tienen para eliminar esa diferencia? Vamos a mantener los costos de salud en el mismo nivel en toda la organización, lo cual les dará a ustedes dos centavos por acción. Tengo algunas ideas que pueden ayudarles, pero todavía no alcanzo la cifra."

De esa manera tienes un buen debate sobre la manera de eliminar cualquier diferencia que se presente. Tú deseas tener este debate porque lo peor que puede suceder es que alguien diga que puede lograrlo y más tarde no cumpla su palabra. Tú confías en él, pero él no cumple. He hablado con muchas personas operativas que dicen lo siguiente: "¿Sabes? Yo sabía desde el principio que no teníamos oportunidad con este plan." Mi respuesta es: "¿Por qué no lo dijiste antes? Yo no me voy a marchar de la habitación. *Voy* a desafiar tu plan. Voy a tratar de 'estirarlo' tanto como sea posible, pero si no es posible lograrlo, no hemos logrado nada bueno aquí."

Una estrategia consiste en proporcionar una cifra a una persona y cuando ella acude a la revisión de presupuesto, afirma: "¿Sabes? Tengo mucha confianza de que puedo lograr 90 por ciento de esta cifra de esta manera. No sé cómo voy a lograr el 10 por ciento restante; no lo veo en el negocio. Pero tengo un par de ideas y voy a aceptar el desafío. Y volveré al final del primer trimestre para decirte si vamos a lograrlo o no, porque si no lo sé para entonces, no va a ocurrir."

Yo le diré: "Te daré un par de sugerencias ahora mismo. He revisado tu plan. Si logras obtener un punto más de productividad, eso eliminará la diferencia. Medio punto del precio eliminará la diferencia. Pero no quiero que me digas que vas a lograr otro punto en productividad o medio punto del precio hasta que regreses y te asegures de que puedes hacerlo. Y es posible que tengas otras mejores maneras de eliminar la diferencia. Sin embargo, esas son dos cosas en las que podemos pensar."

El año pasado, por ejemplo, un gerente organizó un programa especializado de ventas para colocar un producto en un nuevo mercado, agregó a un par de personas para que lo dirigieran y eso nos proporcionó ingresos que no hubiéramos tenido de otra forma. En otro segmento asumimos un riesgo y fuimos capaces de incrementar los precios en medio punto. Y entrenamos a cinco personas "cinta negra" de los seis procesos sigma, lo que nos permitió tener más proyectos de reducción de costos. Todos estos elementos surgieron de los diálogos; yo no los sugerí.

En ocasiones, por otra parte, tienes que aplicar presión. Digamos que alguien evidentemente no va a lograr sus objetivos y no tiene una buena excusa. Yo le diría:

"¿Qué vamos a hacer? Tengo que informar a Wall Street al final del trimestre y no puedo simplemente dejar de dar la cara. Quizá deba traerte conmigo cuando vaya ante la prensa y les diga: 'Éste es el tipo que fue responsable' ¿no? Bien, entonces veámoslo de esta otra manera: tú tienes 15 000 opciones de compra de acciones (siempre sé cuantas tienen) y tú tienes un plan de ahorros para el retiro (conocido como 401-k). Los miembros de tu equipo también tienen opciones y planes 401-k. Si no cumplimos con las estimaciones y el precio de las acciones de la compañía se desploma en 10 o 15 por ciento, ¿no tiene eso un efecto en tu patrimonio y en el de los demás?"

De manera que lo convierto en un desafío personal: si no logras tu objetivo, si no haces lo que dijiste que ibas a hacer, vas a causarte daño y a causarle daño a tus compañeros del equipo. Generalmente el tipo se romperá el alma para alcanzar las cifras.

***

Este tipo de proceso de revisión también te permite establecer metas flexibles. Ese tipo de metas son una técnica de liderazgo que goza de popularidad (al menos entre los líderes) para lograr que sus empleados realicen su máximo esfuerzo. Sin embargo, muchos líderes no mencionan con seriedad cómo las especifican y las utilizan.

Ram: Puede existir mucho de habladuría en las metas flexibles. Son útiles, pero no si se les usa arbitrariamente o si se les utiliza como un látigo para hacer que la gente trabaje más duro. Una meta flexible tiene básicamente dos propósitos. El primero es que te obliga a pensar acerca de hacer las cosas en una forma radicalmente diferente; el segundo es que te ayuda a ejecutar extraordinariamente bien.

Por ejemplo, Sam Walton fijó una meta flexible con su famosa declaración: "Continuaré reduciendo precios en tanto viva." Walton lo logró. Henry Ford lo hizo a principios de la década de los años veinte. Matsushita lo hizo en Japón. Ingvar Kmprad, de IKEA, lo hizo en Suecia durante mucho tiempo.

La consecución de su meta flexible obligó a que Walton encontrara ideas nuevas que Sears y Kmart nunca tuvieron: manejo logístico entre puntos de embarque, transferencia de información "en línea" a los proveedores y eliminación de mucho desperdicio en las transacciones. Estos procedimientos se reflejaron en precios bajos diariamente.

La clave consiste en evaluar la posibilidad de lograr la meta flexible y existe una metodología para ello. Generalmente existen menos de media docena de factores o premisas que deben cumplirse, algunas de las cuales incluyen a la suerte. Identifica esos factores durante el debate. Habla sobre ellos y luego afirma: "Si todas las estrellas quedan alineadas, no podemos fallar. Si no quedan alineadas, tenemos la oportunidad de fallar."

Larry: Tú deseas contar con cierta flexibilidad en tus planes. Sin embargo, debes saber qué tanta flexibilidad tienes. No puedes entrar y decir: "Miren, sólo voy a darles un número." Yo quiero saber cómo vas a lograr esa cifra. En primer lugar, necesito ver que tienes el control. En segundo lugar, tú sabrás que yo sé que tienes una oportunidad de lograrlo, de manera que obtendrás más recursos si los necesitas. En tercer lugar, yo aprendo mucho, porque existe la posibilidad de que yo no tenga una respuesta sobre el método para lograrlo.

Generalmente funciona bien. Sí, las cifras son ligeramente más altas de lo que las personas consideraron posible en un principio, pero aceptan planes finales que consideran realistas. Ahora bien, quizá una persona eventualmente no logra la cifra porque el mercado cambió o porque hicimos algunas cosas que *no funcionaron*. Pero si ha conducido a su negocio de manera óptima, merece un bono. De la misma forma, he visto a empleados en buenos mercados que no logran cumplir con las cifras o las alcanzan a pesar de que debieron haberlas superado 10 por ciento. No fui generoso con ellos en lo que se refiere a la asignación de sus bonos.

***

La base del funcionamiento de un negocio es la manera en que se vinculan los tres procesos: del personal, de la estrategia y de las operaciones. Los líderes necesitan dominar los procesos individuales y la manera en que funcionan juntos como un todo. Esos procesos constituyen la base para la disciplina de ejecución, el núcleo de la concepción y ejecución de una estrategia. Esos procesos señalan la diferencia entre tú y tus competidores.

La disciplina de ejecución basada en los tres procesos básicos es la nueva teoría de liderazgo y organización, derivada de la práctica y la asimilación. Esperamos que sea útil para cambiar la manera como trabajas.

Conclusión:

carta a un nuevo líder

Querida Jane:

¡Felicidades por tu ascenso! No podríamos estar más felices por ti. Sabemos que estás emocionada por la idea de ejercitar tu liderazgo en un nivel más alto. Y quisiéramos compartir contigo alguna información que consideramos que te ayudarán a enfrentar tu nuevo desafío.

Empieza por tomar en consideración qué habilidades son necesarias para desempeñar ese trabajo y cómo se comparan con las que tú tienes. Estamos seguros de que tienes la confianza en ti misma para realizar este tipo de autoevaluación sincera. Si te falta experiencia en un área (a la mayoría de los líderes les falta en algún punto de sus carreras, como tú sabes), asegúrate de que cuentas con alguien que tiene esa experiencia. En general, querrás armar un equipo equilibrado con los distintos tipos de talento que necesitas para mejorar tus posibilidades de éxito.

¿Qué tan bien conoces a tu organización? Asegúrate de ir al lugar donde tiene lugar la acción, de hablar con personas de todos los niveles, de formularles preguntas y de escuchar las respuestas. Aprenderás muchas cosas valiosas sobre las realidades del negocio y establecerás tu conexión personal, que constituye el sello de un gran líder.

Conoce desde el inicio las ideas y comportamientos de las personas que se encuentran bajo tu dirección. Tus propias conductas tienen mucho que ver con el éxito que has obtenido hasta ahora, Jane. Has insistido en el pensamiento sin fronteras, estás abierta a las opiniones que difieren de las tuyas y has puesto en práctica los diálogos honestos e inclusivos que permiten que la realidad salga a la luz. También has dado valor a lograr que las cosas se hagan, a ganar y atraer a las mejores personas, con el talento más diverso.

¿Estás entre personas con esa misma mentalidad en tu nuevo trabajo? ¿Cuenta el negocio con una cultura de ejecución, donde las personas hagan las cosas porque el desempeño es reconocido y recompensado? ¿Prefieren conocer la realidad y participan en debates constructivos? ¿O está lleno el lugar de politiquería, encubrimiento y negación? De ser así, comienza a crear el *software* social que necesitas para cambiar la cultura. Ésa es la manera en que lograrás que toda la organización siga tu liderazgo y será crucial para mantener tu récord de logros importantes.

Nada es más importante para lograr los resultados que tu liderazgo personal en los tres procesos básicos. Se trata de las entrañas del negocio y son tus herramientas para cambiar o reforzar la cultura. La diferencia más grande entre los negocios que ejecutan y los que no lo hacen consiste en el rigor y la intensidad con que el líder se empeña en esos procesos. Tú serás llevada y traída en todas direcciones debido a que la gente quiere que tú te entrevistes con líderes de la comunidad, funcionarios gubernamentales y proveedores, y colocarte a la vista en cada oportunidad concebible. Sin embargo, dirigir los procesos debe estar a la cabeza de tu lista de prioridades.

Sabemos que consideras que las personas son el activo más importante de tu organización, pero tu manejo del proceso de personal es lo que convertirá esa creencia en realidad. Haz que tu proceso de personal sea el mejor. Tu éxito estará determinado por el número de jugadores "A" que tengas en tu equipo y en la medida en que logres armonizar sus esfuerzos. Necesitas conocer al menos a la tercera parte de las personas más importantes de tu unidad en lo que se refiere a su desempeño y potencial de crecimiento. Necesitas estar segura de que las evaluaciones son honestas y directas, y de que tu gente obtiene la reatroalimentación, la dirección y la capacitación que necesitan para crecer. Y dado que la compensación es el motor último del desempeño, debes asegurarte que tu sistema de compensación recompense a quienes hacen las cosas.

Te alentamos a que compares a tu personal con el de tus competidores, a que preguntes si el parámetro de desempeño es lo suficientemente alto y si las personas tienen la disciplina necesaria para ganar de manera consistente.

Contar con un proceso de estrategia correcto es crucial para tu éxito de largo plazo y el de tu organización. ¿Están impulsando el proceso tus líderes de negocio o lo han delegado en planificadores aislados y desconectados con la realidad? ¿Tiene el plan la información correcta para permitir una evaluación precisa de tu posición en comparación con la de tus competidores? ¿Está lo suficientemente detallado para que tu personal pueda ver la manera en que pueden lograr el mejoramiento tanto del crecimiento como de la productividad? No puedes darte por satisfecha con declaraciones vagas en estos aspectos cruciales del plan; necesitas programas específicos. ¿Se han identificado los problemas que enfrenta el negocio? ¿Tiene tu nuevo equipo un buen récord en lo que se refiere a superar obstáculos? Como sabes, si no identificas debates y resuelves los aspectos cruciales, el negocio se inmoviliza. Por otra parte, ¿se encuentran asignados los recursos en proporción a las oportunidades o cada oportunidad recibe algunos recursos y ninguna obtiene los suficientes? ¿Es el plan directo, conciso y fácil de comprender? Recuerda, tú deseas que todos en tu negocio lo conozcan bien.

Tienes un presupuesto, pero.... ¿Cuentas con el plan de acción que el presupuesto debe representar? Hemos visto incontables casos en que las cifras son integradas después de mucho trabajo y presentadas de manera experta, pero que tienen poco que ver con la realidad de dirigir un negocio. Un plan operativo de un año establece el marco general para el logro. Sincroniza a todas las partes de la organización y las vincula con los procesos de estrategia y de personal. Fija con claridad los compromisos de tu equipo al vincular de manera explícita el desempeño con los incentivos, de manera que los líderes pongan en práctica toda la disciplina e imaginación que puedan para hacer frente a los acontecimientos inesperados que siempre se presentan.

Jane, no podemos hacer suficiente énfasis en la importancia de tu participación personal en estos tres procesos básicos. Debes estar a cargo desde el principio de cada ciclo, hasta las revisiones, y de los pasos de seguimiento que debes dar para asegurarte que las cosas que supuestamente deben ocurrir efectivamente ocurran. Esta es la manera en que tú adquirirás tanto el conocimiento como la autoridad para dirigir el negocio como un todo integrado, basado en la realidad. Es la manera en que te asegurarás en última instancia que los tres procesos están vinculados entre sí.

¿Qué más necesitas para estar al tanto del negocio? La lista puede crecer de manera interminable, pero hay tres aspectos que destacan. En primer lugar, asegúrate que tú y tu personal realmente comprenden a tus clientes: sus necesidades, sus conductas de compra y los cambios en esas conductas. Conoce por qué prefieren tus productos a los demás. La comprensión de los clientes es la base del éxito en los negocios. En segundo término, busca siempre las maneras para mejorar los resultados mediante la implementación de iniciativas como los seis procesos sigma o la digitalización. Esas iniciativas no sólo pueden ser productivas, sino que además pueden reunir a tu gente en torno a una causa común. En tercer lugar, conserva y mejora tu honestidad intelectual, de manera que siempre seas realista. Ve las cosas como son y no como te gustaría que fueran.

En ocasiones será difícil que sepas qué tan bien estás haciendo las cosas. Esperamos que tu organización te proporcione la retroalimentación y la dirección que tú le darás a las personas que te reportan directamente. Pero aun cuando ése sea el caso, hemos descubierto que un líder necesita de un confidente, alguien que esté fuera del negocio, para ayudarle a mantener la cabeza erguida. Esa persona debe ser alguien sabio, un individuo que será sincero contigo y te ayudará a que sigas preguntándote si estás creciendo, aprendiendo y tomando las decisiones difíciles. Y cuida de ti misma. El nuevo trabajo puede ser estresante y necesitas vivir una vida equilibrada. No te dejes caer o ascender demasiado. La conducta consistente es una señal de un ego contenido e inspira confianza en ti entre quienes te rodean.

Sobre todas las cosas, Jane, recuerda que te has ganado tu liderazgo por medio de tu compromiso con el trabajo que has realizado. Conserva esa intensidad de participación y profundízala. Algunas personas crecen en sus trabajos y otras se envanecen. Aquellas que crecen sienten pasión por sus negocios. Nunca están demasiado ocupadas como para prestar atención a los detalles importantes y mantenerse cerca de las personas. Nunca están demasiado alto ni son demasiado importantes para escuchar y aprender, para mantener viva la curiosidad y para abrirse a nuevas ideas, en comparación con el primer día de sus carreras.

Esto es probablemente más de lo que hubieras deseado escuchar de parte de dos viejos amigos. Pero nos da mucho gusto tu progreso y sabemos que tienes el talento necesario para lograr más.

Atentamente,
Larry y Ram

Penguin Random House Grupo Editorial, S.A.U.
Travessera de Gràcia, 47-49
ECZ, 8021
ES
https://www.penguinlibros.com/es/content/1334-seguridad-de-los-productos
seguridadproductos@penguinrandomhouse.com
+34 93 366 03 00

The authorized representative in the EU for product safety and compliance is

Penguin Random House Grupo Editorial, S.A.U.
Travessera de Gràcia, 47-49
ECZ, 8021
ES
https://www.penguinlibros.com/es/content/1334-seguridad-de-los-productos
seguridadproductos@penguinrandomhouse.com
+34 93 366 03 00

ISBN: 9798890987167
Release ID: 156016905

www.ingramcontent.com/pod-product-compliance
Lightning Source LLC
LaVergne TN
LVHW041146150826
845673LV00001B/79